目 录

新师说

最美乡村教师访谈录

主编◎李兴洲

CNS PUBLISHING & MEDIA 湖南电子音像出版社·长沙
Hunan Electronic And Audio-visual Publishing House

扫码聆听

最美乡村教师的故事

前　言

1200多年前，时任国子监四门博士的唐代文学家韩愈作《师说》以示世人从师学道，鞭辟入里地阐明了教师角色的重要作用。在今天，教师和教育工作依然是社会文明延续的纽带和进步的基石，承载着人类社会不断向前发展的殷切希望。在当今中国，仍有数百万名乡村教师承担着6000余万乡村学生的教育培养任务，这些乡村教师虽有着各不相同的人生过往，身处地域各异的基层乡村，但最终都坚定地选择留在不同的乡村学校，坚守在各自的岗位上发挥着自己的全部力量，成为我国乡村教育事业最一线、最基层的排头兵和实干者。记录他们的事迹，叙说他们的故事，弘扬他们的精神，以此向他们表达崇高的敬意，正是本书成集和出版的初衷。

乡村教师们在各自岗位中坚守奉献的故事，不仅是一段段艰辛奋斗的历程，更谱写出一首首关于教育、关于成长、关于传承的赞歌。在从“数字化”到“数智化”的经济社会发展范式飞跃的过程中，现代技术的迅速发展使得教育事业的变革节奏日新月异，而在这样的快节奏时代中，乡村教师们却选择了那条少有人涉足的道路——在条件艰苦的乡村学校中立足扎根，以自身的能量灌溉贫瘠的教育土壤，并在年复一年的勤恳耕耘中见证乡村教育的开花结果。

作为我国乡村振兴战略部署的重要维度之一，乡村教育始终是党和国家高度重视并花大力气加以改进的短板领域，国家通过政策倾斜、项目帮扶、经费补贴等多元方式，全力推进乡村教育的发展，凝聚国家力量形成自上而下的外源动力；而以乡村教师群体为代表的广大乡村教育工作者——有些生于斯长于斯，亦有些从五湖四海奔赴而来——牢牢扎根于不同的茅檐草舍下、田野课堂中，以赤诚与热情在最简朴的四方讲台上发光发热、聚沙成塔，形成乡村教育振兴自下而上的内力源泉。在国家与乡村教师两方合力之下，我国乡村教育的真正质变才能指日可待，乡村教师们所筑起的教育之路才会更加牢固通达，从而引领乡村孩子们迈向更有希望的未来。

一、扎根乡土，执着坚韧

扎根乡村的最美教师们，都拥有着一种发自内心的精神韧性。这种精神韧性不仅催发出乡村教师们对待乡村教育事业最纯粹的激情，更支撑着他们一以贯之地坚守初心、滴水穿石，将自身最初的教育期望一步一步践行成为现实。

若以“从哪里来”这一问题为起始，本书所记录的最美乡村教师群体大致可归为两类：一部分教师因教育情怀而从旧有岗位奔赴贫苦乡村一线；另一部分教师则原本就是“大山的孩子”，带着改变家乡面貌的心愿毅然投身乡村教育事业。虽然扎根贫苦地区一线的乡村教师们有着不同的人生过往，但他们最终在各自事业的航线中“殊途同归”，并都以坚韧的精神支撑着各自的乡村教育工作步入正轨。河南省任固镇第一初级中学的特岗教师李振丹就是从农村走出来的孩子，在得到来之不易上大学的机会、第一次看到了外面的世界之后，她情不自禁萌生了“让很多像我一样的乡村女孩走出来，看看这世界的繁华”的想法，而这也是她最终选择考取国家特岗教师并来到对口乡村开始教学生涯的缘由。广西壮族自治区北更乡的教师蒙晓梅出生于国家级贫困县，曾经在父老乡亲们“众人拾柴”的帮助下才得以艰难完成学业的经历，在她心中种下了感恩的种子。陕西省马营镇燃灯寺小学的校长冯海燕受曾是民办教师的父亲的影响，从师范学校毕业后又义无反顾地回到乡村，在家乡马营镇的村小坚守阵地13年……如上具有相近精神韧性的乡村教师在本书中不胜枚举。他们始终心怀最纯粹的教育潜意识，最初和最终的目的都是“为乡村孩子们做点真正有用的事”。正是这种不求利益、不图回报式的精神韧性，逐步催生了支撑他们在各自岗位中长久坚守的不竭力量。

二、守望乡愁，重任在肩

扎根乡村的最美教师们，都各自秉持着真挚的乡土情怀。他们中有人是因一腔教育热血和对乡村孩子们的责任感选择奔赴简陋的村小，亦有人在教师生涯的起始就与当地的乡村学校紧密相连、同呼吸共命运。在那份具有共鸣的、名为“为每一个孩子负责”的责任感召下，他们放弃了城市里更好的工作机会和相对优渥的生活环境，“也没想那么多，也没什么长远的计划”，就在自己力所能及的范围之内为乡村孩子们解决最实际的上学困难、创造最基本的受教育机会。

乡村教师群体在乡村学校艰苦奋斗的历程也更加深刻地凸显出教育公平的重要性。宏观而言，教育是国家发展的基石；微观而论，教育又是个人成长的阶梯。然而，由于历史、地域、经济等多种综合因素的影响，我国现阶段教育资源的分配并不均衡，在这种既定的不均衡背景之下，植根于广袤乡村大地中的乡村教育，既是乡土文化传承的重要载体，又对乡村学生的成人成才有着不可或缺的重要作用——乡村教师所肩负的重任由此可见一斑。

艰苦的教育条件是乡村教师群体所面临的第一重考验。没有校舍、缺少同伴、最基本的教育基础设施缺乏、教育经费拮据等“巧妇难为无米之炊”式的困境并没有将教师们吓退，反而更坚定了他们的教育意志，点燃了教师们“想让这里的教育办得更好”的纯粹心愿。直到如今，吴雄校长仍对自己第一次见到塘房小学的情景历历在目，“当我长途跋涉近5个小时的山路来到学校时，看到的是一个杂乱无章、凹凸不平的校园，到处是落差2—3米的深坑、大石头，没有一块超过20平方米的平整地面，学校周围500米内无人家，到处是新征地、迁坟后留下的棺材板和墓坑。除了孤零零的一栋392平方米的教学楼外，其他什么都没有。没厕所、没操场、没围墙，就连上课用的课桌和黑板都没有……”在如此恶劣的教育环境之下，吴校长回想起自身求学道路的不易，又看到乡亲们充满期待的目光，最终毅然决定留在这个“一无所有”的村小，并逐渐形成了短期改善目标与长期办学规划，即建设“有识有法、敬业爱生、快乐幸福”的团队；培养“基础扎实、兴趣广泛、全面发展、幸福成长”的学生；办出“管理规范、质量超前、幸福育人”的学校。

贫弱的教育意识是乡村教师群体所面临的另一种考验。在传统应试教育根深蒂固的思想印记之下，大多数家长以及乡村学校的教师都难以认可诸如体育、美育一类的教育，使得乡村年轻一代的孩子久难摆脱精神世界贫瘠的恶性循环，这也是体育老师比拉力·艾合买提，美术老师王晓野，音乐老师张冬、杨宇等竭力想要扭转的现状。比拉力老师所在的连木沁镇汗都坎小学曾是他的母校，身为体育老师的他虽然自掏腰包购买了练习足球所需的各项基本体育器材，却遭到学生家长和部分老师的反对，认为本就落后的乡村不应该发展体育教育。面对反对的声音，比拉力老师却坚定地认为，“带着学生训练虽然辛苦，却是一件快乐、事半功倍的事情。体育运动不但可以强身健体，还可以促进孩子心智发展，而足球这种对抗性运动还能教给孩子们团队合作的精神、培养孩子们拼搏不屈的性格，让孩子受益终身”。体育也可以改变孩子们的命运，而他努力践行的足球教学也成功帮助了许多学生重拾自信、走出乡村、走向更广阔的人生赛场。吉林市龙潭区金珠学校的支教老师王晓野为了让乡村孩子们接受最基本的美术教育，主动每天往返60公里担任美术教师，这样的坚守，她一做就是10年。在这期间，“王晓野带领孩子们走出教室，走上田间地头，教他们去用眼睛看、用耳朵听、用肢体接触，对红高粱，对黑土地，对家乡的风土人情，以及所有农家物件进行感知、提炼、描绘”，用最朴素的美术教育与家乡生活相结合的方式，帮助孩子们借助纸笔、用美的方式表达对生命的感悟；而她成立的“山里红”美术工作室，亦借助网络平台的宣传与扩散，逐步达成为全国不同地域乡村的孩子们上网络直播课程的新成就。

乡村教师们凭借自身对待教育事业、对待乡村孩子们前途命运的责任心和使命感，以日复一日朴素的课程为最小着力点，在为乡村孩子们带来有效教育内容的同时，亦潜移默化地守护着不同地域乡村的民俗、记忆与文明。

三、脚踏实地，任劳任怨

扎根乡村的最美教师们，都勤勉践行着脚踏实地的教育理念。承载着培养未来乡村建设者重任的乡村教育，在现实生活中究竟是如何发生的？在乡村教育领域做出成绩又拥有何种诀窍和捷径？乡村教师们往往并不知晓这一问题的标准答案。又或许在尚不具备现代化技术优势的乡村学校中，坚持脚踏实地、一步一个脚印地教书育人，才是获取任何成就最有效的捷径。

以心换心、将心比心，是扎根乡村的教师群体对待孩子们和教育事业最朴素的经验。正如湖南省虎形山瑶族乡草原小学的教师谭美珍所言，“我会站在老师的角度思考很多事情，也会尽全力去解决问题。我和老师们的关系不仅仅是上下级关系，更是亲人、是战友……在这里做乡村教育，想为留守的孩子们做些什么……需要每个人心怀使命，竭尽全力”。在实际行动中，谭老师同草原小学的其他教师一起，借助村落天然文化优势创设了“呜哇山歌”非遗校本课程，孩子们在学习山歌的过程中既丰富了精神世界，又传承了乡土文化；组织建设养猪场、中草药种植基地等劳动实践场所，在文化课程学习之余不忘教导孩子们劳动生存的基本技能。在 7 年的草原小学从教时间中，谭老师还始终坚持着对学校中绝大部分留守儿童的无私陪伴，尤其是以灵活多样课间体育运动的方式——“3 分钟压腿，3 分钟跳远，3 分钟跳绳，5 分钟跑步，5 分钟模特表演”等等——切实弥补了留守儿童所缺失的来自亲人的互动关怀。

心有情怀、心生热爱，是不同乡村教师能够在各自岗位上获得教育幸福感的重要因素。“我为啥要做拼命三郎？是我对山区教育事业情有独钟吧”——这是云南省牛街彝族乡民族中学教师杨美会对当地教育事业的真情流露。已近知天命之年的她自 1993 年至今，已在民族中学度过了 31 年的教师生涯，这所学校的发展进步、每一届孩子的成长历程已成为她生命中不可磨灭的印记。杨老师在大山深处创立“心理辅导室”，坚持为存在不同程度心理问题的留守孩子们疏导压力；坚持“扶贫先扶志”的理念，通过与学生和家长的积极互动、数次走访，以确保当地建档立卡贫困户学生的“零流失”……31 年弹指一挥间，“当时和我一起在牛街教书的那些同事们，有的调走了，有的找门路改行了……细细想来，与其说是为了这份工作，不如说是为了这份情怀，我把搞好彝乡教育当作了自己的事业”。杨美会老师心中对山区教育的信念之火一直燃烧到今天，并还会在她的教育生涯中继续燃烧下去。

乡村教师们以最质朴的教育情怀为驱动力，不断实践与付出，不图物质与名利上的回报。一名乡村教师的地位虽然再普通不过，但当越来越多乡村孩子们在简陋的课堂上学到了知识、学到了文化、愿意在未来做一个对社会有用的人时，乡村教师们的幸福感和自我价值感便会因之而得到升华。

四、辛勤耕耘，传承希望

扎根乡村的最美教师们，都各自见证着乡村教育事业的开花结果。乡村教师们日积跬步的努力是卓有成效的，他们的付出不是为了“补习”“竞赛”或“加分”，而是为了给徘徊在失学边缘的乡村孩子们一线“知识改变命运”的希望。

一分耕耘，一分收获，乡村教师们以初心、爱心与恒心播撒并培育的教育种子，如今已逐渐破土而出并有望继续成长为枝繁叶茂的教育长青之树——在书中所记录的乡村教师事迹中，谭美珍老师将草原小学从只有13个孩子的教学点发展成已有7个年级、186名学生的大乡村学校；方荣老师不仅从年轻教师慢慢打拼成为希望小学的校长，更将这所村小从原先的土操场、砖瓦平房一步步发展为崭新的混凝土教学楼、漂亮的塑胶操场，还使之拥有了湖北省第一间快乐音乐教室、第一家希望厨房；被誉为“播撒阅读种子的花婆婆”的张秀明老师，从教29年来始终致力于培育孩子们的阅读兴趣，她不仅把自家一楼大厅设计成让全镇孩子随时可以免费借阅的书屋，更筹集资金创建了福建省闽清县首个农村公益绘本馆，在近三年间举办100余场阅读活动，有4000多人从中受益；音乐老师杨宇在河北省滦平县巴克什营镇中心校任教的12年间，始终坚持着“用音乐丰盈孩子们生活”的初心，根据村小的实际情况和孩子们的特点设计出符合乡村教学实际的方法与活动，她先后引资近 8 万元，让 700 多名学生享受到更优质的艺术教育资源，而这个村小戏剧社团表演的戏剧《二桃杀三士》作为全国唯一一个乡村学校的节目，在 2018 年成功登上北京人民艺术剧院的大舞台……上述最美乡村教师们取得的成就读来令人振奋。而在乡村教师群体的不懈努力下，我国不同地域乡村教育所获得的发展、所取得的成就，最终凝聚形成乡村振兴所迫切需要的教育振兴根基，在将我国教育领域最为贫弱的乡村教育从存亡的生死线上稳固拉起后，又有效实现了对落后地区基本教育生态的改善与重塑，以及对不同地域各具特色乡村文明的传承与发扬。十年树木，百年树人。乡村教师们在过往和当下对乡村教育事业的默默守望与恒久耕耘，在我国全面推进乡村振兴与中国式教育现代化建设的未来一段时期内又会引发何种“蝴蝶效应”，值得被更多社会公众所关注、期许和展望。

乡村教师们的执着坚守、踏实肯干与无私奉献，在成就了一方村落教育事业的发展与进步以外，更为我国乡村的振兴与乡土文化的传承留下鲜活的教育印记。本书所收录的“最美乡村教师”事迹只是我国数百万名乡村教师真实工作生活的缩影，而在文字所不能尽语、日复一日的现实生活中，又有多少默默无闻的乡村教师在践行着各自的教育使命？他们的选择与行动值得为公众所熟知，他们的坚守和成就亦值得一份鼓励和认可。

值得一提的是，在基于现实生活的文学世界里，乡村教师的形象亦作为一种精神灯塔而牢牢矗立着。“他们有一种个体，有一定数量，分布于这个种群的各个角落，这类个体充当两代生命体之间知识传递的媒介。”这是科幻小说家刘慈欣在其短篇小说《乡村教师》里对“教师”这一角色在地球之中重要枢纽作用的形象诠释。在刘慈欣笔下的那个西北贫苦山村里，那位身患绝症的乡村教师始终坚守在简陋的乡村小学中，“……当冬夜降临时，娃们围在灶边，看着菜面糊糊在大铁锅中翻腾，灶膛里秸秆橘红色的火光映在他们脸上”，夜晚的火光和孩子们时隐时现的面容，成为这位乡村教师对世界记忆最为深刻的画面——孩子们求知的目光与质朴的笑脸，又何尝不是每位乡村教师记忆中最美的画面！在经济社会全方位现代化与新型城镇化发展快速推进的当今时代，既往的“乡村”这一概念或许会在新一代人的记忆中逐渐淡化，而乡村教师们曾共同守望的一念乡愁或许终将难再，但这恰恰证明了乡村教师这一少数群体存在和坚守的重要意义，那就是为乡村文明之火的赓续筑牢根基，让乡村文化以朴素却有效的方式在新一代人的知识谱系中留下印记。看山望水忆乡愁，无形的乡村文化以有形的村庄阡陌为载体，让祖祖辈辈从乡村走出的人们潜移默化地共享着未曾断层的精神营养，这是能将朴素原始的乡村与飞速进化的城市真正维系的重要文明之魂，而乡村教师群体恰是这缕文明之魂的忠实守护者。

“当乡村教师是个良心活。”希望在本书每一件生动事例的启示与感召下，更多有能力、有情怀、肯实干的教师愿意投身到我国乡村教育事业的发展建设过程中去，亦希望我国乡村教师群体与乡村教育的未来得到社会大众更深刻的体认和更切实的关注。

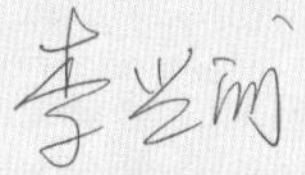

2024年8月于北京

新小说

人物档案

吉布小龙：向世界传递大山深处的天籁童声

男
彝族
1987 年生
2012 年开始从事乡村教育工作

现任职学校：四川省凉山彝族自治州普格县大槽乡中心校

所获荣誉：2012 年，荣获 CCTV《乡村大舞台》“民间高手奖”；2021 年，被人民日报和人民网评为“中国新青年”；2022 年，获凉山彝族自治州“最美乡村教师奖”“TCL 希望工程烛光奖”；2023 年，入选“马云乡村教师计划”；2024 年，获 CCTV《向上的力量》“乡村振兴助力奖”。

人物小传

身着彝族传统服饰的女孩们随着音乐一边律动，一边唱着彝语歌，脸上挂着灿烂的笑容，她们歌唱的视频在网络上引起了关注，演唱歌曲的是妞妞合唱团。妞妞合唱团的孩子们来自凉山彝族自治州普格县大槽乡中心校（曾用名：普格县大槽乡中心小学），她们的歌声能走出大山和一位叫吉布小龙的乡村音乐教师有关。

大槽乡地处四川省凉山彝族自治州普格县北部，这里是火把节的发源地，也是近几年才成功脱贫的彝族村落。大槽乡中心小学位于普格县的群山之间，绵延不断的山脉阻隔了通向外界的道路，也在某种意义上圈定了孩子们的人生轨迹。

吉布小龙 1987 年出生于普格县，他从小热爱文艺，是村里走出去的第一个大学本科生。在四川音乐学院毕业后，吉布小龙怀揣着音乐的梦想，先后在北京、成都等地闯荡，见识了大城市的繁华，也为自己的音乐梦想打拼。偶然的机会，在参观成都一所学校的音乐观摩课时，吉布小龙看到了孩子们上音乐课时的快乐场景，想起了自己的童年和家乡的孩子们。“既然我是学音乐的，为什么不把我所学的知识教给家乡的孩子们呢？”抱着这样的想法，吉布小龙回到了家乡，成为大槽乡中心小学的一名音乐老师。

由于乡村教师资源匮乏，吉布小龙还被安排担任了更加紧缺的班主任和数学老师。他发现，家乡的孩子们热爱音乐、喜欢唱歌，却又不敢在公众场合唱歌。“尤其是女孩，嗓音再好，也没有勇气在人前唱歌。”孩子们缺乏自信，腼腆羞涩，究其原因是当地留守儿童居多，孩子们缺乏陪伴和指引，不知道如何表达、抒发自己的情感。

2018 年，吉布小龙和另一位音乐老师创立了“妞妞合唱团”，团员从最初的 4 人发展到十几人，最后达 40 人的规模。为了方便称呼，吉布小龙

吉布小龙和妞妞合唱团在大山深处歌唱 / 受访者供图

根据当地传统，结合每个小朋友的特色，给孩子们取了昵称，分别叫大妞妞、蓝妞妞、粉妞妞、黑妞妞、喜妞妞……“妞妞合唱团”唱的是吉布小龙自己创作的歌曲，大多是彝语传统歌谣，内容也多是爱家乡、爱父母、勇敢自信的主题。“妞妞合唱团”的孩子们在教室、田间、山头或河畔排练歌曲，怎么自信怎么唱。吉布小龙的音乐课没有条条框框的规矩的束缚，也不限制孩子们的表演形式，孩子们只要跟着音乐自然律动、大胆表达情感就好。合唱团一周三次的排练是妞妞们最快乐的时光，让孩子们意犹未尽。通过音乐，孩子们变得自信勇敢，也树立了更大的梦想。

蓝妞妞是合唱团唱得最好的成员之一，也是一名留守儿童。吉布小龙以她为原型创作了歌曲《勇敢的妞妞》，歌词里写道：“我不怕森林深处凶猛的豺狼，我翻过高山深谷看见了彩虹，爸爸妈妈不会永远陪在我身旁，星星月亮伴着我，听蟋蟀歌唱……爸爸妈妈别担心，我是妞妞呀。妞妞妞妞最勇敢，困难都不怕……”蓝妞妞真如歌曲里唱的一样，变成一个坚强勇敢的妞妞。有一次为了给生病的妈妈取药，她独自一人从村里走到乡里的卫生院。在漫漫的路途上，歌曲成了她对抗恐惧的武器。幼小的她一边唱歌一边前行，顺利取到了药。加入合唱团不仅让蓝妞妞变得更勇敢，也让她变得更加自信，以前不敢在大家面前说话的她成了“六一”儿童节活动的主持人，学习成绩也稳步提升，现在已经顺利升学成为一名初中生。

在吉布小龙的眼里，合唱团里很多女孩懂事得让人心疼。乖妞妞平时不仅要上学，还要帮助爷爷奶奶做农活，提到外出工作的妈妈时常禁不住红了眼眶；甜妞妞从四年级开始就帮家里做饭做菜，还要负责照顾妹妹；喜妞妞从八九岁开始就要做各种家务……她们虽然承担了很多城里孩子想象不到的家庭重担，却也习以为常，只会在说到自己在外工作的父母时，才流露出孩子般的对亲情的渴望与依赖。妞妞们的早熟、懂事源于现实压力和家庭环境，她们欣然接受，毫无怨言，只是盼望着父母的归来。吉布小龙的“妞妞合唱团”给了孩子们情绪的出口和情感的慰藉。不愿表达的她们受到了老师的鼓励，敞开了心扉。在合唱团的大集体里，她们交到了新的朋友。在吉布小龙拍摄的音乐视频里，妞妞们露出了快乐的笑容，她们穿着彝族传统服饰，站在家乡的田野上，用开朗自信的歌声给人们带来了纯净空灵的美好感受。

吉布小龙不仅用音乐滋养了孩子们的心灵，还带领孩子们走上了更大的舞台。随着妞妞合唱团在网络上受到越来越多的关注，她们也有机会走出大凉山。吉布小龙老师先后带着孩子们参加了四川农民工春晚和中央电视台《非常 6 + 1》《回声嘹亮》《经典咏流传》等节目。孩子们因为音乐走出大山，见识到了更广阔的世界，也树立了更远大的理想。

人物访谈

采访人：殷慧

问：您为什么选择回到家乡当老师？

吉布小龙：我毕业于四川音乐学院，是一名音乐爱好者，从事过各种工作，也曾到北京、成都等大城市追逐自己的音乐梦想。在外闯荡了一阵子，因为家里人，尤其是我的父亲盼望我回到家乡，我就考取了教师资格证。后来有一次偶然的机会，我去成都市一所小学观摩学习，看到两个老师带着孩子们在上音乐课。孩子们在一起有说有笑，手里面还拿着各种乐器，感觉非常幸福，我想到我小时候，那时候我非常喜欢音乐，但是没有一个专业的音乐老师来教我。我读小学时学校里是没有专职音乐老师的，只有语文、数学老师。我希望自己家乡的孩子们也能上这样的音乐课，于是决定回到家乡。

问：随着脱贫攻坚战的胜利，您所在的大槽乡于2020年成功脱贫，凉山民众的生活有了很大改善，教育的条件也变好了，您觉得孩子们还缺乏什么？

吉布小龙：因为国家脱贫攻坚的好政策，现在我任职的大槽乡中心小学已经焕然一新，校园干净整洁，学生们在明亮的教室里上课。物质上是不缺的，学生在学校吃住都是免费的，吃营养午餐，也不要交书本费。现在孩子们最缺的就是父母的陪伴，因为大部分的父母都要外出打工挣钱，一年到头都在外面，只在过年的时候才回家短暂待几天，留守儿童占大多数。我们合唱团的成员基本上都是留守儿童。这些孩子平时缺乏父母的指导和关爱，长期和祖父母生活在一起，大部分孩子除了读书，还要承担家务甚至是地里的农活。

问：您创办合唱团的初衷是什么？

吉布小龙：首先我喜欢音乐，从小就热爱唱歌。读初中的时候，我靠自己攒下的200块钱买了一把吉他，从初二开始自学吉他。当时我还拜托在市里读书的哥哥帮我买音乐专业书籍，像《基础乐理》。我一边自学乐理知识，一边练习吉他。读高三的时候，我父亲不同意我学音乐专业，是母亲资助了我800元，我才能第一次坐上绿皮火车走出大凉山去成都学音乐。回顾我学习音乐的过程，主要是靠一腔热爱。孩子们都是缺乏关爱和陪伴

吉布小龙与妞妞合唱团在教室排练完后合影 / 受访者供图

的留守儿童，和孩子们一起唱歌能给她们带来快乐，她们那就用音乐去陪伴她们，这也是我想到的最好的办法。

问：为什么全部选择女孩作为合唱团成员？

吉布小龙：合唱团的建立其实是一次偶然。有一天我在宿舍门口哼唱，有 4 个孩子听到歌声走了过来，我就问他们想不想唱歌，他们很大声地说愿意。我把他们 4 个人带到了音乐教室，这就是我们合唱团最初的 4 名成员。当时我们合唱团在音乐教室排练，其他的孩子不敢进教室，就趴在教室外面观望。我能感觉到他们渴望进来，但又不敢进来。不久，这些观望的孩子也站到了台上。慢慢地，合唱团从 10 人、20 人发展到了 40 人。最开始我们合唱团有男孩也有女孩，后来，团里 4 名男孩陆续退出了，慢慢就都是女孩了。我们这边父母一般叫女儿“妞妞”，所以合唱团就取名“妞妞合唱团”，就是希望孩子们听到“妞妞”感到亲切，就像在家里一样。

问：您选拔团员的标准是什么？

吉布小龙：我们合唱团没有什么选拔孩子的硬性标准，年龄、乐理知识统统不限，只要热爱音乐、热爱唱歌就可以加入。

问：加入合唱团后孩子们有什么变化？

吉布小龙：我刚才说了，合唱团里基本上都是留守儿童，她们情感上缺乏陪伴，有的孩子还要承担家务和农活，很辛苦，她们有很多心里话没处说。刚来合唱团的时候孩子们比较沉默，不爱表达，既害羞又缺乏自信，性格内向也没什么朋友。慢慢地，在音乐的滋养下，她们变得活泼开朗了，也更自信了，更加勇于表达自己，也结交了很多朋友，在学校里更受欢迎了。这些变化反过来也促进了她们的学习，很多孩子学习成绩显著提高。

问：合唱团从4人发展到了40人，让越来越多的孩子们爱上了唱歌，您具体是怎么做到的？

吉布小龙：我告诉孩子们，唱歌的目的是“热爱生活，热爱音乐，用心灵去唱歌”。这也是我们合唱团与众不同的地方。平时排练时，我不太会限制孩子们的表演形式，想让她们以最舒服的姿势唱出自己的心声，通过用心歌唱，找到快乐和幸福。

问：2018年至今，您根据当地彝族文化创作了十几首歌曲，您创作的灵感来源是什么？

吉布小龙：我所在的凉山彝族自治州，居住的大部分都是彝族人，我自己也是土生土长的彝族人。我们彝族有自己的语言、文化和歌曲，我想把这些传承下去，所以我的创作灵感来源于我们的彝族文化。我想让孩子们穿上彝族服装，用我们自己的语言唱属于我们自己的歌曲。我也会去找本地的老人，搜集彝族传统歌谣。现在很多年轻人已经不会唱了，如果不搜集整理，这些歌谣就会慢慢失传，那就太遗憾了。

问：妞妞合唱团的作品在网络上得到了很大的关注，您觉得原因是什么？

吉布小龙：一开始我把孩子们唱歌的视频发到网络上，是想让孩子们看到网友们的鼓励和好评，变得更自信。孩子们的歌声里流露出的快乐、率真有很大的感染力，大家应该就是被这份淳朴与快乐所打动吧。谢谢大家对孩子们的关注。

问：您带着妞妞合唱团登上了四川农民春晚和中央电视台的舞台，带着孩子们见识到了更大的世界。您觉得这些经历对孩子们的成长有什么帮助？

吉布小龙：我是通过学习音乐走出大凉山的，走出去才见识到了更大的世界，从而找寻到自己真正想做的事。孩子们也是一样，她们从小在大山里长大，对自己的未来没有什么目标和计划，对外面的世界了解不够就会限制她们的梦想。我们当地的女孩子通常读一点书，接受完义务教育就会嫁人，然后生孩子、抚养孩子、做家务……过完一生。我们合唱团去成都甚至北京演出，对孩子们来说是一个很好的看世界的机会。她们发现，原来外面的世界这么大，她们可以当导演、当警察……做许多有意思的事，她们的眼界被打开了，成长中有了新的目标和理想，这应该是孩子们最大的收获。其次，出去参加演出，孩子们得到了大家的认可，尤其是站上中央电视台的舞台，站在全国人民的面前展示自己，更激发了她们的自信心，反过来也促进了她们的学习。

问：您在音乐育人这一方面走出了一条成功的路，请问您有什么经验分享给同样在从事乡村艺术教育的老师们？

吉布小龙：现在的乡村的教育条件和师资力量已经比之前有了很大的改善，这要感谢国家扶贫攻坚和乡村振兴的政策。我们学校现在有了专职音乐老师，孩子们也有了专门的音乐教室。要说经验，我觉得首先要让孩子们感到快乐，教师的认可能激发他们学习音乐的兴趣。音乐课应该是无拘无束、快乐奔放的。其次，可以把音乐课与当地传统文化相结合，这样既能激发孩子们的学习兴趣，又能传承传统文化。最后，可以加强不同学校之间老师们的交流。比如我经常和我们县里专门研究彝族传统歌谣的一位老师请教、交流，也会把他请到学校里来，教孩子们一些彝族歌谣。

问：请问您接下来的计划和打算是什么？

吉布小龙：接下来我会继续创作，带孩子们一起用心灵去歌唱。我想把音乐的快乐带给更多山里的孩子们，希望他们可以通过音乐，走出大凉山，走向更大的世界。

编者寄语

吉布小龙带领大山里的“妞妞”们组成童声合唱团，以彝族文化为依托，创作了许多动人的歌曲。他用音乐让“妞妞”们热爱生活，变得自信，用音乐带她们追逐梦想。“妞妞”们的童年因为音乐而多姿多彩，未来将会走上更大的舞台。

人物档案

王晓野：扎根村小，以美育人

女

汉族

1972 年生

2015 年开始从事乡村教育工作

现任职学校：吉林省吉林市龙潭区缸窑镇中心小学

所获荣誉：2017 年，获评吉林省教学精英；2019 年，获评教育部“全国优秀教师”；2020 年，入选“马云乡村教师计划”；2021 年，获评“吉林好人·最美教师暨黄大年式好老师”；2022 年，获评“中国好教师”；2023 年，获评“吉林好人标兵”，获“华茂美堉奖”提名奖；2024 年，荣登第一季度“中国好人榜”。

人物小传

王晓野，1972年出生在乡村，1995年毕业于吉林师范学院美术系。大学毕业之后任教于吉林市龙潭区第二实验小学，担任美术教师。2015年，当得知偏远乡村美术教师稀缺，很多乡村孩子没有美术课上时，已过不惑之年的她毅然来到龙潭区金珠学校支教，开始了每天往返60公里的坚守。

王晓野带领孩子们走出教室，走进田间地头，教他们去用眼睛看、用耳朵听、用肢体接触，对红高粱，对黑土地，对家乡的风土人情，以及所有农家物件进行感知、提炼、描绘。乡村的一切都是她的创作素材，春夏秋冬，因地制宜。春天，王晓野带领孩子们在地里挖野菜、画野菜。他们把挖出来的野菜带到农户家里，大家一起品尝，将劳动课融入美术教育中。夏天，王晓野带领孩子们抓蝈蝈、画蝈蝈，还带领孩子们去乡村手艺人家里学编蝈蝈笼子，将民俗与劳技融入美术课堂，让村民和孩子进行共创。秋天的美术课堂在榛子林里，王晓野不仅带领孩子们采榛子、画榛子，还帮助村民卖榛子，孩子们不仅上了一堂美术课和劳技课，还上了一堂经济课。东北的冬天更是多姿多彩，王晓野带领孩子们在白雪皑皑的松花江边赏雾凇、画雾凇、堆雪人，好不畅快。他们还把打湿的衣服拿到户外，在寒冷的天气里，衣服裤子纷纷被冻住，可以做出各种造型，好一派行为艺术。在别人看来支教是一种奉献，王晓野却有别样的收获。她成了村小孩子们最喜爱的美术老师，收获了孩子们的爱和尊重。

为了让更多的孩子被看见，让更多的人关注和支持乡村艺术教育，王晓野在2015年成立了“山里红”美术工作室，开通了微信公众号、视频号，定期发布孩子们的美术活动及画作视频，粉丝多达20多万。为了让更多的乡村孩子接受优质课堂教学，王晓野从2018年起，通过网络平台，为全国各地的乡村孩子上网络直播课程。“山里红”美术课程已服务全国18个省

700 所学校 2347 个班级的 30 余万名学生。王晓野不仅捐出了 1 万元政府奖励，还为孩子们出版了作品集。孩子们的画作还被北华大学的老师带到俄罗斯进行艺术文化交流，赢得强烈反响和赞誉。2018 年 5 月，王晓野应吉林省教育厅的邀请，带领 4 名乡村孩子到北京参加教育部主办的第三届全国基础教育信息化应用展示交流活动。她带着孩子们从出发的田间地头画起，一路画到了北京。在北京，孩子们受到了国务院副总理的接见，见到了更大的世界，也树立了更远大的理想。

扎根乡村的 9 年时间里，王晓野老师走得特别扎实。她带领孩子们用画笔描绘着家乡，也在孩子们心中种下一颗热爱家乡、开朗自信的种子。王晓野崇尚美术教育与生活的紧密结合，让孩子们感受“日常生活审美化”，学会用美的方式表达生命的感悟，为培养孩子的审美积淀和之后的全面发展铺就了一条阳光之路。

人物访谈

采访人：殷慧

问：作为一个乡村长大的孩子，您是怎么走出乡村，考上大学的？

王晓野：我的父亲是大学生，后来留在了乡村，遇上了我的妈妈，就组成了家庭。我父亲热爱艺术，是一个很浪漫的人，他热爱琴棋书画，也爱写诗和唱歌，所以我们家的孩子多多少少都遗传了一点点，我是在这样一个充满艺术氛围的家庭环境中长大的。我的父亲是受过高等教育的，他一直鼓励我要多读书，走出乡村，我小时候也遇到了一位美术老师吴老师，他也给了我很大的鼓励。

问：是什么契机让您走上学习美术的道路？

王晓野：我小时候很热爱唱歌跳舞，但是因为我长得很高大，每次老师选拔学生参加文艺演出时都不会选我，老师会倾向于选择个头娇小

王晓野带孩子们在松花江边上赏雾凇、画雾凇 / 受访者供图

的，这给了我一些挫败感，就是那种每次往前冲，期待老师能发现我、选择我，却每次都收获失望。后来吴老师来了，他既教美术课，也教劳动课。有一次上劳动课学习缝扣子，我的扣子缝得特别快、特别好，吴老师就夸我，他说你这孩子挺灵呀。我当时心里想：别的老师都说我很笨呀，又傻又大，怎么吴老师夸我灵呢？因为吴老师对我的认同，我就开始喜欢吴老师，然后也喜欢上了吴老师的美术课。吴老师是一名大学生知青，他经常用画笔给我们描绘山外的世界，跟我们讲外面的世界，当时我听了特别向往。吴老师还常常鼓励我好好学习，将来一定能够走出乡村，考取大学。我当时对大学没有概念，吴老师的一番话让我对外面的世界充满了好奇，我就发誓一定要走出去。就这样，从小学到中学，然后我真的上了大学，考上了吉林师范学院美术系。大学毕业后，我被分配到了吉林市龙潭区第二实验小学，这是一所很不错的学校。从 1995 年到 2015 年，我一直在

这所学校工作。

问：那您是在怎样的契机下开始从事乡村教育工作的？

王晓野：其实在教师生涯的前20年，也就是在城区学校工作的那段时间，我的工作状态是很勤奋、很认真的，也取得了很不错的成绩，得到了一些荣誉。比如我在2003年出版了《晓野师生线描作品精选》画册，参与了省级公开课，还被评为吉林省十佳艺术教师等等。但是取得了这些成绩之后，我进入了一个职业瓶颈期。我带着孩子们把学校的角角落落几乎画遍了，学校附近的素材都被我画过了，我没有前进的空间了。正好在2015年，我们当地教育局有一个支教的政策，支教时间为三年，我就毅然报了名。

问：站在一些老师的角度，人到中年，取得了如此多的荣誉和认可，有的人会选择待在自己的舒适区，待在自己熟悉的环境中，但您恰恰是离开自己熟悉的地方，去乡村支教，为什么会有这样的想法？

王晓野：在城市学校工作了20多年后，我越来越觉得这不是我要的生活，我想再利用自己的能力和经验做一点有意义的事，我想要去农村，去那里实现自己的价值。

问：当时您的孩子还在读书，您是怎么下定决心迈出这一步的？

王晓野：当时我做出支教的决定时，我的孩子刚上高一，好多人不理解，但在支教这个问题上，我从来没有纠结过。我和儿子沟通过支教的事，我跟儿子说，我有我的事业，你有你的学业，我们一起在各自的领域努力，妈妈会努力做你的榜样。我们家从小到大就是这样的氛围，所以儿子很支持我的工作，他自己的学业也完成得很不错。

问：您的儿子应该挺为您自豪的吧？

王晓野：是的，我儿子经常发朋友圈，说这是我的妈妈，我妈妈是一名乡村教师，她非常了不起，她是我的偶像，我妈妈永远是我的骄傲。

问：刚去支教的第一年，您遇到过什么困难，或者有什么预料之外的情况？

王晓野：我也是从乡村里走出的孩子，所以刚到乡村时，我很想为乡村做点事。但是我发现我小时候的家乡和现在的乡村还是很不一样的。我小时候，乡村里孩子很多，大家一起上学、一起玩耍，很快乐，孩子也有父母和祖辈的陪伴。但现在，乡村里留守儿童很多，很多孩子的父母都外出务工不在身边，孩子缺乏陪伴和引领，日常玩手机和看电视的时间比较多。家长对孩子的学习关心也不多，美术方面的关注就更少了。乡村小学缺乏基础设施，没有美术教室，美术画具或颜料什么的都没有。但有一点，孩子们和我小时候是一样的——他们的生长环境和我小时候很像，他们对外部世界也充满了好奇心。

问：您用一支笔、一张画纸，为山里的孩子们带来别样的艺术体验，请问您具体是怎么激发孩子的学习兴趣的？

王晓野：我刚到村小时上的第一节课就是带孩子走上了田间地头。当时没有美术教室，也缺少绘画工具，我给每人发了一张 A4 纸、一支铅笔，带着他们观察生活，寻找写生对象。看到田地里最普通、最常见的狗尾巴草，我就让孩子们自己挑选狗尾巴草，孩子们摘了许多，大小、长短不等，形态各异。我又对孩子们说，狗尾巴草被我们摘下来了，我们要怎样延续它的生命呢？于是引导孩子们将狗尾巴草和别的野花一起，插在瓶子里，做成插花。做成好看的插花作品后，我又引导孩子们将插花画下来。我想给孩子们传达一个信息：生活中的每一个场景都可以变成艺术，要学会发现生活中的美。我给这节美术课起名叫“寸草绿童心”。

王晓野带着学生在农林村画向阳花开 / 受访者供图

问：我看到您的学生中除了村小的孩子，还有患孤独症的孩子，教这类特殊的孩子对您来说是否是个挑战？

王晓野：我在支教中遇见过一个轻度孤独症的孩子。这个孩子平时比较沉默，不爱说话，但很有美术天分。我带他出去写生，他画出来的作品很不错。我就给予他鼓励，还在朋友圈里推荐他的画作，他的画作还被一位北京的爱心人士购买。得到我的肯定后他学画非常认真，每天只要有空闲时间，他都会自觉来画室画画。我的画室常年开放，只要我在学校，美术教室的大门始终敞开，大家都可以来画画。

问：您在2016年创办了“山里红”美术工作室微信公众号，“山里红”这个名字有什么寓意吗？

王晓野：“山里红”其实是我们东北乡村一种常见的野生山楂树，它的果实颜色鲜艳而充满活力，象征着顽强与希望。取这个名字就是想给山里孩子一抹希望的红色，让每一个孩子对未来充满美好的向往。

问：您创办的“山里红”美术工作室取得了很不错的反响，微信公众号和视频号拥有20多万粉丝，您觉得成功的秘诀是什么？有什么值得推广的经验？

王晓野：首先，我想感谢大家对“山里红”美术工作室的关注和热爱，我们工作室的宗旨一直是让孩子们在学习绘画的过程中发掘乡村资源和美景，让孩子们了解自己的家乡，爱自己的家乡，发现家乡的美，从而告诉孩子们乡村生活也是值得向往的。孩子们则在追寻美的过程中能更加热爱生活，开阔眼界。其次，我从 2016 年开始通过网络平台面向全省的乡村孩子上网络直播美术课，2018 年开始面向全国的乡村孩子上网络直播课。截至目前，我们的网络课程面向 18 个省、700 余所学校的 30 余万名乡村学生，给他们送去了优质美术课。许多学生和家长通过网络课程认识了我，同时也关注到了“山里红”美术工作室这个教育的窗口。现在我也还坚持每周上一节网络课，为乡村学校的孩子送课。越来越多的乡村学生能通过网络听到我的课，这也从侧面说明，国家对乡村教育和乡村振兴的重视和投入。最后，我从 2020 年开始自学视频拍摄和剪辑，将我们上课的内容和孩子们的作品以短视频的形式呈现，这也顺应了时代的潮流，让更多的人了解到“山里红”。对我们了解得越多，来自社会各界和团体的帮助和交流也越多，反过来也能促进我们的美术教育教学，孩子们得到了更多展示自我的机会，形成了一个正向的循环。

问：我观察到不管是您还是您村小的学生，在美术课堂中都充满了自信和欢乐，他们的画作也有直击心灵的美感，我很想请教一下：您是怎么做到的？

王晓野：“山里红”美术工作室的孩子们都是生活在村小的学生，对于乡村生活，他们有着最直接、最生活化的体验，如何将这些体验转化成生活化的审美，并引导他们用美术的方式表达出来，这是我每堂课、每一天要做的事。首先，在培养孩子的自信方面，我会带他们用发现美的眼睛去了解乡村，鼓励他们捕捉最美乡村场景，让他们在发现美的过程中找到快乐，并用美术的方式表达自己的生命感悟。孩子们在描绘自己家乡的同时也会渐渐爱上自己的家乡，这种体验会让他们找到归属感，这是孩子们充满快乐和自信的原因。同时，孩子们的画作都来自他们内心丰富细腻的感知，呈现是他们各自审美的写照，所以会产生直击心灵的美感。孩子们在美术方面的创作和得到的肯定又能增加他们学习其他学科的自信，这就是美育的力量。

问：乡村振兴离不开乡村教育的振兴，现在很多老师投入乡村支教的行列，但大部分只会支教一年或两年，而您已经坚持近10年，是什么让您坚持下来的？

王晓野：我觉得是热爱和情怀。我是乡村出来的孩子，我热爱我的家乡，我希望我的学生也能热爱自己的家乡，我想让我教的孩子们在童年找到美，在追求美的过程中找到自信和快乐，我想让更多的孩子走出大山，树立远大的理想。等他们学成之后，家乡依然是他们的精神家园，他们也能选择回来建设美好家园。

问：乡村教育需要更多优秀的教师加入，对有志于乡村教育的老师，您有什么建议吗？

王晓野：我觉得应该让更多的老师走出去，了解外面的世界，同时老师们也要找到自己的初心：我为什么从事教育事业？我职业发展的方向是什么？要培养教师的乡村情怀。

问：接下来您的计划和打算是什么？

王晓野：我已经在乡村支教9年，我还会继续支教下去，继续做乡村里那一抹“山里红”。我已经向教育局申请2024年下学期到更加偏远的缸窑镇缸窑小学再支教3年，带领那里的孩子和村民一起，用画笔描绘我们美好的生活，助力乡村振兴，继续用艺术讲述中国乡村孩子的故事。

编者寄语

让传统文化走入课堂，让乡村美育走入孩子们的心中。扎根乡村美育的王晓野带领孩子们走入田野，从此，漫山遍野都美成了画，村小的娃娃们成了山里的一抹希望红。

人物档案

王爱红：我愿做孩子生命中的贵人

女

汉族

1985年生

2008年开始从事乡村教育工作

现任职学校：河南省濮阳市濮阳县文留镇实验学校

所获荣誉：2018年，获评“河南省骨干教师”；2021年，获评“河南省教育新闻年度人物”“出彩河南人2021最美教师”；2022年，获评“河南省最具成长力教师”“河南省优秀班主任”“濮阳市教学名师”，入选“马云乡村校长计划”；2023年，获评“河南省教书育人楷模”。

人物小传

在河南濮阳县的文留镇，有一位名叫王爱红的校长，她以一颗对教育的赤诚之心，为乡村教育注入了新的活力。

2008 年，已经在市里一所学校稳定工作了 5 年的王爱红决定放弃城市的舒适生活，到濮阳县文留镇的东王庄小学任教。彼时，东王庄小学只有 23 名学生。到东王庄小学后，王爱红吃住在学校，与学生朝夕相处，用心去感受每一个孩子的需求和梦想。王爱红的敬业精神深深感染了学生和家长，仅仅一个学期，学校的学生人数就增加到了 176 人，那所曾经濒临倒闭的学校内再次充满了欢声笑语。

2021 年 9 月，王爱红成为濮阳县文留实验学校的校长。在新的岗位上，她继续致力于提升教育质量，为孩子们创造更好的学习环境。王爱红深知，乡村教育的振兴需要一支高素质的教师队伍。她组建“乡村首席教师”工作室，为青年教师搭建成长平台，通过规划、研修和培训等方式引领他们的专业发展，并在河南省乡村中小学首席教师岗位计划试点工作现场推进会中情景再现了工作室从成立到壮大的点滴成长，点燃了一大批乡村教师的激情，被《中国教育报》、学习强国、河南省教育厅、《教育时报》等多家媒体和平台报道，引起社会广泛关注。

除了关注本校的发展，王爱红还将自己的教育理念传播到周边学校。她通过资源共享和互助合作，带动整个区域的乡村教育水平提升。她利用乡村首席教师工作室和河南省名班主任工作室，推动教师专业成长，鼓励教师走出学校，去开阔眼界、提升自我。她的这些努力不仅激发了乡村教师的激情，也为孩子们提供了更加广阔的学习空间。

在互联网时代，王爱红敏锐地捕捉到了新的教育机遇。她积极引入“互联网＋教育”模式，让乡村教育与时俱进。网络课程的开设不仅让全国近万名孩子受益，也为乡村教育注入了新的活力。

王爱红在河南教师成长书院上公开课 / 受访者供图

人物访谈

采访人：丁静雯

问：您当初放弃城市的工作和生活，决定回到自己的母校东王庄小学任教时已怀孕6个多月，为什么会做出这一选择？

王爱红：我当时接到村委的电话，说希望我可以回去给孩子们上一节课。课后，几个孩子围上来告诉我，9 月份开学后学校会被撤并，学校可能就没了。我是在那堂课之后才得知学校将面临撤并的情况。随后，老校长和村干部们都过来挽留我，看是否能通过大家的共同努力，恢复学校的名气。东王庄小学之前在当地家长心中还是有一定的认同度，但面临一些困难，所以我就决定回去尽自己的一份力。从那时起，我就一直留在了那里。

问：您当时的决定，家人是如何看待的呢？

王爱红：起初，我的家人是反对的。因为那时我已怀孕 6 个多月，家人都希望我能好好休息。而且，我的丈夫和公公婆婆都在市里工作，他们原本期望我能在市里安心养胎，而不是回到村里去教书。他们的反对也是可以理解的。在沟通过程中，我尝试用各种方法去解释我的决定，最后选择了一种最朴实的方式——给丈夫写了一封信。在信中，我描述了孩子们抱着我、用渴望知识的眼神看着我的情景，还有村委干部和老校长的殷切希望和挽留。写这封信时，我情不自禁地流泪，泪水打湿了信纸。丈夫看到我的决心和被泪水打湿的信纸，最终没有再反对。从开始的反对，到后来支持我坚守乡村，他和公公婆婆都在背后默默支持我。我真的非常感激他们的理解和支持。在那个特殊的环境下，那个特殊的场景中，我非常想要通过自己的努力，把在城市积累的五年管理和教学经验运用到乡村孩子们的课改中去。这就是我当时最真实的想法。

问：2021年，您加入了文留实验学校，也有了进一步的发展，这个转变的契机是什么？

王爱红：这个转变主要来自我原先所在的东王庄小学的发展限制。东王庄小学是一个村小教学点，教学资源有限，尤其是音体美等课程无法满足孩子们的需求。随着学生人数的增长，原有的校园设施愈发显得捉襟见肘。而在 2021 年，文留实验学校这座闲置了四五年的学校被我们看到。它的建筑面积比较大，非常适合我们学校的发展。因此，领导决定将我们东王庄小学搬迁到这里。虽然离原校区远了约 5 公里，但家长们都很支持，学生们也都跟着搬了过来。这样，我们就全体搬迁到了文留实验学校。

在新的环境中，我继续关注课程改革。我当时在教师专业发展部申请到了一个项目，为 120 多个村小的老师进行课程培训。在刚到村小的时候，我们发现音体美等专业老师严重缺乏，为了孩子们的全面发展，我们积极寻找并利用各种公益组织资源，通过互联网，利用“双师课堂”给孩子们上课。在此基础上，我带领团队整合了生命尊享课程、艺术审美课程和濮阳英语课程，这些创新课程受到了广泛欢迎，不仅吸引了当地的孩子，还让贵州、四川等地山区的孩子加入我们的直播间。

此外，我也十分关注学生的心理健康。三年疫情之后，我发现孩子们在心理方面出现了很多问题，比如沟通障碍、情绪管理困难等。因此，我整合了一个心理课程，先试行了半年，看到孩子们的变化后，我开始在工作室和学校推广开来，并组织了一个心理团队给孩子们上心理课程。这个心理课程的改革是从培训老师开始的，然后再由老师去给孩子们上相关的心理辅导课程。

问：您目前还是两个工作室的主持人，能否介绍一下这两个工作室的具体工作内容以及取得的主要成果？

王爱红：目前我负责两个工作室：一个是乡村首席教师工作室，专注于学科建设；另一个是河南省的名班主任工作室，关注德育方面，旨在将学科和德育有机融合。

乡村首席教师工作室目前共有 68 名成员，已经辐射到全镇所有小学及周边 7 个乡镇 246 名教师，形成了“1+n”乡村学校教师发展机制。我主要带领工作室成员做规划、搞研修、做培训、进课堂，同读共研，具体可以归纳为“七个一工程”：每人制定一份规划书、同读一本专业书、共研一个小课题、每月一次示范课、每人一节展示课、每周半天校本研修。我很幸运遇到了一群志同道合的乡村筑梦人，我们一起开发了丰富多彩的语文活动和课程，整合了一系列校本课程，对促进教师的专业化成长和乡村学校的快速发展起到了有效的作用，也提升了教师的价值感和幸福感。

我同时是河南省名班主任工作室主持人，这个工作室主要以研、训、赛的形式助力教师专业成长，以课题形式开展研修活动；开展班主任素养大赛，以赛促学，以赛助学，并打磨整合 30 节主题班会课，让学生在做人、做事等方面得到发展。我们非常注重教师队伍的建设和教师的专业成长，希望能更好地助力学生的成长。

问：在您的职业道路上，有没有某个场景让您印象深刻或者对您产生了深刻影响？

王爱红：最为深刻的，是我从城市到乡村的身份转换过程中的一些经历。我第一次在乡村学校学期末上家长公开汇报课时，家长们的眼神中流露出的认可和孩子们的成长让我深受触动。很多家长的眼泪让我感受到了他们对我工作的肯定，这也给了我极大的信心。

其实，我一直坚守乡村教育的决心也源于村民和家长们的朴实和认可。我记得2008年刚到乡村学校时，全校只有23名学生，但一个学期后学生人数增长到176人。开学那一天，村干部、村民和家长都自发地跑到学校帮忙，这种情感的交融让我感受到了乡村教育的意义和价值。

在乡村教育的过程中，我不仅被学生和家长感动，也被我们的老师所感动。我们的老师坚守岗位、尽职尽责，有些老师在产假结束后就立刻上岗，有些老师在晋级后依然保持对教育的热情，他们的这种精神给了我很大的鼓舞和力量。

虽然也有很多困难和挑战，但我总是能够看到大家给予我的向上力量，这让我能够不断前行。同时，在带团队的过程中，我也不断提升自己的教学能力和人格魅力，希望能够聚集更多的人跟着我一起走。这些经历都对我产生了深刻的影响，也让我更加坚定地走在教育的道路上。

问：您刚刚提到提升自己的人格魅力，那么，您能分享一下您的人生信条吗？它是如何影响您的工作和生活的？

王爱红：我的人生信条是“做孩子生命中的贵人，做家长的希望使者”。这个信条在我从城市教育转到乡村教育后更加坚定。在城市的一所高端品牌幼儿园工作时，我接触到的都是市里经济条件很好的家长，他们对孩子的教育非常重视。然而，到了乡村后，我发现家长的教育意识相对淡薄。那时，我正好怀孕，有了自己的孩子，我开始思考，我希望我的孩子遇到什么样的老师，那我就首先要成为那样的老师。

小学阶段是孩子人格塑造的关键时期，这6年的教育可以影响孩子的一生。因此，我希望能成为孩子生命中的贵人，给他们带来正面的影响。同时，我也希望成为家长的希望使者，通过家校共育，点燃家长对孩子全面发展的希望，而不仅仅是追求考试的分数。

问：在生完宝宝之后，您依然全力以赴地投身于乡村教育事业。在这个过程中，您是如何平衡职业和个人生活的呢？

王爱红：很多人都很羡慕我能够很好地平衡工作和生活。这其实与我的家庭环境有很大关系。我是家中的老大，我的弟弟比我小6岁，所以我的父母一直非常支持我的工作。在乡村工作时，学校就在我妈妈家附近，这给了我很大的便利。孩子刚满月我就回到了工作岗位，因为老校长决定让我担任校长，所以大年初九我就开始上班了。

在平衡工作和生活方面，我的家人给予了我巨大的支持。我上班时，我的父母、公公婆婆会帮我照顾孩子，让我能够专心于工作，同时也能够兼顾家庭。我确实很感谢家人的支持，没有他们，我无法将工作和家庭协调得如此好。有时候我外出学习或工作时，会带上我的母亲和孩子，这样既能照顾家庭，也不会耽误工作。

我非常享受走进校园和孩子们上课的氛围，以及培训教师时的现场感。当我看到大家一起成长、进步时，我感到非常幸福和满足。这种拔节向上的力量让我从未感到疲惫或累，反而觉得非常充实和有意义。同时，当我带领一群志同道合的老师一起成长，看到他们因为进步而喜悦时，我觉得这就是工作和生活中最美好的时刻。

问：您对未来有什么新的规划或期待吗？是否有新的项目或挑战正在准备中？

王爱红：对于未来，我确实有很多规划和期待。目前，我正在考虑如何更好地带领我们的乡村教师团队，将我们做过的事情和教师的成长经历进行梳理。我希望通过将这些经历和成果物化，激励更多的青年教师。具体来说，我计划将这些内容整合成一本书，其中包含乡村首席教师的成长经历、如何建立工作室，以及我们工作室小伙伴们的成长历程。我相信，这样的书籍对于其他老师来说会非常有启发性。这是一个新的挑战，但我对此充满期待。

问：对于正在从事乡村教育事业或即将加入乡村教育事业的老师们，您有什么话想跟他们说吗？

王爱红：我想对正在从事或即将加入乡村教育事业的老师们说，一名优秀的教师需要具备三个“专”。首先，是专业知识，这是我们教书育人所必备的基础；其次，是专业技能，这能帮助我们更有效地传授知识，引导学生；最后，是专业情怀，这能让我们对教育事业保持热爱和对学生有责任感。只有具备了这三个“专”，我们才能在教育的道路上走得更稳、更远、更扎实。我希望我的经验和分享能够激励更多的老师，一起为乡村教育事业贡献力量，共同带领学生们走向更美好的未来。

编者寄语

王爱红用实际行动诠释了“做孩子生命中的贵人，做家长的希望使者”的人生信条。她勇于担当，迎难而上，以卓越的教育智慧和领导力，带领团队不断前行，展现了当代教师的风采，为乡村教育注入了新的活力。

人物档案

李振丹：振翅杏坛铸师魂，一片丹心润桃李

女

汉族

1989 年生

2012 年开始从事乡村教育工作

现任职学校：河南省安阳市汤阴县任固镇第一初级中学

所获荣誉：2015 年，获汤阴县师德演讲第一名；2016 年，获评汤阴县优秀班主任；2019 年，获评汤阴县优秀教师；2020 年，获安阳市师德主题征文比赛一等奖；2022 年，获安阳市乡村教师优质课一等奖，河南省乡村教师优质课二等奖，入选教育部“乡村优秀青年教师培养奖励计划”；2023 年，获评“安阳市最美教师”，入选“马云乡村教师计划”；2024 年，获评汤阴县优秀政协委员。

人物小传

2012 年秋天，一个瘦弱的女孩背着大大小小的包裹，走进了汤阴县最偏远的乡镇——任固镇的一所乡村学校。她就是入选教育部 2022 年“乡村优秀青年教师培养奖励计划”的特岗教师李振丹。

李振丹在乡村坚守了 12 个年头。12 年来，她有好几次回城里工作的机会，可一想到孩子们渴望的眼神，她就心软了。现在，李振丹每天既要完成教学任务，又要照看孩子，还要在哄睡孩子后读书。她很忙碌，也很幸福。

李振丹特别善于做班级管理工作。2021 年，为方便管理学生，她把自己的宿舍搬到学生宿舍旁边，这样可以天天早叫醒，晚催寝。学生也可以在她的宿舍里洗头、吃饭、缝补衣服、过生日……学生把李老师的宿舍当成了自己的家。中考前夕，李振丹给每位学生写了内容各异、富有针对性的鼓励信。她的真情打动着每一位学生，感动着每一位家长。苍天不负有心人，班级 56 名学生，有 42 名考上了省重点高中汤阴一中。家长们为了表达对李振丹的崇敬和感谢，自发募款刻了一块石碑，以农村人特有的隆重仪式立在她住过的宿舍前，石碑的正面刻“师魂”二字，背面刻着全体教师、学生以及家长代表的名字。

李振丹十分重视学生的心理健康教育。她常说：“老师不仅要教给学生知识，更重要的是关注学生的心理、情绪、意志，助力学生健康成长。”为解决农村留守学生心理健康问题，利用工作之余，李振丹自费自学完成了清华大学以积极心理学为基础的幸福教育全部初级课程，还参加了温州第一届积极教育研习会，学习如何解决学生心理问题。作为学校心理健康咨询团队负责人、汤阴县家庭教育讲师团成员，她一直积极推进学校心理健康教育。从 2018 年至今，李振丹帮助很多家长和孩子渡过难关，让一个个乡村孩子走上正确的人生轨道。

作为一名年轻教师，李振丹特别注重读书学习，钻研业务。她积极践行教育家朱永新提倡的“让师生过一种幸福完整的教育生活”的理念，建了一个名为“走在新教育路上”的微信群，带动学校69位老师读书打卡，写随笔和教育故事。不管是之前在朋友圈每天坚持写“简丹语录”，还是现在每天坚持读书打卡，李振丹已经坚持了6年，笔耕累计超过100万字。她还与上海真爱梦想公益基金会合作，成立河南省教师共读小组，与任固一中读书团队一起，带领河南省各地市的百余名老师共读图书，影响不凡。

振翅杏坛铸师魂，丹心润泽桃李艳。李振丹把中国教师发展基金会奖励的1万元奖金捐献给学校，建了一座凉亭，学校将此亭命名为“丹心亭”。在乡村教育这片沃土上，李振丹将一如初心，坚定而执着。

人物访谈

采访人：彭海燕

问：您说在自己读大学时，就想到乡村支教，这个想法的契机或触发点是什么？

李振丹：我来自农村，从小就被灌输“知识改变命运”这个道理。上大学时我才第一次出远门，第一次在城市坐公交，第一次看到外面的世界，感受不同的人生。那时我就有一个想法：让很多像我一样的乡村女孩走出来，看看这世界的繁华。我学的是思政专业，常常涌动着一种情怀：年轻人要到祖国最需要的地方去奋斗。当时有“大学生志愿服务西部计划”支教政策，我特别想去，但最终没去成，后来知道可以考国家的特岗教师，对口乡村教学，家人也同意，算是圆了我当时没能完成的支教梦。很幸运在毕业那年我就考上了特岗教师，开始了我的乡村教育生涯。

李振丹和学生在梦想教室里上梦想课程 / 受访者供图

问：从踏上乡村教育的第一步到现在，您经历了哪些难以忘怀的事情？

李振丹：当我选择师范、选择报考特岗教师那一刻，就已经做好了充足的准备，要把青春和热血洒在教育这片沃土上。我早就知道，特岗教师要在农村工作，没有城市的高楼大厦、灯火辉煌。但当我真正踏入乡村这片热土，心还是着实跌了一下，条件比我想象中更差。但一个月，就一个月的时间，我便被这里的一切暖热，深刻地体会着教师是怎样一个良心行业，人的幸福和价值原来是与世俗无关的。

记得我教师生涯的第一个教师节前夕，本来是星期天应该在家的，但学生们非要让我提前回来。看着他们虔诚恳求的眼神，我顿时觉得自己是多么的幸福！我收到了无数可爱、用心的礼物，清晰记得学生写的纸条：“老师你别走了，我们总是换老师，我们都听话你就不走了。”“老师，你从很远的地方来我们这儿，不要太辛苦，别太累了。”他们没有城市孩子的优越生活，校园里没有多少能供他们玩耍的器材，却如此懂事。和孩子们朝夕相处，我慢慢地有了一种不能仅用感动来形容的心情，更多地滋长了难舍与爱。就这样，寒来暑往，一干就是十几年。

问：您有段时间把自己的宿舍安在学生宿舍旁边，为什么这么做呢？

李振丹：因为带过两届学生，我深刻感受到农村留守儿童爱的缺失。那时候刚好学校的周转房建成（国家为偏远乡村教师改善住宿条件而建），老师们都搬进了新房。我就想着先不搬走，还是住在学生旁边，有什么事情也可以帮着管理。另外也是考虑方便学生在我宿舍洗头、缝补衣服、过生日等，学生会有一种家的感觉。那一年下来，我感觉孩子们很听话，没有大家所说的“叛逆”行为。我和孩子们关系特别融洽，像家人一样，同生活，共学习。除了管我们班，我还管理整栋楼的男生，所以后来大家都开玩笑说“振丹能镇楼”。

问：您担任班主任的10班在中考时有42名同学考上省重点高中，这个成绩非常亮眼，您和孩子们是怎么做到的？

李振丹：首先是多站在孩子角度想问题，多发现孩子的闪光点，把孩子往好处想，走进孩子的内在世界，激发孩子的内驱力。从某种意义上来说，成绩不是老师教出来的，而是打开心结后的孩子通过个体能动性拼搏、创造出来的。比如考试前，同学们容易紧张、浮躁，我就利用午休和夜晚，给班级每位学生写了内容各异、富有针对性的鼓励信，给他们注入力量，鼓励他们更加勤奋地学习。其次要充分接纳“顽皮生”。那年初二分班，我明明知道有几个学生是不大听话的，又缺失家庭教育，难管教，但我偏把那几个调皮的孩子要到自己班。这些孩子多有反复，多次闹腾，我总是耐得住性子，把他们请到办公室，每次都安安静静听他们倾诉。几个月后，这些孩子渐渐改掉了不值日、不交作业的习惯，融入了集体，还认定我为朋友。我常说，顽劣孩子不能推到校外去，在学校总是能学一点东西。这些学生一旦觉醒，往往都成了我的挚友或铁杆小助手。毕业几年了，他们有事还找我商量。可以想象，所谓的“孬孩儿”，转变之后，他们的家庭该充盈着多么美好的希望！

问：您在担任学校心理健康咨询团队负责人期间，发现学生比较普遍的心理问题是什么？您是如何引导、解决的？

李振丹：学生比较普遍的心理问题有抑郁、焦虑、孤僻等。我们学校每学年与第三方专业机构合作，为在校学生进行心理健康测评，为学校心理健康教育提供了参考依据。我们学校有心理老师团队，会给学生定期上心理团辅课。我作为学校的心理健康教育负责人，从 2018 年至今，辅导学生心理已有百余次，帮助很多家长和孩子渡过了难关，解决了问题。例如当时班里有个学生叫小雨，性格内向，敏感又孤僻，有一次考试交了白卷，独自去了操场发呆。我找到他，跟他一起并排坐在草地上，他告诉我他不想考试，不想参加中考，不想上学，觉得活着没啥意思，多次想到自杀……我顿感事态严重，便用学到的心理知识加以疏导。在我的一步步帮助下，他不仅克服了消极心理，而且还以优异的成绩考上了高中。到高中后，他每每遇到问题还会主动找我解决。

问：家庭是孩子成长的关键因素。作为汤阴县家庭教育讲师团成员，请您谈一谈作为家长应如何开展家庭教育。

李振丹：我认为每一位家长都要有一种学习和进步的心态，不能用老眼光去看待现在的孩子，要学会用新方法去沟通、去教育。为了帮助家长提高水平，我每周都会给学校班主任推送家教小知识，让班主任转发到家长群供家长学习。好关系胜过好教育，适用于师生，也适用于家庭。家长一定要善于营造好的家庭关系，让孩子在温馨和谐快乐中成长。另外，家庭生活里最高尚、最珍贵的财富是相亲相爱。爱，能营造出最有利于孩子成长的氛围。

问：读书是最美好的，但因生活节奏快，工作繁忙，很多老师没有时间和心情读书。基于一种什么样的思考，您决定带动周围老师们读书打卡呢？

李振丹：我记得看到过一句话，大概意思是这样的："一群不读书的人在教一群人读书。"当我看到这句话的时候，心灵颤抖了一下。我做出的第一个改变就是读书打卡，没想到越读越受益，越受益就越想带动周围更多的人。

问：通过读书，写随笔、写教育故事，您和老师们肯定有很多收获吧？

李振丹：我想让读书跟一日三餐一样融入生活中。我建立了一个微信群叫"走在新教育路上"，老师们只要有追求、想成长、有理想，就可以进群，目前已有 69 位老师加入。群里很热闹，每天都能看到大家正能量满满。从大家写的随笔里，也能看到老师平时的烦琐与劳累，也有点滴的小幸福。我给每位老师建了文件夹，把大家的随笔、教育故事收藏起来，一学期下来，我自费给大家买礼品，鼓励老师们坚持下去。老师们收获都很大，比如共读亲子类的书，会让还没有做妈妈的老师提前学习到做妈妈的智慧。另外，我们共读时会有主持人和发言人，每一次共读分享都是心灵的碰撞，会有很多火花和思考，启迪我们的思维。我个人至今还坚持每天读书打卡，写随笔和教育故事，分享读书心得。今天是我坚持读书打卡的第 1503 天，我相信我的坚持会影响越来越多的人。后来，县作家协会为我写了系列文章，名字叫《她是一束光》。我在努力尝试着去做好这束光。

问：您和老师们给孩子们开设了38种多元化的梦想课程，让孩子们不仅能学到知识，还能提升素养、能力和思维。您能够讲一讲其中的某一堂课是怎样设计的，孩子们有哪些收获吗？

李振丹：我开设的课程有《职业人生》和《去远方》。在《职业人生》课上，我和学生们更多的是去剖析自己的性格：你喜欢什么？你适合什么？你是什么样的人？孩子们在课堂上叽叽喳喳聊着自己的未来。在这样的课程里，学生开始展现自己，积极参与和思考。或许孩子们不能都进入名牌大学，但他们依然可以在这个不设限的课堂上结识同伴，培养技能，学会热爱生活，珍惜自己，拥有一个自信、从容、有尊严的未来。《去远方》课程是孩子们对自己想要去的远方的一个设计。去年暑假，我们班级两支队伍在全国800多支参选队伍中脱颖而出，入选上海真爱梦想公益基金会的“去远方”研学旅行计划，分别获得1800元奖金和18000元奖金到洛阳、苏州参加研学旅行，实现了孩子们去远方的梦想。

问：从教10多年，您获得了很多荣誉，有班级管理、论文撰写、课堂教学、教师培训等方面的。您认为青年教师要实现自我成长，最需要哪种品质或精神？

李振丹：我认为是永远热爱学习，心怀梦想，永不放弃。就像我连续三年申报“马云乡村教师计划”，都失败了，最后才成功，这就是一个很好的例子。

问：2021年，您带完一届毕业班后，学生家长自发给您立碑。面对家长朴实而深厚的情谊，您当时感受如何？这对您的职业生涯产生了怎样的影响？

李振丹：看到这个石碑时，我哭了，当时的第一感觉就是：30岁，我何德何能让家长们把我的名字刻在石碑上！它在我心目中的分量，是比任何荣誉都要重的。我感受到了作为一个教育人的幸福，也让我更加坚定地选择留在乡村，更加深刻地感受到，在乡村教育这片沃土上，我一定可以实现我想要的人生价值。

问：十多年乡村教育的经历，肯定带给您很多思考，您觉得目前要从哪些方面着手来促进乡村教育发展呢？

李振丹：我觉得要更多地关注乡村学生的心理健康。家庭教育的缺失是造成农村孩子心理问题的一个最重要的原因。社会的浮躁，生活、学习中的压力也加重了学生的心理负担。我觉得学习成绩不代表一切，不管是学校还是教育管理部门，都应该调整对教师和学生的考核标准。当然，有情怀的教师还是有很多，遇到好老师是学生的幸运，我想做这样一位好老师。我常常想，我是一名普普通通的老师，但我也可以凭借自己的力量去改变，哪怕是一点点，也是一种成功。如果我们每一个乡村教育工作者，每一所乡村学校，都抱着这样朴素的想法去努力，去一点点地改变，我相信，乡村教育的明天一定会更好。

编者寄语

一毕业便奔赴乡村，至今已在乡村教育岗位坚守12年。李振丹耐心陪伴学生成长；坚持读书写作，夯实内功；自学心理学，关注孩子心理健康。这12年青春无悔，“师魂”碑和“丹心亭”是最好的见证。

人物档案

刘杨：乡村白杨的教育守望

女

汉族

1986 年生

2009 年开始从事乡村教育工作

现任职学校：内蒙古自治区赤峰市林西县统部寄宿制小学

所获荣誉：2012 年，获评林西县先进德育工作者；2016 年，获评林西县小学语文学科教学能手、林西县优秀读书教师，获林西县小学语文课堂基本功竞赛一等奖；2018 年，获评赤峰市第四届“百佳读书教师”，入选“马云乡村教师计划”；2019 年，获评林西县教书育人楷模、林西县第十届小学语文学科教学能手、“走遍中国·寻找最美教师”活动“最美教师”；2021 年，获评赤峰市小学语文学科教学能手；2023 年，获评赤峰市师德标兵、赤峰市优秀读书教师、林西县优秀教师、赤峰市第五届中华经典诵读活动优秀指导教师。

人物小传

38岁的刘杨老师，已经在乡村教育领域坚守了15年。从小在城市长大的娇气娃，却放弃了城市的便捷生活，用她并不宽厚的肩膀，挑起了乡村教育振兴的旗帜。她的教育故事被拍摄成纪录片《火花》，献给所有像刘杨一样坚守乡村、奉献青春的乡村教师。

2009年大学毕业后，刘杨开始到乡村从教。初时，校园泥泞不堪，教室全是平房，需自己生火炉取暖。一起分配来的4名女教师在只够勉强放下两张上下床、不足8平方米的宿舍里生活，在公共厕所或走廊洗漱。炎热夏日里的痱子、难下咽的乡村大锅饭、繁重的校内劳动、手心脚趾上的水泡、早上5点钟起床分洗脸水帮孩子洗漱晚上9点下班……刘杨曾哭过、沮丧过，但她逼自己努力去适应，去学习。

为了练就教学本领，刘杨开启了书籍阅读、网络学习及外出培训的“取经之旅”。11年间，她先后到北京、兰州、西安、广州、杭州等诸多城市培训学习，每年至少读10本专业论著；她大胆开展课改，设计有针对性的学习问卷，科学划分学习小组，应用思维导图批注式阅读等学习方法，采用“小老师进课堂”模式，让孩子们书写“漂流日记”“绘画日记”。

统部小学的学生来自7个行政村、65个自然村，学校服务半径近20公里。乡村留守儿童多，刘杨意识到关注这些特殊孩子心理健康的重要性，于是主动申请兼管学校的心理健康教育工作。她建立了心理咨询室，装饰、打造了心愿墙，在楼梯拐角处设置了知心姐姐信箱，利用学校电教设备，为学生和家长开启了“远程亲情陪伴”服务。她和学校教师志愿者成立了心理健康工作团队，成立了“爱心妈妈团队”，组织开展“做幸福的留守儿童”活动。虽然改变不了孩子留守的现实，却开始让留守的生活也同样充满精彩。甚至让几位家长放弃了外出打工，回乡照顾起了自己的孩子。学校的心理健康教育和留守儿童关爱行动不仅得到了教育部门和家长的认可

刘杨和孩子们在马云乡村少年宫里体验乐高游戏 / 受访者供图

与好评，还得到了内蒙古日报、澎湃新闻等多家媒体的采访报道，录制成的专题片《我想和你在一起》在内蒙古卫视《新闻再观察》栏目成功播放。这样一份引领学生心向阳光的工作，也在时刻教育着刘杨自己：无论生活给了你什么样的境遇，只要心向阳光，总能看到希望的曙光。

面对城乡教育的差异，刘杨认为唯有阅读是最为平价而高效的教育。为了让孩子们喜欢读书，养成良好的读书习惯，她建立了“小书鱼”图书角，也承担起学校的阅读推广工作。她多方努力，先后与广州幕天公益、北京上学路上公益、一公斤盒子等爱心公益机构取得联系，为学校引入了20000多本优质书籍，为全校347个孩子募集到了故事盒子，为低年级学生引进了阅读桶设施，学生的阅读书籍得到了保障。

在刘杨和几位青年教师的努力下，学校的教师阅读工作室诞生，老师们在自己的阅读之地快乐地践行着“至乐莫如读书，至要莫如教子”的教育誓言。老师们还为学校主编了《奋飞校园文化报》和《天空阅读》专刊，创办了“走在阅读的路上”阅读公众号，一起践行着“青春是种子必须向上”

的阅读理想。她用阅读改变着师生，也推动着学校的发展。

不仅如此，刘杨还带领乡村的家长们成立了统部小学亲子共读推进委员会，启动“放下手机，陪你阅读”的亲子共读活动，让农村的家长们也拿起了书本，和孩子们一起读书。如今，亲子阅读打卡活动已经成为一种常态。她们在阅读中的努力得到了歌路营慈善基金会、幕天公益、毕业后公益基金、中华思源工程基金会扬帆计划等公益组织在全国的推广宣传。

亲情陪伴的缺失，隔代监护的溺爱，许多留守儿童怨恨父母的不陪伴，喜欢炫耀和攀比，甚至有些孩子觉得老一辈是乡下人，生活在农村让他们丢脸。刘杨想，绝不能让自己的学生“四体不勤，五谷不分”，要让他们热爱这片孕育他们的土地。于是她组织学生开展了“美丽的统部我的家”活动，邀请家长走进学校，邀请长者聊老物件，聊京剧、歌曲，做乡土艺术展示，还邀请乡土艺人李国栋先生深入指导学生传承乡土艺术。学校还建立了自己的校本艺术课程——玉米皮粘贴画。如今这项课程不仅完成了课题申报，配备了校本教材，还成为林西县脱贫攻坚中的一项创业技术。

不仅如此，家乡周边的环境污染问题也引起了他们的关注。孩子们自发组织了家乡环保倡议活动，用自己的努力为保护家乡贡献一份力量。刘杨带领学生将大鼓、武术、舞蹈、书法等表演和朗诵相结合，每到学校艺术节、读书节，他们都会给师生们带来一场别开生面的视觉表演。

刘杨老师从来没有停止过努力教学的脚步。可就在她整天为了别人的孩子而忙碌的时候，她自己的孩子却被确诊患有孤独症。她不知自己在泪水中度过了多少个不眠之夜，但生活只能往前走，于是她开始努力学习特殊儿童的教育方法。她何尝不知道陪伴才是最好的良药，只是面对自己的孩子和学生，她无法抉择。是母亲的成全，让她还是选择了后者。母亲对她说：“教育是个良心活，咱家的孩子也希望能遇见一个好老师！”年近60岁的母亲独自带着儿子在赤峰做康复训练，替她承担起本应由她尽的责任。没有人知道，下课时她利用课间看着儿子的视频落泪，上课铃声响起，她擦干眼泪依然得微笑着面对学生。每天被学生包围，可她自己的孩子却不能喊她一声妈妈。

作为一名残疾儿童的妈妈，刘杨坚持给残疾儿童送教，因为她更能理解这样的孩子家长的心情。她说："也许我送的知识和技能也并不能帮助他们多少，但是这至少能让他们感受到，他们不孤独，依然还有很多种爱在努力地温暖着他们。"有时朋友会问她这么拼命图什么。她说："我爱我的孩子们，我爱我的工作。"当孩子们在梦想课上说他们也要像她一样做乡村教师时，她充满了感动和自豪。她的坚持和付出，让我们看到了，即使在乡村贫瘠的土地上，她依然在努力地逆风成长。

人物访谈

采访人：吴思

问：很多人努力考大学，就是为了能走出乡村，而您从小在县城长大，却在大学毕业后选择到乡村教学，一干就是十多年，您为什么做出这样的选择？

刘杨：一是自身性格，我比较要强不服输，遇到困难，总觉得这样不行，可以那样试试。后来在乡村待久了，喜欢上乡村的淳朴、简单，我十几年努力的方向都适合乡村学校教育，便也不想回城里了。二是参加工作的第二年我就当了班主任，和学生接触久了，感觉自己肩上的担子特别重，舍不得这些乡村的孩子，他们需要我，我也离不开他们，我和他们一起在乡村成长。三是因为我爱人。他是土生土长的乡村孩子，虽不懂浪漫，但他和乡村一样善良淳朴。统部镇是他的家乡，他其实比我还要优秀，也更有能力，但是他也一样，就想为家乡、为家乡的孩子们做些什么，所以我们至今都还坚持在乡村。

问：对于您的选择，您的父母支持吗？

刘杨：他们一开始十分反对。父母不同意是因为疼爱我，怕我吃苦。

后来我经常和父母讲学校里孩子们的故事，他们都是特别善良的人，对于班级里有困难的孩子也十分同情，总会问我钱够不够，也会给我的学生们买吃的、用的。再后来我和我爱人恋爱，他大我6岁，离异，还带着一个8岁的女儿。我父母死活不肯同意，于是又想着把我调回县城。那时刚好碰上我外婆去世，我爱人帮我家打理了很多事情，家人通过接触觉得他人还是不错的，也就硬着头皮同意了。我妈常问我的一句话就是："你不后悔？"我的生活确实历经了很多艰难,但是我依然不后悔。我们志同道合，在别人看来可能觉得我们很傻，但是我们乐在其中。从最初的不适应到后来的游刃有余，我在乡村一步一个脚印走出来。虽然我们已经很努力很努力地在缩小城乡的教育差异，但是，这种差异还是明显存在的。所以我千方百计努力的方向，也都是适合乡村教育的，一旦换了土壤，我这棵白杨就未必这样茂盛了。而城市的孩子，他们的生活可能是各种补习班、辅导机构、私人家教，他们的眼界和知识面也可能大大优于乡村孩子。但乡村的孩子一旦脱离学校教育，便什么教育机会都没有了。再加上那些留守、离异、单亲家庭的孩子，我走了，谁来照顾他们？我认为对于城里孩子来说家长也是老师，但是对于乡村的学生而言，老师也是家长。我不放心把他们交给别人。

问：您从教的15年里，哪位孩子令您印象最深刻？为什么？

刘杨：我曾经教过一个名叫小萌的孤儿。她在学校叫我老师，在生活中叫我干妈。我鼓励她阅读，鼓励她积极参加社团活动，还经常给她购买衣物和用品，照顾她的生活和成长，还为她找到了长期资助人。虽然我这样的家庭没有办法给她一个家，但是我想给她同样的母爱。因为我想让孩子记住，我们需要的不能只是关爱和同情，更需要坚强和学会自力更生。最难忘的是有一年母亲节，她为我写了一首小诗："妈妈，从来只会出现在我梦里，我想象着你的眼睛，想象着你的身影。妈妈，是一个我不愿意提起的词语，每当别人呼唤，我的心就感到一阵阵疼痛。直到，我遇见了您，老师你温暖的怀抱融化了我小小的心，我一直不敢告诉您：妈妈，我爱你！”这首诗让我感动到热泪纵横。小萌的小诗也确实给了我莫大的鼓励和勇气。因为只有我们把学校建得更好，把教育做好，才能让更多的人、更多的力量，看到这些需要爱和关怀的孩子，才能帮助这些孩子改变生活，走出困境。

问：在关于您的纪录片《火花》中我看到您在给孩子们讲课时，他们七嘴八舌很活跃，也使得课堂有些嘈杂，但您却丝毫没有严厉呵斥或者发火，您能分享下对于一年级教学常规管理的建议吗？

刘杨：寄宿制环境特殊，学生吃喝、学习、生活、成长都在学校里，单纯一味地管教不是好方法。尤其是对于低年级的孩子，过于严厉就会让他们失去求知、表达的兴趣和胆识。教育低年级的孩子我觉得要“收放合一”。在初入一年级时，他们更适合用“公约”来唤醒，给他们一种“遵守”的意识。犯了错不是不可原谅，但是要让学生知道“这样做不对或不好”。另外要培养“全员”意识，在班级里努力做到“人人有事做，事事有人做”，比如“我负责关闭班级的电灯”“我负责放学关好班级的门窗”“我负责下课提醒大家把物品摆放好”等。在这个大家庭中，人人都是主人翁。还有，初入一年级，我们就开始实行“轮流小家长制”，在轮值的这一天中，“小家长”要负责协调班级的所有工作，组织集体活动，关爱关心同学。轮值的形式让所有学生都能体验做“家长”的不易。无论他起初管理得是否成功，都要体验、参与，这样才能体谅别人的不容易。另外，要培养学生的小组合作意识。一年级就为孩子们划分出学习小组，由他们自己设计组名、组徽、口号等，这些小组的组员之间还会互相监督，帮扶学习，能很好地促进学生的学习成长。

问：您非常注重专业提升，别人是怕被领导听课，而您是主动找老师和领导来班级听课，还经常去外省培训。您是如何争取这些机会的？

刘杨和孩子们充满趣味的情景课堂 / 受访者供图

刘杨：我是个拼命三郎，也喜欢外出。很多老师怕麻烦、怕折腾，甚至换个地方就睡不着觉。我是累了哪里都能睡，每次外出我都很用心、很认真地学习和记录，回来后也会毫无保留地和同事分享。只要听到哪里有培训，我就会主动找学校领导争取，领导也常让我多出去见识见识。后来，我开始接触公益，发现很多公益机构和活动都会为老师们提供很多很好的线上线下培训的机会，我又开始了新的学习模式。有了更多学习的机会，我乐在其中，后来还为很多公益机构当“讲师”，把自己的教学实践经验分享给有需求的学校和教师。

问：您还立下一年至少读10本专业论著的目标，您是如何在繁忙的工作中分配时间来完成阅读计划的？

刘杨：对于读书，我觉得是个人爱好。时间像海绵里的水，挤一挤总会有的。工作、生活确实繁忙，但是我们不也总能挤出时间来玩手机嘛，把这个时间用来读书，时间也是很充裕的。另外我觉得读书是我的“需求”，尤其是作为“寄宿制”教育的先行者，我们没有太多好的经验可以去借鉴，就必须自己走出一条路来。除了实践学习，我们还要靠“理论支撑”，这样才能知行合一，才能少走弯路。我的很多教育教学方法都是从书上学习和借鉴的，阅读专业论著带给我很多方向的指引和行动的反思。读书这件事只有把它当作“需求”，才不会成为“负担”。

问：您还兼管学校心理健康教育工作，学校的心理工作室布置得也很专业，您是如何做到的？

刘杨：承担心理健康教育工作，也是我总抢着“外出学习”的结果。为了争取更多的学习机会，什么样的培训我都会去参加，像“学生的健康发育”“特殊儿童关爱”“阅读推广”“心理健康培训”等。后来各校要求建立心理咨询室和设置心理辅导岗位时，我就承接下这份工作。我觉得它的教育意义比教好语文教学更重要。一个孩子，成绩可以不理想，但是如果心理不健康，那将是多么的可怕。而我本身是班主任，和学生交流更多。我的班级就有很多需要特别关注的孩子，更别说整个学校。这份工作很繁重，更需要专业的引领，但我愿意努力。以前接触心理健康教育不多，所以我花时间多读书、多外出学习。但是“理想很丰满，现实很骨感”，虽然成立了心理咨询室，但我发现，孩子们不愿意接触我，他们把“走进咨询室”当作“心里有病”，怕被人耻笑和贬低。我一时间也没了头绪，再加上心理健康教育的“保密性原则”，我也没法和别人商议怎么办。后来我想到了设置“知心姐姐”信箱，并通过校刊专门宣传，才开始接到一封封来信。我把信的内容进行归类，集中的问题集中处理，个别的问题单独辅导。忙不过来时，小问题也和班主任老师进行沟通。再后来，我和班主任老师还成立了心理健康工作团队，和学校里的女教师成立了“爱心妈妈”团队。一个人的力量有限，好在我不孤单，我有一个志同道合的团体。

问：关于乡土教育，您组织开展了一系列活动，还开设了校本艺术课程——玉米皮粘贴画，可以分享一下这些经验吗？

刘杨：这些活动的灵感其实和我自身的经历有关。我们当地的教育现状是乡村不缺老师，但是缺好老师。学校留不住人才，和我一起分配来的4位老师，只有我还留在乡村。现在的家长也都是望子成龙、望女成凤。可当这些孩子真的成龙、成凤后，又有几个会留在乡村？长此以往，别说青年人，老年人也会大量迁移。那生育养育我们的这片土地是不是就会变成废墟？到外面的世界去闯一闯固然是好的，但繁华的都市不缺建设者，孩子们有一天学有所成，能反哺家乡，这才是我们这些乡村教师最渴望看到的。所以，这些活动承载着我们作为教育人对乡村的一种热爱，我们有责任更有义务，让我们的学生了解家乡，热爱家乡，长大后能为家乡建设贡献自己的一份力量。作为教师，教书育人，育人是不是更重要呢？只顾教书，未必就能让孩子成绩好。我很庆幸我教语文，语文学科有很多综合性实践活动，我把这些活动和教学、育人结合起来，更好地发挥作用。另外，在乡村，这些活动家长也能参与、帮忙，对于“乡土教育”他们很有发言权。带领学生学习玉米皮粘贴画对他们的艺术能力培养和鉴美情趣培养都很有帮助，让孩子们有了更多的实践经历，他们的写作能力也提升很快，也促进了他们劳动能力、合作意识、搜集整理技能等的提高。

问：2016年，49个一年级适龄儿童中，就您自己的孩子被确诊患有孤独症，不能入学，您和先生都非常难以接受。您明知道陪伴才是最好的良药，但最终依然选择了工作，选择了学生，您是如何做出这个决定的？

刘杨：说实话，在这件事上，我没有大家想象的伟大。我的家庭并不富裕，给孩子做康复需要很大数额的费用。我得工作，我需要挣钱让孩子接受好的治疗。可是赤峰市是离我们最近的治疗地点，有的老师劝我找个轻快一点的工作，好能有更多的时间照顾自己的孩子。我也想过，可我自己的孩子还有姥姥悉心照顾，我的学生呢？我挣扎了很久，真的觉得我没办法说撒手就撒手。我们班当时有 1 名孤儿，5 名父母离异的孩子，有的孩子从还没记事时就被妈妈抛下了。有个孩子爸爸常年在外打工，家里只有一个残疾的奶奶。我记得有一次学生告诉我他去捡垃圾桶里别人丢弃的东西吃，我特别心疼，就天天偷偷给他带吃的。有一个孩子父亲服刑，妈妈有精神病。这些孩子，我该把他们托付给谁呢？思前想后，我的儿子是很可怜，没能有个健康的身体，但是我们家里每一个都那么爱他。可我真不知道除了我，学校里那些孩子谁来关注，谁来帮扶？我不是救世主，我拯救不了那么多身世可怜的孩子，但是他们就在我的身边，我就是他们的亲人啊。我谁都不想扔下，我只能尽最大的努力去找到一个平衡点。

问：您和丈夫为了陪儿子康复，每个周末要跑1000多公里，这样不辞奔波，您想过放弃吗？

刘杨：我从来没想过放弃。我深爱儿子和学生，我们确实很累，但是我们累一些，他们就能好一些，这些累就是值得的。

说实话我也有过后悔，我就是个普通的妈妈，也想过我要是一直陪着儿子，他会不会更好些，也总是会觉得对不起孩子。又有哪个妈妈不爱自己的孩子呢？前段时间我看新闻报道，一位妈妈在路边一边摊煎饼，一边照顾自己患有孤独症的孩子，孩子只能用绳子拴着。我哭了很久，我家又何尝不是呢？我们只是普通的家庭，有多少家庭能够完全承担起孤独症康复的费用啊。虽然没法陪伴孩子，但是我们对他的爱从来没少过。

说实话，很多时候我特别想为残疾的孩子做点什么。后来我去给本学区的残疾学生送教，才看到还有那么多的残疾孩子，以及他们的家庭，他们都太可怜。我的孩子至少还能上特殊学校，那些孩子家里往往都是一贫如洗，有的只能被锁在家里，甚至被绑着生活。因为家人得照顾他们，没办法工作挣钱。

想想那些比我们更不容易的人，我也不能沉浸在后悔的情绪中。我觉得人要往前看吧，虽然我们有过那么多的不容易，但是一切都在往好的方向发展。好在我和家人都是比较乐观向上的。我们无法选择生活，但是我们能改变自己对生活的态度。这也让我们有了更多的信心，能克服困难照顾好自己的孩子，也有信心和热情去帮扶更多需要关注的学生。

生活不可能再来一次，既然这是我的选择，我唯有努力前行。我后悔、我放弃、我沮丧，不会拯救我的生活，积极向上才能让我、儿子、学生更幸福，才能让工作、生活向着阳光的方向前行。我希望自己能和父亲对我的寄托一样，做一棵坚韧不拔的白杨，向下扎根，向上生长。

编者寄语

她的努力和用心，是教师们的楷模和榜样；她的博爱和坚强，是乡村教育振兴的精神力量。教育没有捷径，只有用智慧去引领智慧，用爱心去浇灌爱心。坚持她选择的，选择她坚持的。她希冀让乡村的孩子走出去，更愿意他们走回来。生活中也许不会有奇迹，但不能没有阳光。在教育的原野上，刘杨永远不忘初心，无悔守望！

人物档案

袁辉：山河辽阔，支教无悔

男

汉族

1988 年生

2012 年开始从事乡村教育工作

现任职学校：湖北省恩施土家族苗族自治州建始县高坪镇望坪初级中学

所获荣誉：2018 年，入选“马云乡村教师计划”；2019 年，荣获第 23 届“中国青年五四奖章”，第七届湖北省道德模范之“助人为乐模范”；2021 年，入选 2020 年度全国学雷锋志愿服务“四个 100”先进典型之“最美志愿者”；2022 年，被中央宣传部、人力资源和社会保障部评为 2021 年“最美基层高校毕业生”。

人物小传

毕业于南京大学历史系的袁辉在24岁那年做出了一个让周围人惊讶的决定：放弃在大城市的高薪工作，转而投身中西部乡村支教事业。

从高中开始，践行自己的教育理念，走进山区孩子的命运，就是袁辉的梦想。从南京大学毕业后，他大胆地为自己做了主。“我觉得我们东部相对来说，不是那么缺老师，中西部山区可能更需要。”他背起行囊，独自辗转贵州、四川，最终在湖北恩施巴东县清太坪镇姜家湾教学点驻足。巴东县是国家深度贫困县，山大人稀。姜家湾教学点离巴东县城有3个多小时车程。教学点位于半山腰，生活条件艰苦：不通自来水，只能用盆接屋顶上的雨水；海拔1300多米，冬天寒风凛冽；没有电视、网络。在那里，他见到了“拐杖老师”谭定才。看到他是名牌大学的毕业生，一开始谭定才对这位年轻人产生了些许怀疑，他怀疑这位年轻人是否能够承受住艰苦的条件。“谭老师拄着拐杖坚持了这么多年，我也能行。”可是实际条件比袁辉想象的还要艰苦，由于水资源匮乏，袁辉只能走访附近村民，请求支持一些存储的雨水。第一晚，他硬着头皮用8张课桌拼成床板，然后在睡袋里艰难度过了一夜。两天观摩后，袁辉走上讲台，开始了支教生涯。一年多后，由于姜家湾教学点学生人数减少，袁辉受邀进入清太坪镇白沙坪小学。“我年轻，精力充沛，请让我多上点课。”看到白沙坪小学教师人手紧张，袁辉主动承担三年级和六年级的数学以及四年级的诗词教学任务，每周31节课。休息时，他还到附近的清太坪民族中学、清太坪民族小学和白沙坪初级中学代课。

除了在学校上课，袁辉还专门为一个学生提供了课程。这个学生叫田艳青，因为从小习惯性骨折，只能整天坐在轮椅上。一年级没上完，她就辍学回家了。然而，袁辉不忍心看着田艳青放弃学业，于是每周都前往她家，专门给她上课，并且一分钱也不收。每周两三次，往返20公里的路程，但

山河辽阔，支教无悔 / 受访者供图

袁辉从不抱怨。无论风雨，他都照常不误。即便在大雪纷飞的冬天，他也会步行前去。

2019 年 9 月，袁辉到巴东县民族实验中学支教。一年后，他受邀来到建始县高坪镇望坪初级中学。同时，他也在建始县高坪镇望坪希望小学支教。12 年来，袁辉上过课的学校远不止这几所，因为他会去周边的学校找老师、校长要课上。四处要课、送课，至今袁辉已骑坏了 6 辆二手摩托。在过去的 10 多年里，袁辉有不少机会离开大山或者成为一名有正式编制的老师，但他都拒绝了。

从 24 岁到 36 岁，袁辉将自己最宝贵的青春献给了大山深处的孩子们，照亮了一张张求知的脸庞。前路漫漫，不问功名，只为理想。

人物访谈

采访人：朱箫箫

问：您当初为什么选择当一名乡村教师？

袁辉：一个是乡村生活环境比较好吧。我从小就生活在农村，对河水啊蓝天白云啊旷野啊非常有感情。我觉得这是很重要的原因。还有就是我所接受的教育告诉我，一个人活在世界上要能体现出自己的价值。第三就是，这是我的志向。

问：那您为什么没有回自己家乡支教，而是来到离家乡1000公里的恩施呢？

袁辉：我觉得我们东部相对来说，不是那么缺老师，西部山区更需要。我当时想得很简单。其实我一开始还去了贵州、四川，后来才来到恩施巴东，是因为谭定才老师——“拐杖老师”。我是在中央电视台《新闻周刊》上了解了他的事迹。我想那个地方条件那么艰苦，一个身残志坚的老师还在给学生们上课，这个地方肯定比较缺人。来了之后，谭老师很热情，而且那一年学生也比较多，他就希望分成两个班，有一个人能够帮他。后来跟当地教育部门联系，中心学校也很支持，所以我就留下来了。

问：谭老师还没退休吧？

袁辉：他是代课老师。后来那个教学点被撤掉了，撤掉以后他就没有去那个新的地方教书了。他今年也已经60岁了。

问：向谭老师和您致敬！那这些年是哪里需要，您就去哪里吗？

袁辉：我是觉得如果这个地方需要我的话，我就去。当然我也会考虑将自己的教育教学想法付诸实践。比如我当时在白沙坪小学教书是因为农村学校很需要人。我在大学时研究诗词，自己会开发一些课程，可能这边学生比较少，或者年龄比较小，还接受不了，我就到旁边的中学去。我教学生用古典诗词创作，他们中学生的理解能力更强一些。所以在白沙坪小学没课的时候，我就经常骑着摩托车，去周边的五六所学校上课。

问：您现在考了编制吗？

袁辉：没有。

问：为什么不考呢？

袁辉：我觉得这是我个人的一个想法，教育部门也很想把我拉进去，但是我觉得我不需要。有编制固然保障很好，但是对我来说，内心的自由可能更重要一些。我对自由的理解就是，我自己在认真做事情，我是为了自己的志向、理想，或者说一种爱好去教书，哪里有需要我就去哪里支教，但是我不想受到更多的束缚，只能服务于一个学校，可能这是我和其他老师的区别吧。

问：您这些年基本上是在巴东县和建始县支教？

袁辉：对。我在巴东待了 8 年，建始待了 4 年。我现在在建始县高坪镇望坪初级中学和望坪希望小学教书。

问：所以您现在是两边上课吗？

袁辉：因为我在初中带的两个班快要进入中考，所以这一学年就没有在小学上课了，但是经常过去，那边二年级以上的学生都认识我，因为我给他们都讲过课。

问：您是什么科目都教吗？

袁辉：按学校的需要吧，我跟校长说的。校长也很照顾我，意思是我想教什么就教什么。但是我跟他说，在师资允许的情况下，其他老师先选，剩下的科目我去教。

问：您现在已经支教12年了，会有职业倦怠感吗？

袁辉：完全没有。我有地方住，有几身换洗衣服，也有事情做，在学校里面，我也可以蹭饭吃，不要钱，不需要很多开销，我觉得很自在。

问：您在物质上的要求是很低的？

袁辉：相对别人来说是很低，我觉得我吃得饱就行，追求其他东西对我来说可能是多余的吧。

问：您在德育这一块有什么经验可以和我们分享吗？可以举一两个案例吗？

袁辉：我们面对的都是一些未成年人嘛，我觉得特别重要的一个点是要和孩子交朋友，把他们既当作亲人，又当成我们服务的对象，但是在平时教育的时候，又不能太刻意，像父母那样，过多地去干涉他们的生活，干涉他们的行为。可能有些孩子调皮起来，非常任性，但是扪心自问，我们小时候并不一定比他们做得好。孩子有他自然的天性，我就是在日常生活中，尽量多和他们接触，尽量去了解每个孩子生活的点点滴滴和他的家庭。在农村，走村串户这种条件特别好，去了解这个孩子的家庭情况，跟他的爷爷奶奶以及父母交流，就会更了解这个孩子，他可能缺失什么、缺少什么，需要帮助的时候就尽量帮助。我也特别喜欢玩，趁放假的时候，就会跟很多孩子一起踢足球，而且还取得了比较好的成绩。我还带他们爬山，带小孩子去小水塘进行防溺水演练。在相处的过程中，孩子会慢慢地打开心扉，会有所倾诉，他就交到了一个成年的朋友，我就能够听到他内心真实的语言。但是另一方面，作为师者，我们在传授知识的时候，在学校管理的时候，可能也要做一个严肃的人，就是宽严相济，让学生既相信我们、喜欢我们，又尊敬我们，能听得进去我们的话，这是我的教育理想。但是在实践中可

袁辉和望坪初级中学的学生们一起参加活动 / 受访者供图

能并不适合所有的孩子。

比如以前我在白沙坪小学带的学生谭大庆，他来自单亲家庭，讲话抑扬顿挫的，我就让他念诗，给他找了很多诗歌。后来他居然还写诗，还念得特别优雅。他上了初中以后还经常回到小学来找我，说“袁哥，我又写了一首诗”，还把他写的诗集拿给我看。我就鼓励他，说你要加油啊，继续写，把你学过的很多词语，把你的感情都投入进去。另外一个学生谭绵新，他的哥哥成绩非常好，但是他成绩弱一些。我当时教他体育，发现他身体特别灵活，爬树特别厉害，后来班级举行爬树比赛，他得了第一名，我就给他颁发了一张奖状，当时校长也非常支持。我在网上给他订了一个小金人奖杯，上面刻着他名字，后面是“2019 年度白沙坪小学爬树之王”。他拿了奖之后就特别开心，我们还举行了颁奖仪式，让小朋友们都给他鼓掌。我觉得这样做，日常生活中他的笑容会多一点，他也会更加自信一点。其实他某方面弱一些又有什么关系呢！让孩子在学校里面过得开心、健康，这是我的一个教育理想。我也在不断努力，不断改进，尽量做得更好。

我还经常带孩子爬山，培养他们的毅力，其中有个跟我爬山的女孩杨佳琳，在去年11月的建始县中小学生运动会上，上午800米比赛跑第一名，下午1500米比赛跑第二名，我很佩服。我从来不空洞地说你要坚持，而是在这种潜移默化当中，在很多次一起爬山的过程中，让他们觉得，第一，爬山很有趣；第二，它很锻炼人。学生在不知不觉自由玩耍的过程中、爬山的过程中就成长了。相信他们长大以后肯定会对此有更深的理解。我带学生爬山，路上遇到了老爷爷老奶奶，我们去他们家讨要一点水喝，我们要感谢他们，我们身上带了些好东西、好吃的，也给这些爷爷奶奶分享，我觉得我们受人滴水之恩，要感谢人家。你对老年人非常尊敬、有礼貌，也教会了学生。还有就是，我们路上会产生一些垃圾，但是我们所有的垃圾，所有的水瓶，全部都要装到袋子里面，要带回来处理。所以跟着我一起出去的孩子，有很多都养成了好习惯。后来我在带低年级的时候，低年级的孩子乱扔东西，高年级的孩子就会说他们，说“不许乱扔东西，把它们捡起来”。所以，好习惯也是在日常生活中养成的。

问：那您的课堂又是怎样的呢？可以给我们描述一下吗？

袁辉：主要就是轻松。我教地理课，我从来不给他们布置家庭作业，星期五也没有。

问：从来不布置？

袁辉：在他们七年级的时候，我刚来的时候布置过一些，后来我发现很多同学不做，不做的话我也不批评他，我就釜底抽薪——我不布置，没有作业。

问：成绩上会有影响吗？

袁辉：不会。既然没有作业的话，我会更加讲究课堂的效率，每单元的练习我会让学生在课堂上完成，课后的话我基本不占他们一分钟时间。地理的话，全县 15 个学校，我带的两个班地理成绩都很好，按学校排名都在前列。我也不追求最好，但是在我能够尽力的范围之内，我会尽量把他们带好，这样我也就心满意足了。

问：您父母对您来恩施的决定支持吗？

袁辉：支持的，虽然我是家里的独生子，但我也是一个独立的个体，我会把我的想法全部跟他们说，也得到了他们的理解和支持，我也很尊敬、佩服他们。

问：您的父母很开明。

袁辉：很多家长可能会有掌控欲，但是我的父母不是这样子。我能够适应当地生活，和当地老百姓相处好，做事情又很认真，得到当地学生、家长包括社会的认可，当他们知道你所做的事情时，他们心里面可能就会很欣慰。

问：我觉得您是一个很好的示范，对于年轻人来说。其实一开始，您应该也听到了一些外在的声音，但是您坚持下来了，这真的很难得。您的这种坚持是一般人所缺乏的。

袁辉：其实从小时候起，别人的意见对我来说可能都是次要的，我不太在乎别人是怎么想、怎么看我的，我只在乎我是怎么认识我自己的。特别是高中的时候，我读了很多书，我觉得我所接受的教育也给了我今天这样一些想法。上高中的时候，我们的校长就没有采用那种“卷”的管理方式，我们到高三下学期才开始补课，从高一到高三上学期，我们是不补课的，星期五下午放学，星期天晚上到校。我高中在图书馆读了很多书，这对我的思想有很多启发，我们每天还有 30—40 分钟运动的时间，这对我今天的一些教育理念有很大影响。我上高中遇到两位年纪比较大的老师，一个教历史，一个教语文。教我历史的老师很有名，她今年都 70 岁了，还在全国各地演讲，她是当时江苏省的师德模范——李凤遐老师。教我们语文的老师，真是仙风道骨啊，他对我像朋友一样，有的时候在路上遇到他，他就像小孩子一样来逗你。有一次下课了，我冲出教室，当时老师已经吃完饭了，他很开心，我冲过去的时候他竟然把我抱住，后来他没抱得动我，我把他抱起来转了一圈，老师脸都红了。他当时 50 多岁了。不管他们教的什么课，取得什么样的成就，他们从其他方面对我的影响真的非常大。

我自己还是信仰那些真善美的东西，我们的理想、对自己的认识、独立的判断，我觉得这是我要去坚持的，不管社会怎么样，其他人怎么说。

问：您认为乡村教育目前还存在哪些问题呢？

袁辉：我所在的乡村学校，老师还比较充足，但存在一种结构性的匮乏。比如可能缺音体美老师或者物理老师，原因可能是相应的老师年纪比较大了，可能是老师流动性比较大，今年来了明年又走了。像我所在的乡村学校，是建始县唯一的村级初中，老师可能从外地回恩施后会先在我们学校过渡，之后下一站可能就会到镇上去，或者到城里去，或者到离城区更近的地方去，这种老师的流动，可能对于学生来说是不利的。

问：那学生呢，这些年是不是入学的学生人数也变少了？

袁辉：生源越来越少，但是我们这些年还是比较稳定的，可能五年之后生源就开始慢慢下降。我觉得我们学校这五年内是绝对不会被撤掉的。

问：您对未来有没有什么规划？

袁辉：没有。就是学校需要我教什么我就教什么。有一天我去其他地方支教也有可能，但是至少现在，我不愿意放弃目前这里的生活。

问：每到毕业季，很多大学生都会感到迷茫：自己未来的路到底该怎么走？面对这群迷茫的青年，您能给他们一些建议吗？

袁辉：这个倒是没有建议。的确也有学生来问过我，我觉得他们要多去尝试、探索。我不希望人生是确定的，我不喜欢确定的人生，所以我不会给他们明确的建议，不管你去什么学校，都是可以的。因为无论去哪个学校都要去经历，都要去克服困难，去锻炼自己，去成长起来。其实像我这样，如果去另外一个地方，可能又是另外一番经历。可能我唯一的建议就是：去做你喜欢做的事，做你特别想做的事情。比如你喜欢踢足球，你就一心扑在上面，我想你终有一天在踢足球上会有所成就，哪怕你不会去踢真正职业的比赛，但是踢足球在你的生活中会是一个很大的快乐的源泉，是生活中的一种调剂。所以，去做自己喜欢做的事情的话，是不太会后悔的。

其实我读西方哲学，里面提到了要认识你自己，成为你自己，但是这个自己是什么样子的，是由你自己去书写的，去定义的，而不是别人来认为你应该成为什么样的人。

编者寄语

从江苏到湖北，横跨1000多公里；从巴东到建始，跨过一座又一座大山。你说，哪里有需要，你就去哪里。当理想照耀山区，当自由洒满课堂，你让孩子们绽放了一朵又一朵的灿烂。山河辽阔，辉耀鄂西，那些年你走过的山路、上过的课、给予的善意与温暖，汇成一朵朵浪花，奔腾不息，谱写着青春最美的模样。

人物档案

吴雄：石旮旯里的教育实干家

男
汉族
1984年生
2001年开始从事乡村教育工作

现任职学校：贵州省黔西南布依族苗族自治州兴仁市巴铃镇塘房小学

所获荣誉：2012年，获评“黔西南州十大优秀青年”；2013年，获“全国希望工程烛光奖”；2014年，获评“全国优秀教师”“全国中小学优秀德育工作者”；2016年，入选“马云乡村教师计划”；2018年，获评“贵州省乡村名师”，入选“马云乡村校长计划”；2020年，获评“黔西南州名校长”。

人物小传

2004年，刚参加工作两年的吴雄，当上了塘房小学校长。在村小不断合并、整合的20年里，塘房小学不仅没停办，学生人数还从最初的75人发展到1002人，校园面积从原来的3000平方米增加到近3万平方米，成为第一批全国学校体育工作示范学校、全国乡村温馨校园、全国义务教育教学改革实验校，被誉为“石旮旯里的奇迹”。

2001年，吴雄从贵州省安龙民族师范学校毕业后，任教于兴仁县民建乡兴民希望学校（乡镇中心校）。2004年2月，他被调到边远的塘房小学任校长。当他长途跋涉近5个小时山路来到塘房小学时，发现除了一栋孤零零的392平方米的教学楼外，什么基础设施都没有。可吴雄依然选择了留下，并暗下决心，一定要办好这所山区学校。

没有水，就带头到1公里外的水井取水；没有电，就捡柴火做饭，点蜡烛照明；没有操场，就带领全校师生课余时间填坑平整；没有钱，就把自家微薄的积蓄也全用上；没有桌椅，就向兄弟学校、上级部门“化缘”。为了扩建校园，吴雄用真诚办学的精神打动周围的村民迁坟让地；为了美化校园，他带着老师们去捡其他单位不要的植被来悉心栽培……

即便是在如此艰难的条件下，针对当地适龄儿童“没有学前教育基础、入学晚”这一情况，2004年7月，吴雄毅然决定用学校原本就紧张的公用经费，再向各方筹款、向银行贷款，办起了全县村级小学中第一个学前班。

因学校地处边远山区，学生居住地分散，上学艰难，吴雄和同事们又走上联下，四处筹措。2009年4月，学校宿舍楼和食堂修建完工，打算办黔西南州第一所寄宿制小学。开学在即，学校仍面临资金短缺，餐具、餐桌、学生床、水电设施等都一无所有。为了不让孩子们再日日翻山越岭，吴雄动员全校教师自筹资金，艰难办学。

学生找吴雄校长“单挑”乒乓球 / 受访者供图

后在上级领导的帮助下，吴雄采用“学校出材料找工人、聘请技术人员指导全校师生投工投劳”的方式，持续多年四处筹资，努力改善各项办学条件。目前，塘房小学有住宿生近 500 人，招收周边 3 个村的孩子上学。

在做好管理工作的同时，吴雄也始终没有放弃一线教学，特别是师资紧缺时，他更带头任班主任，兼任两门以上学科的教学。办学以来，塘房小学管理规范,“教”和“育”同等推进。吴雄把培养学生“喜欢学校”放在首位，让他们在喜欢学校的基础上去“喜欢老师”，进而达到“喜欢学习”的目的。多年来，塘房小学教育教学综合质量始终在全市同级学校中名列前茅。

近年来，有来自西藏、云南、广西、上海等省区市和贵州省内的观摩团300多个、近20000人次到校参观、考察。2017年9月5日，吴雄赴北京参加教育部组织召开的介绍《国务院办公厅关于进一步加强控辍保学提高义务教育巩固水平的通知》的新闻发布会，并作了题为《让学生喜欢就是学校最大的追求》的发言。

人物访谈

采访人：刘志敏

问：您是生在大山、长在大山的校长，对吧？

吴雄：是的。我从小生长在农村，5岁上学，17岁中师毕业。

问：作为大山的孩子，您求学顺利吗？

吴雄：不顺利。中途我多次因为交不起学费和书费面临辍学。记得上一年级时，寨子里一起上学的有15人，小学三年级时有12个，小学毕业时还有5个，但到了初二只有2个，初三时就只有我一人了。也就是说，15个人里只有我一个人读到了初中毕业，进入高一级的学校就读。我中师毕业的时候，因为家里穷，就把上学的机会留给两个弟弟，我放弃了保送进大学深造的机会。我是工作后才通过自学取得了大专文凭、本科学历。

问：您青少年时期的求学经历对您有怎样的影响？

吴雄：青少年时期的求学经历对我后来的教育工作，特别是校长工作，影响非常大。一是使我深思：对学生个体而言，教育是为了什么？面对一拨又一拨被淘汰的学生，教育到底给他们带去了什么？是证明他们不行或是其他？……二是目睹底层人民的艰辛，他们需要帮助，所以我们既需授人以鱼，又需授人以渔，更需要授人以欲——那种想要求知、学习、成长、改变的欲望。

问：您刚刚参加工作两年就被提拔为校长，这是一段怎样的经历？

吴雄：那会年轻，刚参加工作，为了得到锻炼和更好地成长，我会主动承担些工作，比如带领一同参加工作的新老师办元旦晚会等。我当过打字员、电教管理员、班主任、少先队辅导员、教研组长。特别是我感兴趣的工作，我都会找校长等领导，主动请缨，“揽”工作做。可能是在这些工作学习中锻炼了能力，也展现出了能力，当教育部门要实现“村小校长年轻化”决策时，我被“盯”上了吧！

问：您还记得第一次到塘房小学的情形吗？

吴雄：当然记得，历历在目。当我长途跋涉近5个小时的山路来到学校时，看到的是一个杂乱无章、凹凸不平的校园，到处是落差2—3米的深坑、大石头，没有一块超过20平方米的平整地面，学校周围500米内无人家，到处是新征地、迁坟后留下的棺材板和墓坑。除了孤零零的一栋392平方米的教学楼外，其他什么都没有。没厕所、没操场、没围墙，就连上课用的课桌和黑板都没有……

问：有人说塘房小学是一所“化缘”来的学校？

吴雄：的确如此。就说一个东西吧，课桌椅。2004年9月，学生增至287人，新增加的学生上课没有课桌凳，当得知兴仁市第七中学（原民建中学）有一部分多余的实验桌时，我们立即上门要了20套双人桌椅；2005年9月，学生增至378人，桌凳紧缺又成了困扰学校师生的一个严重问题，学生上课时3人一桌，急需课桌凳，我们看在眼里，急在心里，四处想办法。得知同乡大布懂小学因人民县武装部赠送100套新课桌，置换出来一批旧课桌，我们主动上门，与当地村委、学校领导商量，并请示上级领导帮助，成功“化缘”来50套课桌，解决了学生上课时3人一桌的困难。由于学校管理逐渐规范、教育教学质量稳步提升，学校的学生以年均100人左右的速度在增长。为此，我们向兄弟学校、教育局、扶贫办、邮政局、法院等部门要桌椅板凳，在县城收过旧桌凳，直至 2011 年 3 月，“要桌凳”的经历才得以结束。我们前前后后共要了 200 多套桌凳，让孩子们有了属于自己的座位。

问：既然办学条件如此艰苦，那是什么把您留在了塘房小学？

吴雄：原因主要有三。一是想到父母培养自己考上学校，我有了工作，能走出农村不容易。其次是前来围观我们的孩子和家长充满期待的眼神，让我想到了小时候上学的自己，进而想到乡亲们的不容易。如果我这种在农村长大的孩子都留不下，又指望谁能留下教农村的这些孩子们？三是，我想办一所阳光招生、因材施教、有教无类的学校。总觉得想收、想教好学生的学校、校长和老师太多，愿意收基础差的学生的学校、老师太少，甚至都不情愿，总得有人来保底、兜底。美好的生活和社会不能两极分化，或者说差距不能太严重。我打消了离开的念头，而且暗下决心：一定要把这所边远山区的学校办好，让孩子们受到好的教育。

问：那您当时的办学计划是什么？

吴雄：当时没想那么多，也没什么长远的计划。只是想方设法解决一些实际困难如安装水电、修厕所、填校园大坑、平整操场等等。后来还有学校、老师、学生及家长在教育教学上遇到的困难和问题。

随着我自己得到历练，我的办学目标和计划逐渐清晰，我想要建设“有识有法、敬业爱生、快乐幸福”的团队，培养“基础扎实、兴趣广泛、全面发展、幸福成长”的学生，办出“管理规范、质量超前、幸福育人”的学校，力争引领基础教育、乡村教育改革和发展，建成幸福的塘房教育集团。

问：其实很多村小难逃被合并、取消的命运，主要在于生源的流失。为了留住学生，您和老师们做了哪些工作？

吴雄：那我们真是想了很多办法。2004 年 8 月，学校修建砖木结构的简易房子办起了学前班。2004 年 9 月，在全县率先开设了小学英语教学。另外，我们在开齐课程、开足课时的同时，还千方百计配备音体美等设施，开展体育活动，办运动会，从 2006 年至今，从未停止。总之，从学生喜欢、擅长的方面入手，培养学生对学校的喜爱，他们喜欢学校了，就会喜欢老师，“亲其师，信其道”嘛，进而达到喜欢学习的目的。当他们感受到塘房小学并不比乡镇上其他的小学差，他们就会留下来。

2009 年的时候，学生增至 500 多人，当时考虑到师资、办学条件，学校决定控制学生人数增长。这与其他同级学校的发展形成反差：随着大量农民进城务工、外出打工，农村学校的学生逐年减少，甚至出现了很多空壳学校。但塘房小学的发展刚好相反，每个学期，想到塘房小学就读的学生或想送子女到塘房小学就读的家长并没有减少。而且，在我们服务范围内，原来在外就读的适龄儿童都选择回塘房小学就读。我们没有其他好的办法，除了解决好就近入学，服务范围之内的学生上学外，对于外来的学生采取了限制措施，实行阳光招生政策，只要有学位和床位，就近解决邻村、邻乡镇、邻县的学生上学。最多的一个学期，想转到塘房小学就读的学生曾经达到 400 人。

问：回首您带领塘房小学的老师们艰辛办学的这20年，您有感到特别特别难的时候吗？

吴雄：都过来了，好像都不觉得难。但，相比较而言，2017 年、2018 年，上级领导在并不清楚学校真实情况的前提下，没有依据且没有提前通知，就把塘房小学提级为市二类小学。面对这种局面，我们怎么样才能在“卷”得如此严重的教育大环境里，在生源质量不如镇上、城里小学的客观条件下，既保持学校的传统开齐课程、开足课时、活动丰富，又保证学生、学校的成绩在前列，对我们的考验很大。好在，尊重规律的办学还是赢得甚至明显战胜了搞题海战术、疲劳战术的学校。从 2019 年至今，我们学校的教育教学成绩都在全市前列，一般是前三。

问：这20年里您没有一次想要离开过吗？

吴雄：2008 年时有过一次，当时我想让我的孩子在城里上学。之后就没有了，原因是我想到农村的孩子也需要优质的教育。现在，如有机会，想调到兴民希望学校工作，这是我的母校，但学校的成绩老是垫底，我想把余下的 20 年献给母校。

问：塘房小学从地理位置上说还是比较偏远的，那您的家人支持您的工作吗？

吴雄：不好说。开始不太支持，但，看着学校发展越来越好，而且我也基本做到了工作、生活两不误，所以，总体是支持的。

问：在浏览采访名单时，我发现您是全国唯一同时入选“马云乡村教师计划”和“马云乡村校长计划”的教育工作者，您如何看待这两个奖项？

吴雄：感谢马云老师及其基金会提供的机会和平台，让我有机会结识全国这么多优秀的同行并能向他们学习，有机会到国外去学习，更在这个平台上遇到了很多志同道合的人，一定程度上弥补了体制内评价的不足，做到了不唯分数、不唯升学率。这两个奖项可以说是关心支持乡村教育比较好的两个切入点，很大程度上提高了大家对乡村教师的认可度，大家对乡村教育越来越关注与重视。

问：恭喜您最近（2024年6月）被成功提名了今年的“蔡崇信以体树人校长计划”。您能谈谈塘房小学在体育教育方面的具体做法吗？

吴雄：谢谢。我们主要从以下几点着手。第一，用好仅有的体育老师，让他们专职化，在校不再任其他学科教学工作；培养兼职体育教师，通过走出去、请进来等方式加大培训，使之能胜任体育课；针对特定项目所缺的体育老师，采取多方式引进的办法。第二，因地制宜，依山而建体育场地。我们相继建成篮球场（U8\U10\U12 各 1 个）、羽毛球场、排球场、足球场、乒乓球场、田径场、棋吧、梦想中心、乡村少年宫、弹珠场等，有经费时建标准场地，经费紧缺时自建简易场地进行训练、比赛。例如 2006 年，我们第一届运动会的乒乓球项目是用石头垫起水泥板、用木板挡在中间做网进行比赛；2007 年，第二届运动会上，羽毛球场是用白石灰在泥地上划的。第三，也是最重要的，历来坚持开齐课程、开足课时，明确每天的活动项目及时间，让师生根据作息时间表开展好相关项目，丰富体育竞赛活动并把各项活动写进校历表；定期开展运动会、学生篮球联赛、学生足球联赛、乒乓球月赛、象棋月赛等活动；建立《防挪课制度》等相关制度并严格执行，从制度上给予课时保证。第四，信任学生，让体育器材“物尽其用”。学校的篮球、乒乓球拍、足球等体育用品实行开放式管理，就放在场地旁边，学生按规定自取自放；学校馆室特别是体育器材室不上锁，方便师生取用，提高器材使用效率。

问：每年您都要接待成百上千位来校参观的领导和同行，您是如何介绍塘房小学的办学特色的？

吴雄：塘房小学没有特色，或者说塘房小学的特色是“没有特色”。我们始终认为，基础教育是追求宽度的教育，应以真实为前提，培养学生良好的学习习惯和学习兴趣，让他们全面发展。基础教育，无非就是让学生学会做人、学会学习，为孩子们未来的学习和生活打基础。要做到基础扎实而不超课标、培养兴趣而不强求、全面发展而不过度。学校要做的工作是充分考虑每一个学生，尽可能地为不同的学生提供适合的平台；教育教学方法多样化，开展丰富多彩的活动，让学生都能找到自己的位置和适应的教育教学方式。对学生个体来讲，最喜欢、最感兴趣的教育，才是最好的教育。而不能为了追求所谓的特色，把某一方面的淋漓尽致强加于学生。学校更不能像餐馆，提供什么特色菜、招牌菜，那是为特殊人群准备的。要提倡有宽度的适度教育，反对“特色化”的过度教育。基础教育重在有宽度、打基础，培养学生的学习兴趣和良好的学习习惯。所以，从这个角度上讲，基础教育“没有特色”才是最大、最好的特色。

问：您言谈中很是为塘房小学骄傲，您认为从哪些方面可以定义它是一所成功的学校？

吴雄：一是改善办学条件，做到了环境育人；二是丰富校园生活，做到了活动育人；三是充分信任学生，做到了习惯养成；四是强化业务能力，做到了课堂高效；五是守住责任底线，做到了幸福育人；六是历来坚持开齐课程、开足课时；七是学生人数增多且20年来从未有学生辍学；八是学生喜欢且毕业后经常回访学校；九是20年来从未出过安全事故；十是学校服务范围内相应年龄段人口接受教育的时长明显高于其他村。

问：虽然您已经当了20年校长，但从年龄来说，您还是一位年轻的校长，对于以后的职业生涯，您有怎样的规划？

吴雄：我的远景规划是本着“真实·幸福”的理念，全面推进素质教育，整体提高教育教学质量，真正做到让农村孩子上好学。筹建塘房中学，分步解决辍学学生和实在适应不了现行教育体系的学生的上学问题，建成乡村体验基地和真正意义上的塘房教育集团，把学校建设成为大硝洞、打鱼凼、漏江景区的景点之一，力争成为基础教育学校的典范。以“如何教育、教好孩子，为家长、为社会服务”为前提，加大研究开发力度，帮助不同家庭找到真实有效的教育子女的方式方法，帮助不同的孩子找到学习、成长的好方法和好途径，建立平台，为家长、为社会服务，同时有收益，能争取到资金更好地发展学校，服务师生、服务教育、服务人民、服务社会。

其实，我还有个规划。就是到我的母校再去工作20年，那也是一所乡村学校。到那时，我将不再任校长，那只是真实而幸福地带一个班。前20年，按照规律办学且办好，我已经做到；后20年，按照教育规律带好一个班的学生是我想做的第二道证明题。

其他的，就是办一所9年或12年一贯制学校；通过抖音或其他平台办一所网络学校，帮助更多需要帮助的师生及家长；退休后办一个教育公司，力所能及地解决大家在教育上的疑惑和问题。

编者寄语

19岁勇担大任，肩负起校长使命；20载砥砺前行，创办出卓越学校。本着“真实·幸福”的理念，吴雄践行着青春使命，坚持做一个草根校长，坚守在黔西南州的边远山区，持续为祖国的乡村教育事业发光发热。

人物档案

卢文建：『借眼』授课点亮乡村孩子求学路

男
汉族
1969 年生
1992 年开始从事乡村教育工作

现任职学校：河南省商丘市虞城县站集镇第三初级中学

所获荣誉：2000—2009 年，连续 10 年获虞城县优质课一等奖；2005—2023 年，5 次获市级优质课一等奖；2019 年，获评“河南省师德标兵”；2020 年，入选“马云乡村教师计划”；2021 年，获评“商丘市名师”“商丘市好人”；2022 年，获评“河南省岗位学雷锋标兵”，“出彩河南人”2022 年感动中原年度人物，新华社“中国网事·感动 2022”十大年度网络人物，获“河南省最美教师”特别奖；2023 年，获评“河南省骨干教师”。

人物小传

人们常说老师就像是一盏明灯，为学生们照亮前进的道路。在河南商丘虞城县有这样一位历史老师，虽然视力微弱但是凭借着对三尺讲台的热爱，他用别具一格的教学方式，点亮了学生们的求学之路。

卢文建，河南省商丘市虞城县站集镇第三初级中学历史教师，出身于虞城县站集镇刘斜村一个贫苦农民家庭。19 岁那年，梦想成为一名教师的卢文建，以优异的成绩考上了商丘师专，成了村里的第一位大学生。毕业后，根植于内心深处的教师情结，让他放弃了留在城市工作的机会，回到农村成了一名乡村教师。

如愿走上理想的岗位，卢文建在工作上颇有些“拼命三郎”的劲头。但命运却在他参加工作两年后跟他开了个大大的玩笑。1994 年，25 岁的卢文建因高烧加上用眼过度，右眼视网膜脱落导致完全失明，左眼视力也仅为 0.01，达到视力残疾一级标准。当时医生劝他放弃教学，说再教下去，恐怕连这点儿视力也保不住了。一想到自己刚刚开启的教师生涯就要结束，卢文建一度无法接受这个现实。就在他最绝望时，同为教师的张九英（后来成了他的妻子）给卢文建带来了生活的希望。婚后，妻子张九英不仅照顾他的生活，还帮他读课本内容。除此之外，学生们也不断地鼓励他，帮助他读课、备课。在他们的支持下，卢文建重新回到讲台，开始了“借眼”备课的教师生涯。

有爱就有光明，学生给他当眼睛，困难时候，他给学生当人梯。每年，卢文建都要拿出一部分钱用来资助困难学生，还成立了以自己名字命名的奖学金，开设了视频网站的自媒体账号。只要有空，他便会在视频网站进行公益直播，为学生答疑解惑、助学生圆梦，讲述历史故事、普及历史文化知识。学生写给他的信足足有 100 多封，这些信或长或短，但在结尾处都写着一句话：谢谢您，卢老师。

卢文建在课堂上用快板教学 / 新华社记者张浩然供图

作为一名历史老师，卢文建并没有止步于日常教学。私下里他时常琢磨如何让学生喜欢这门课，并能准确记住众多的历史事件。业余时间里，卢文建喜爱敲一敲、打一打，又爱听快板书。于是就想办法把教材的文字编成顺口溜、快板书词。卢文建的“快板教学”深受学生喜爱，被大家称为“卢氏教学法”。为了能够适应时代的变化，卢文建也在不断增加新的内容，还自创了“扑克教学法”。如今已经年过半百的卢文建依旧坚守在教育一线，他说：“只要还有一口气，只要学生不嫌弃，我就不愿离开这三尺讲台。”

人物访谈

采访人：罗益群

问：您的视力障碍究竟有多严重？

卢文建：我的右眼完全失明，左眼的视力只剩下 0.01，站在讲台上看不见第一排学生的眼睛、鼻子。再熟的人站在我面前，只要不说话，我都不知道他是谁，也无法看清课本上的字。

问：在几乎失明的情况下，您是怎么坚持备课的？

卢文建：重返讲台对于我来说，最大的难题就是备课，看不见书本上的字怎么备课、讲课呢？我的妻子、孩子，还有我的学生给我读教材，我用耳听、用心记，一遍、两遍、三遍、很多遍……直到把教材背会。但是背会教材不是备好课，我还要用心设计教学过程，怎样导课，怎样讲述，开展什么活动，布置什么作业等等，这些都像写在教案上一样，刻在我的脑海，然后我就一遍又一遍地回忆、演练，不到上课前，我的备课就不会停止。重回教室的第一节课，我记忆犹新，那熟悉的掌声回来了，学生们依旧围着我问这问那，我感觉眼中剩余的微光似乎亮了一些。

问：一名视障教师要留在课堂上，需要付出的努力比想象中更多，面临的挑战也更大，您是如何上好每堂课的？

卢文建：虽然看不清学生的面目表情，但我能够按照备课的计划来完成教学任务。凭感觉写黑板字，凭记忆讲述。眼睛不方便，我就用耳朵捕捉学生们的反馈；板书不便利，我就在教学艺术上下功夫。或唱或演，学生很喜欢。

同时，课上怎么与学生互动，在提问中做到公平有趣，也是我摸索了很长时间才解决的问题。以前用过写名字、写编号抽签、让学生互相提问这些方法，都不理想，尝试了几十种方式，最后发现抽扑克牌点名的方法最有效，还方便携带。在点名提问的时候，我会先抽出一张牌举起示意，让学生们大声念出来是第几列，再抽出一张牌表示该列的第几名学生。这个方法不仅在学校得以推广，而且受到外校教师的认可。

问：您开创了快板教学，这个形式很新颖，但备课的难度大，要求也更高，可以具体谈谈这一过程吗？

卢文建：我喜欢快板，学生也比较喜欢快板，于是我就想着将教学内容编成快板，在课堂上给学生演唱。首先我得把教材背熟背会，然后一句一句地编写。"夏禹商汤周武王，秦王嬴政汉刘邦，东汉刘秀魏蜀吴，曹丕刘备孙权创，司马炎睿西东晋，杨坚建隋李渊唐……"这样的快板说历史，短则十余字，多则数百字，多年来我已经创作了50余首。创作的时候需要考虑哪些内容适合这种形式，怎么顺口，如何押韵和便于记忆。书写不方便，我就一遍遍在脑子里重复，回忆哪里需要改编，争取能让学生记起来更有趣、更高效。为了培养学生的学习兴趣，活跃课堂气氛，提高课堂教学效率，我采取了这样的一个教学形式。

问：为什么选择教历史？

卢文建：做自己喜欢的事才有可能做好。我喜欢历史，所以选择了教历史。我对很多历史人物、事迹典故都很感兴趣。我觉得一些历史故事能激励人成长，从某种角度而言，一些知识学生可能学过会忘，但如果能够通过一些历史故事和人物，让学生受到激励，激发他们的潜能，就将使他们一辈子受用无穷。同时，我自己也深受激励和影响。其实，我视力出现障碍后，也有过消极和悲观情绪，但我明白，这种情绪除了给自己带来障碍，也会影响身边的人，从那段经历中走过来后，我就一直很坚强、很乐观。

问：当厄运再次袭来，您的工作和生活遇到了哪些困难？您是如何振作起来的？

卢文建：2021年3月，我的妻子被查出来患有结肠癌，从那开始我就一边陪着她抗癌，一边教学。然而，命运多舛，2022年9月，妻子因癌症撒手而去。她是一个非常优秀的人，某种程度上她就是我的"双眼""双手"，还是我的"双脚"，她是我工作生活的好帮手。自从她去世以后，我的工作和生活受到了严重影响。备课、改作业，包括上下班，还有做饭，我自己确实难以做好。但是这些问题我都在想方设法地克服，没有妻子帮我读书备课，我就通过听收音机、听读书软件来备课；让我的学生和孩子来帮助我批改作业；靠走路来回上下班；我也尝试着学做饭，一日三餐我基本上能够简单地自理。好在天无绝人之路，人只要活着总会有希望。

问：您的课深受学生喜爱，您也提及患病以来得到很多学生的帮助，有没有让您特别感动的故事？

卢文建：有好几次，我准备到教室找学生读书，中途遇到好几位学生，他们看到我，便问我是不是找人读书，我说是的，哪知道这几位学生竟然扯着我的衣裳，争着说“老师叫我去，叫我去……”此情此景，感动得我差点儿流下泪来。我说“只需要一个学生给我读书就行了”，可是他们还是争着要去，没有办法，我只好用抽签的方式从中抽一位，没有抽到的学生只能很遗憾地回教室去了。在暑假里的某一天下午，狂风大作，暴雨如注，我原以为那天下午安排来读书的学生可能不会再来了，哪知道那位学生还是冒着暴雨提前来到了我的身旁，浑身都湿透了。我既感动又心疼，问他怎么冒这么大的雨赶过来，他说：“我想来，就来了。”这么多年来，是一届又一届的学生为我读书，帮助我备课，我一直心存感激。他们是我一双双最明亮的慧眼，给了我无限的光明和希望，使我成为不幸中的幸运者。

今年寒假刚过，我陪我的母亲去医院看病，我的一个学生听说了，到医院帮我忙了整整一个上午，陪我母亲检查拿药，然后又顶风冒雪开车把我们送到了汽车站。有人问我：“这个人那么好，他是谁呀？”我说：“这是我的一个学生。”那人特别惊讶，说：“你的学生真好。”

有好几次我在路旁等车，遇到了我的学生，他们总是停下车来让我上车，把我送到目的地，还搀扶我过马路。

问：您还成立了以自己名字命名的奖学金，这一举动的初衷是什么？

卢文建：作为乡村教师，我深知农村孩子坚持上学的不易，所以通过设置助梦奖学金激励学生进步，几块、几十块、几百块不等，自任教至今从未间断过。除此之外，每年我都会拿出部分资金用来资助贫困学生，已经有二三十名学生接受了帮助。在我困难的时候，是学生们的帮助让我能继续站在讲台上，我希望自己能回报身边的学生们，激励他们进取、进步，帮助他们圆梦。作为乡村教师，要立足乡村，服务好学生，为乡村振兴作出自己应有的贡献。

问：您为什么会对孩子们有这么深的感情，特别是对农村孩子？

卢文建：我生在农村，长在农村，小学和初中都是在农村上的。因为自己也是出身农村，所以比较关注农村孩子的命运。我当年有个教师梦，所以发奋学习，便考上大学成为一名教师。但现实中，农村孩子能考上重点高中的并不多，很多学生，甚至包括资质较好的学生，初中毕业就进入社会，由于没学到更多的文化知识，终其一生碌碌无为，让人遗憾。另外一方面，我觉得农村孩子淳朴可爱，有一颗单纯的心，希望努力成就梦想的我能够对他们的前途有一些有益的影响。

问：从教32年里，有没有让您印象深刻或感到骄傲的孩子？

卢文建：我的一个学生叫高诗全，他的字写得很好。有一年寒假，天气特别冷，冰天雪地，办公室内没有炉火，更谈不上暖气，冻得人手指僵硬。但是高诗全每天都会走上六七里路准时来学校帮我整理快板书词。在大办公室内，我们两个人坐在一块儿，他一边抄一边听，坚持了半个月。我问他冷不冷，他说："老师，我不冷，我心里特别热。"

让我骄傲的学生很多，无论他们是否考上了大学，他们都能在各自的岗位上很出彩。有一些同学考上了名校，例如考上武汉大学的刘青文，考上厦门大学的吴泳霖，考上南京大学的范锋军，考上中国科学院大学的焦辉……还有好几位同学考上了博士，有的在国外留学。

问：您曾说，要把生命献给钟爱的教育事业，为什么这么热爱教育事业？

卢文建：热爱是发自内心的一种情感，理由我也说不太明白，但我知道，就在我刚上小学的时候，我就特别爱听老师讲课。三尺讲台上老师们的精彩讲述让我非常羡慕，尤其是本村卢明金老师讲的很多故事，让我特别迷恋。那时我就想，老师能给孩子们带来无穷的知识和快乐，真是太了不起了，长大后我也要当老师，当一个乡村老师。从那时起，当老师就成了我的一个梦；从那时起，我就爱上了教育。之后我发奋读书，考上了师范，当上了老师，圆了我的梦。

问：您1992年从商丘师专毕业后，就一直在乡村中学教书，至今已经有32年了，对于自己的教师生涯，您还有什么计划和打算？

卢文建：我爱教育，喜欢学生。只要还有一口气，只要学生不嫌弃，我决不愿离开我深爱的三尺讲台。我要把整个生命和全部精力都献给我钟爱的党的教育事业，献给我的国家和我的学生。

编者寄语

即便突患眼疾，失去光明，卢文建老师也要“借眼”备课，30余年如一日，坚守在三尺讲台，实现自己的教育初心和理想。对教育事业的热爱和奉献，对学生的喜爱与付出，让卢文建成为点亮乡村教育的一盏明灯。

人物档案

薛峰：让写作照亮乡村孩子的精神夜空

男

汉族

1982 年生

2011 年开始从事乡村教育工作

现任职学校：河南省驻马店市新蔡县宋岗乡初级中学

所获荣誉：2020 年，获评新蔡县最美教师、新蔡县第十届拔尖人才；2021 年，获评新蔡县首届道德模范先进个人、河南省“百姓学习之星”；2022 年，获评新蔡县首届“最美读书人”，获驻马店市首届“最美读书人”集体奖；2023 年，获评“出彩河南人”2023 最美教师，入选“马云乡村教师计划”；2024 年，被河南大学聘为“国培计划”“省培计划”师资库专家；薛峰家庭先后获全国“书香之家”、驻马店市“文明家庭”、河南省“五好家庭”、全国“五好家庭”等荣誉。

人物小传

出生、成长在乡村的薛峰，从小便喜欢写作。小学五年级时，他寄给驻马店市人民广播电台的稿件被采用。“它改变了我的人生，给了我莫大的自信和鼓励，从此，我更加如饥似渴地阅读，也更加勤奋地写作。”薛峰回忆道。大学毕业以后，薛峰应聘到吉林省一家杂志社做编辑，同时笔耕不辍，在《光明日报》《中国青年报》等报刊发表文章 2000 多篇。

然而，四年过后，薛峰毅然选择回到家乡河南省驻马店市新蔡县，当一名乡村教师。“除了文学梦，我还有一个教师梦，随着年龄的增长，这个梦越加强烈。”虽然身份发生了改变，但薛峰对写作的热爱未曾减少。

起初，乡下孩子对写作文提不起兴趣，薛峰就不给他们设字数、文体限制，鼓励他们勇敢表达。薛峰每周都会把学生的作文本带回家批改，对此达到了痴迷的程度，床边、枕边都是作文本，没事就翻开阅读。功夫不负有心人，在薛峰的指导下，学生们的作文陆续在报刊发表，一度创下了一个“50 人的班级中 42 名学生有发表文章”的记录。作文发表以后，学生们的笑容也多了，学习的获得感也更足了。为带动学生的写作热情，树立榜样，在指导学生写作的同时，薛峰于 2016 年开通了公众号“薛峰文字坊”，每天写一篇文章，记录学生成长，关注教育动态，书写生活感悟，分享教学心得。这一写就是 8 年多，至今已写了 2900 多篇，累计 600 多万字。这种坚持和毅力深深地感染着学生。

近年来，随着对作文教学的深入研究和实践，薛峰逐渐摸索出一套适合中小学生作文写作的经验和方法。为了帮助更多的老师在作文教学上有所提升，薛峰连续 5 年参与全县中小学语文教师继续教育培训工作，他提出的全新的作文教学理念和方法受到广大教师同仁的高度认同和赞扬。他还受邀先后到新蔡县周边 14 个乡镇的 40 多所学校举办公益作文讲座 50 多场，惠及师生 6 万多人。

薛峰与女儿薛瑾获得驻马店市首届“最美读书人”集体奖 / 受访者供图

2023 年 1 月，薛峰当选为第五届驻马店市政协委员。工作忙了、担子重了、责任大了，但他不忘初心，谦逊恭谨，一直坚守在语文教学第一线，早出晚归，为乡村教育殚精竭虑。

人物访谈

采访人：朱箫箫

问：您在大学毕业以后，一开始是去杂志社当编辑？

薛峰：是的，因为我从小喜欢写作，经常给报刊投稿，内心觉得编辑这个职业很神圣。大学毕业那年，我看到《做人与处世》杂志社发布了招聘编辑的信息，就和女友一起动身，前往离家两三千里外的吉林。经过考核，我们都留在了这一家杂志社。

问：在编辑岗位上待了四年后，您又回到了家乡，选择当一名乡村教师，当时为什么想要转行呢？

薛峰：第一是离家太远，有了孩子以后，家里老人去吉林照看孩子，冬天天冷，不习惯。第二则是因为上学的时候，我受老师影响很大，对教师这份职业也十分向往，心底一直有一个教师梦。所以当我得知家乡新蔡县有特岗教师招聘考试时，就辞职回来了。经过招考，我被分到了新蔡县宋岗乡初级中学任教。

问：从那以后，您一直在宋岗乡初级中学任教吗？

薛峰：是的，今年是第 13 年了。

问：刚到宋岗乡初级中学教书的时候有没有遇到什么困难？

薛峰：学生整体基础差，成绩不怎么好。在语文方面，阅读量很少，几乎没有接触过多少经典名著。

问：可是后来您带出了“少年作家班”，50人的班级里有42人在报刊上发表文章，这背后有什么秘诀可以和我们分享吗？

薛峰：虽然学生整体基础较差，但是也有喜欢写作文的孩子。尤其是当我把刊登了学生作文的报刊分发给他们看时，他们很羡慕，也希望能够发表作文。

最初我在班里每周印一张《萌芽》小报，每次选六七篇孩子们的优秀作品打印出来。后来我和他们都不满足于以这种自己打印的方式展示作文，便希望向外面投稿。于是，我就在每周作文课结束后，挑选几篇相对出彩的作文，随身带在身边，路上看、回家看、吃饭看，反复斟酌、修改、打磨、润色。即便是在寒冷的冬天，我早上三四点钟也会起床，趴在电脑前，把这些作文打成电子稿，通过邮箱发送给我接触到的一些报刊。

为了寻找适合学生投稿的报刊，我在网上到处搜索。哪怕出去游玩，每到一个城市，我也会到当地的图书馆阅览室、街边的报刊亭翻阅作文类报刊，看看有没有适合学生发表作文的刊物，留意它们都需要什么风格的作文，然后把投稿邮箱记下来。那几年，我真是达到了疯狂的地步，满脑子都是学生的作文，都是想着要给报刊投稿。也是那几年，我放弃了自己的写作，把时间和精力都扑在学生身上。枕边放的都是学生的作文本，没事就拿起来翻阅，张口闭口就是学生作文。每当学生的作文发表了，我把样刊送到班里，那个兴奋劲儿，比我自己的文章发表了还高兴。

记得有一节语文课，我让孩子们围绕“想”这个字写一篇作文。作文交上来后，我发现孩子们写得很好。有几个题目我至今还记得：《想想他的好》《让我想一想》《想念有时就像一场梦》等，这些作文我都推荐给了报刊，有 5 个孩子的作文在《作文》《佳作现场》《青少年日记》《阅读与作文》等报刊发表。

我喜欢一句歌词：“因为路过你的路，因为苦过你的苦，所以快乐着你的快乐，追逐着你的追逐。”这就是我最初指导学生写作、投稿的心情。

问：能简单介绍一下您是怎么上作文课的吗？

薛峰：我每周都有两节作文课。我讲一节，孩子们写一节。只限主题，不限内容、体裁和字数。我布置的作文作业，孩子们都会按时交，他们很喜欢，因为可以随意写作，天马行空，完成得也快。班上 50 名学生，还没有出现学生当堂写不完的情况。我批改一篇作文至少花 10 分钟，学生的作文本都是随身带着，利用零碎的时间，有空闲了就拿出来看看。

问：50多名学生就是500多分钟，周周如此，确实很不容易。您给了孩子们很大的自由度，而且他们作文写好了，文章还有被发表的可能，这种奖赏对于小朋友是很有吸引力的。

薛峰：对，不止一个孩子，不止一次抱怨说每周的语文课、作文课安排得太少了。

问：可以分享一两个在您的作文课上进步很大的孩子的例子吗？

薛峰：小陈同学理科成绩不太好，但她喜欢写作，虽然最初写得一般，但她的优点是敢于真实表达，敢于写自己内心的真实想法。于是我就鼓励她，保持这种大胆写作的风格。后来她写了《别把爱埋得太深》《你能告诉我真好》等作文，我就推荐给《中学生》《青少年日记》，这些作文都发表了。在我教她的3年期间，她在报刊上发表过4篇作文，并且获得“文心杯”全国中学生作文大赛二等奖。这给她带来极大的动力，也激发了她学习的兴趣。她最终中考语文112分，位居全县前列，以优秀的综合成绩考入县重点高中。

小郑同学刚入学时内向、自卑，上课时更是不敢回答问题。但我发现这个孩子感情细腻，是个写作苗子。于是，我就指导她，帮助她选材、构思、雕琢文字表达，给她指出一个写作方向——写她喜欢的童谣，并帮她投稿。后来，她连续两年获得全县童谣征集大赛一等奖，获驻马店市“我的书屋我的梦”征文大赛一等奖。如今，她写作文的热情更足了，也爱笑了，也敢于大声说话、与人交流了。

问：您刚才说到，刚来时发现学生阅读量很少，您在阅读教学这一块有什么心得吗？如何引导学生真正喜欢上阅读？

薛峰：激发了他们写作的兴趣后，阅读方面就不用刻意引导了，班里孩子都很喜欢看书。我在班上提倡整本书阅读，一学期要求孩子们阅读至少5本书，每天坚持抄10个好词、3个好句、100字感悟。我推荐他们阅读获得过茅盾文学奖的作品，尤其是《平凡的世界》，全班学生都读过。国外的我会推荐获得过诺贝尔文学奖的作品。

问：您对阅读和写作的热爱在感染、带动周边的人，不仅仅是学生，还有您的家人。您的家庭曾获评“全国书香之家”，您和您的女儿曾获评新蔡县首届“最美读书人”，媒体还报道说，您家里的电视有5年多没有开了，对吗？

薛峰：是的，我觉得读书需要环境和氛围，一个人要能静下心来看书，浓厚的学习氛围和环境很重要。我们家 5 年多没打开过电视了，为了营造读书环境，一度把沙发也搬走了，客厅只有 1 张桌子、4 把凳子。每天晚上，我们一家人都安安静静地围坐在一起，我和爱人看书，两个孩子先写作业，写完作业，她们也选自己喜欢的书来读。没有电子产品，没有各种应酬，一家人都沉浸在书香之中。我还是喜欢读纸质书，打开书，能感受到一种扑面而来的书香。更重要的是,可以边读边做批注,读不懂的反复读，停下来想一想。而电子书一翻就过去了。2022 年新蔡县首届“最美读书人”评选总共表彰 10 个人，我和我女儿占 2 个。县里又将我们两个作为“最美读书集体”，推荐到市里，又获得市里的首届最美读书人。

问：您在乡村已经扎根13年了，这些年乡村教育有什么变化？

薛峰：感触最深的就是当下城市化发展迅速，乡村学校的孩子也在迅速流失,很多孩子都往县城学校去了。越是这样,我就越觉得应该坚守下去，希望通过自己的力量，能吸引、留住一些孩子。

问：您认为乡村教育目前还存在哪些问题？

薛峰：一方面，与城区教育相比，由于家庭条件和学校资源的差距，乡村学生在心理、体育、艺术等方面的教育、发展机会有限。社会实践、文旅研学、能力拓展方面的活动，乡下学校很少组织。另一方面，由于乡村地区人口老龄化严重，加之家庭经济条件改善，许多学生选择到城市或外地就学，导致乡村学校的学生人数逐年减少，尤其是优质生源严重外流，间接导致乡村学校的教学成绩大不如从前。

问：作为驻马店市政协委员，您在这些年提交过哪些与乡村教育有关的提案？能和我们说说这些提案的背景吗？

薛峰：作为一名市政协委员、县政协常委，我立足本职工作，对乡村教育格外关注，这几年相继提交了有关义务教育阶段体育课程安排、加强培养孩子正确的握笔姿势、关注乡村留守儿童心理健康的提案。这些都是我在平时教学中遇到的深有感触的问题。比如，为了增强孩子的身体素质，教育部印发了《关于全面加强和改进新时代学校体育工作的意见》和《关于全面加强和改进新时代学校美育工作的意见》，鼓励基础教育阶段学校保障学生每天校内、校外各有 1 个小时体育活动时间，促进学生养成终身锻炼的习惯。但现实情况是，有很多学校体育课开设得不够，每周只有一节体育课，并且体育课经常被其他科老师占用。这种现象在乡村各学校普遍存在。这样下去，孩子就会严重缺少锻炼，久而久之，孩子的健康状况就会越来越差，学生近视率也会连年升高。孩子的学习成绩再好，没有一个健康的体魄为前提，茁壮成长也就无从谈起。基于这种现状，我提交了《关于严格执行义务教育阶段体育课程安排的建议》，后来被有关部门列入重点督办提案。

问：您从教以来最有成就感的一件事是什么？

薛峰：其实我最感动和骄傲的，是去年获评“出彩河南人”2023 最美教师。河南省有 193 万名教师，每年只评选 10 人，我没想到作为一名乡村教师的我能够获奖。记得是教师节当天，我们在河南省人民大会堂接受省领导颁奖，回想起来，心情也还是激动。

我每次进行作文讲座，结尾都会让学生大声朗读几句话，并抄写下来：“所有逆袭，都是有备而来；所有光芒，都需要时间，才能被看到；所有幸运，都是默默努力埋下的伏笔。”这是我的深刻感受，是我坚持的切身体会。很多幸运之事，看似是好运气，其实都有迹可循，背后都有多年的坚持和热爱，都是由努力和执着作铺垫。

我会继续给孩子们树立写作的榜样，教他们学会坚持；继续坚守乡村，用自己力所能及的力量，去影响、带动更多的孩子，给乡村孩子的成长打开一扇窗，注入一束光。

编者寄语

你用红笔在作文本上圈点勾画，斟酌、修改、打磨、润色、投稿，一遍又一遍，一周又一周，只为托起乡村孩子的文学梦。你用一颗心，脉动着一群孩子的心，用文学的火把，点亮山间更多的灯火。

人物档案

比拉力·艾合买提：体育也可以改变孩子的命运

男

维吾尔族

1985 年生

2013 年开始从事乡村教育工作

现任职学校：新疆维吾尔自治区吐鲁番市鄯善县连木沁镇汗都坎小学

所获荣誉：2015—2017 年，先后多次获评鄯善县和吐鲁番市“优秀教练员”；2020 年，获评“全国少儿足球联盟最佳教练员”，入选“马云乡村教师计划”；2021 年，获评“全国青少年校园足球感动人物”。

人物小传

帅气内敛的比拉力，从小热爱足球。2008年毕业于新疆体育职业技术学院足球专业的他成为业余足球联赛的运动员，退役后在电信局上班。在大家的眼里，电信局的工作稳定，收入也高，可比拉力却始终想实现自己小时候的梦想——当一名体育老师，让更多的孩子喜欢上体育。于是，2013年，他辞掉了人人羡慕的工作，去当了一名快乐的体育老师。

一开始，比拉力在县城的一所城镇中心小学任教，学校各方面条件比较好，校领导也非常支持足球训练，比拉力在这所学校非常成功，带领男足女足参加了很多比赛，学校的女足队还获得过新疆维吾尔自治区南疆片区冠军、自治区青少年校园足球联赛女子组总决赛亚军。

可是每次参加比赛，比拉力都发现参赛的队伍大部分来自城市，农村的队伍非常少见。这让在农村出生、长大的比拉力萌生了一个想法，那就是回到自己的家乡，回到自己的母校——吐鲁番市鄯善县连木沁镇汗都坎小学工作，在那里建立一支校园足球队，带领乡村的孩子们参加比赛，让他们和城市里的孩子一样，也能享受踢足球的快乐。

他深知，相比城镇教育，乡村教育有很多劣势：教育经费严重不足，体育科目更是师资短缺、设施落后，许多学校连像样的操场都没有，更不用说足球场了。家长们也不重视体育教育，总觉得对孩子们升学没帮助。但是比拉力为了推广乡村体育教学，决定迎难而上。2017年，比拉力主动申请回到了自己的母校——吐鲁番市鄯善县连木沁镇汗都坎小学。

回到母校的第一天，比拉力就兴致勃勃地跟校领导说想要在学校成立足球队。开明的校领导听了非常高兴，马上批准了他的提议，但是没有额外的经费支持。比拉力于是自掏腰包，买了20个足球和一些训练器材，在学校各选了15名男女队员，马上就开始了训练。

但是这一举动却遭到了学校其他老师和家长的反对：本就资源落后的

2024年4月，比拉力带队参加吐鲁番市青少年校园足球联赛，获小学女子组第三名、男子组“优秀组织奖” / 受访者供图

乡村，哪有精力发展体育？为了得到学生家长的理解，有时比拉力要走十几公里的路，亲自到学生家进行家访，与家长进行多次沟通。

因为缺少经费，孩子们只能在尘土飞扬的土场地训练。比拉力觉得，带着学生训练虽然辛苦，却是一件快乐、事半功倍的事情。体育运动不但可以强身健体，还可以促进孩子心智发展，而足球这种对抗性运动还能教给孩子们团队合作的精神，培养孩子们拼搏不屈的性格，让孩子受益终身。比拉力积极、阳光的心态也在影响着身边的学生、家人和同事。

不久，比拉力培养了数个通过足球而被市重点中学破格录取或考入知名大学的孩子。这些原本可能因为主科成绩不够优秀而“被放弃”的孩子，在比拉力的带领下，真正实现了“体育改变命运”。

这些成功的例子也在慢慢改变着面对应试教育压力的家长与老师们，使他们认识到：成才的路不止一种，而且体育、艺术等学科的发展，也能带动文化课教育质量的提升；只有身体强健了，才能把文化课也学好。而无数因体育照亮生命，走出乡村的孩子们，通过不懈地努力学习，考到了更好的学校，得以见识更宽广的世界，眼界也更开阔。踢足球是他们走出乡村、追逐梦想的一条路，他们不仅为自己“踢”出了光明的前途，也为身后更多的乡村师生“踢”出了一条新的成才之路。

人物访谈

采访人：罗婕

问：比拉力老师，能介绍一下您的学校吗？

比拉力：我现在的学校，连木沁镇汗都坎小学，有差不多600名学生，学生都是周围村里的孩子，所有学生都是维吾尔族。

问：您现在一周有多少节体育课？体育课会被其他文化课老师占用吗？

比拉力：每个班一周有三节体育课。如果体育老师有急事请假外出或者休病假、事假，文化课老师才会来给学生补课，平时正常情况，文化课老师不会占用我们的体育课。

问：您的体育课会安排学生学哪些项目呢？有没有维吾尔族特色的体育项目？

比拉力：小学体育课平时安排的项目比较简单，比如跳绳、队列队形、乒乓球、羽毛球、跑步、体操等。我很想在体育课上教孩子们骑马，但是没有那个条件，而且孩子们还小，有点危险。我们玩丢手绢的游戏时，输了的孩子会到圆圈中间跳维吾尔族舞蹈，其余的孩子被感染后，都会加入其中一起开心地唱歌跳舞，我觉得这也算我们维吾尔族的特色了。

问：我看您的学校离沙漠很近，天气炎热，现在（6月）气温常高达40多度，您在上体育课时有什么注意事项吗？

比拉力：是的，夏天我们吐鲁番地区非常热，所以在这个季节安排课程表时，我会注意把体育课安排在上午第二节或第三节课，下午会安排在第六节课的时候，因为这个时候会比较凉快。

问：在这么热的地方当体育老师真的很不容易。您怎么会成为一名体育老师呢？

比拉力：我小时候就喜欢足球运动，但那时没有专业的体育老师，体育课都是班主任老师来上。在我小学 6 年级的时候，我们学校来了一位专业体育老师，他足球踢得非常好，我请求这位老师空闲时教我踢足球，老师很高兴地同意了。一有空我就让老师教我踢球，在这位老师的培养下，我打下了扎实的足球基础。可惜的是，这一年过得太快了，我很快就小学毕业了，而我读的中学没有专业的足球老师。我有空的时候就回去请教小学的体育老师，他一直鼓励我、支持我。我每天放学以后都会在自己家院子里单独练球，那个时候我就发誓，一定要练好足球，考上体育类大学，以后成为一位优秀的体育老师，培养更多好苗子，为社会、为国家服务。

问：这真是现实版的“长大后，我就成了你”。您的那位体育老师点燃了您的梦想，那您最难忘的学生又是谁呢？

比拉力：我最难忘的是我的女队员努日曼古丽，国家女子足球队队长吴海燕女士都曾见面鼓励她，还把自己的国家队球衣送给她。国际足球明星坎通纳还和她一起拍《进球吧！少年》的电影。这部影片拍摄前，坎通纳在新疆各地大面积海选了 2000 多名 9—14 岁的足球少年，经过几个月的选拔和培训，终于组成了片中的“Magic7”神奇七人组，而努日曼古丽是当中唯一的女队员。

坎通纳以前是英国曼联足球俱乐部的传奇，被称为“前曼联国王”，他给过努日曼古丽高度认可和鼓励，欣赏她敢跟男生比试的勇气。作为她的启蒙教练，看到她越来越出色，我非常地骄傲！

问：女孩子踢足球的确实不多见，您是怎么发现努日曼古丽的足球天赋的？

比拉力：我是她三年级时的体育老师，她像男生一样活泼好动，担任班里的体育委员。我发现她奔跑速度非常快，也非常喜欢踢足球。原来我没有组建女子足球队的计划，毕竟爱踢足球的女孩子不多。但是看到她踢足球的热情如此高，又非常有天赋，我就想组一支女足队，多挖掘一些女孩子入队，带着她和大家一起训练和比赛。

努日曼古丽的足球天赋非常高，小学时踢球的水平就超过很多同龄男生，身上有股狠劲儿。她因为多次在校园足球比赛中崭露锋芒，被新疆多所中学的足球教练看中，高中就考到了乌鲁木齐市高级中学。

问：您培养了很多像她一样出色的孩子，听说乌鲁木齐很多学校邀请您去当足球总教练，您为何放弃呢？

比拉力：确实是有好几所乌鲁木齐的学校邀请我去，当时我也动摇了，家里人听到以后也非常高兴，大城市谁不喜欢呢？而且我自己的孩子也能接受更好的教育。但是我认真地想了一段时间后，还是决定留下来。大城市的孩子机会多，条件好，也不缺教练；而农村的孩子机会少，经济条件也不好，如果我走了，我现在的学生们可能就不能踢足球了。想想我小时候的经历，我还是选择留下来继续为我的家乡服务，让更多的孩子能够享受到足球的乐趣。

问：您在现在的学校遇到的最大的困难是什么？是如何解决的？

比拉力：我带乡村学校足球队以来遇到的最大困难就是经费、资金不足。我们是一所农村学校，每次比赛的时候我们都没有经费，交通费、伙食费、比赛服装费等都没有，家长又都是农民，家庭经济困难，也没有办法提供比赛的费用。实在没办法，我只能联系一些朋友和我认识的比较有钱的人，在他们的帮助下解决了经费问题，然后孩子们才能去参加比赛。其实我非常不好意思去寻求别人的经济援助，但是为了孩子们，只能抛下我自己的面子。

问：我看到您的学校因为条件有限，没有足球场，平时都是在土场地训练，那孩子们训练的时候受伤多吗？有因为受伤或者觉得太苦想要放弃的吗？孩子们想放弃的时候，您是怎么鼓励他们的？

比拉力：对，我们学校没有标准的足球场地，训练的时候孩子们摔倒的情况常常发生，孩子们常常膝盖受伤或者手部受伤，蹭破皮、流血算轻的，有时还会骨折。因此，有好几个队员想退出球队，家长也担心孩子继续训练会受伤，会影响他们的学习和生活。这个时候我会对孩子们说："足球就是这样练出来的，足球就需要不怕苦、不放弃的精神，这样才能成为一名优秀的足球运动员。有了不怕苦、不放弃的坚韧不拔的品质，以后做什么事情都能成功。"孩子们听了以后，重新恢复了对足球的热情，刮风下雨也不怕，受伤也不怕了。

问：孩子们训练时会受伤，又会占用课余时间，家长都支持吗？有不理解、不支持的家长吗？您是怎么解决的？

比拉力：对，我们都是利用平时放学后和周末的时间训练。以前，有一些女足队员的家长反对孩子踢球，他们认为女孩踢足球没用，没有未来，不让孩子参加训练，认为训练还不如放学早回家帮家里干干家务、干干农活。而我认为，首先，她们自己非常喜欢足球，又有天赋，而且比有的男队员听话，还肯吃苦，是很有前途的队员。所以我亲自去她们家，给家长做思想工作，我向他们保证：如果孩子们跟着我好好练球，小学毕业后，会有很多有女足队伍的城市重点中学要她们。我保证了以后，家长才让她们练球。当他们看到确实有其他省和乌鲁木齐的重点中学选了这些孩子，才终于放下心来，也高兴了、满意了。

问：通过家访，很多家长都信任你，让孩子们继续训练足球。那有没有您觉得非常可惜，放弃了足球训练的孩子呢？

比拉力：有。以前我们队里有一名非常有天赋的男队员，他不仅球踢得好，文化课成绩也非常出色。在班主任眼里，他是能考上重点中学的好苗子，踢球可能会耽误他的文化学习，所以班主任限制了他踢球。同时，家长的想法也是一样，想让他专心地学习文化课，他就放弃了足球。我非常无奈，觉得很可惜，因为我觉得他完全有能力兼顾学习和体育运动。踢球不会影响他的学习，反而能让他在学习之余很好地休息，让大脑更好地发育。

这样的情况以前发生过好多次，因为大部分老师并没有意识到足球这项运动的好处。他们认为孩子们因为练球，文化课成绩会退步。我发现了这些情况以后，多次跟这些老师聊天，跟他们说："踢足球不但能强身健体，促进大脑的发育，还可以培养孩子们团队合作的精神、不服输不放弃的品质。足球是需要多人配合的集体项目，团结一致、尊重对手、支持队友才会有成绩，所以学足球不光是学踢球，还是学做人。如果你班级的孩子好好练球，肯定有乌鲁木齐或者其他省有足球队的重点学校会选上他们的。"他们听到了我的解释后，才让孩子继续练球。

问：的确，体育运动可以让人更全面地成长。您有带过因为踢足球而重拾自信或快乐的孩子吗？

比拉力：有。有的孩子因为父母离婚，心里很难受，导致精神不振，不想好好学习。我就会把这些孩子带进足球队，鼓励他们好好踢球，以后肯定有好的未来。就这样，这些孩子们心里越来越放松，也越来越认真地练球。这些孩子里面，有好几个因为踢球踢得好，被选去其他省的重点学校就读。

问：孩子们因为踢足球更自信了，真是件好事，那您教的孩子有多少因为踢足球而走出了乡村呢？

比拉力：我没有统计过具体数字，但是有好多我的学生在其他省，比如辽宁、内蒙古、陕西等地区，一边上学一边踢球，一部分学生在乌鲁木齐上学和踢球。如果没有踢足球，他们有一部分人可能都考不上高中。所以我很开心，他们因为踢足球多了一条实现梦想的道路。我培养的好几个队员入选了辽宁省足球队，未来有希望入选国家队，为了国家而战。

问：您在教学生时，对他们最大的期望是什么？

比拉力：我对我的学生的期望是先学会做人，然后好好踢球，为国家、为人民，努力学习，认真练球，成为对社会有用的人。

问：您有这么多优秀的学生，那您自己的孩子呢？能兼顾到吗？他会踢足球吗？您打算怎么培养他？

比拉力：我儿子从二年级开始就跟着大家一起练球，在大家都在刻苦训练的环境里长大。他虽然年龄小，但是也不怕苦、不怕累。现在五年级了，球踢得越来越好。我打算好好培养他，小学毕业后送他到有足球队的重点中学或者是俱乐部去，让他成为对社会有用的人。

问：在乡村待了这么多年，您认为该如何推广乡村地区的体育教育呢？

比拉力：我认为乡村和城市各有利弊。大城市的孩子各方面条件都好，出去参加比赛的机会多；而乡村孩子精神好，不怕苦，能坚持，不放弃。所以为了让更多乡村孩子参加体育运动，每个学校都应该积极推广体育课，让他们对体育活动越来越感兴趣。同时利用我们乡村孩子不怕吃苦的特点，出更多的成绩，让家长意识到孩子体育好也可以创造自己的未来。

问：接下来您的计划和打算是什么？

比拉力：接下来我希望可以得到多一点的赞助，这样我就可以多带孩子们出去参加比赛，让他们多见识乡村以外的世界，更好地激发他们的学习动力。我要为社会、为国家培养出更多好苗子，让他们成为有用的人。我希望我培养的队员以后能入选国家队，这就是我最大的梦想。

编者寄语

比拉力是扎根沙漠乡村小学，积极组建学校足球队的开荒者。他克服重重困难，带领有梦想的孩子们通过足球圆梦，通过竞技体育锻炼学生的毅力、开拓学生的视野，让偏远地区的孩子创造出自己的未来。

人物档案

杨如国：大漠深处辛勤播撒科技创新的火种

男
汉族
1974 年生
1993 年开始从事乡村教育工作

现任职学校：甘肃省酒泉市东风场区中国酒泉卫星发射中心东风小学

所获荣誉：2007 年，指导学生获第四届“中国青少年科技创新奖”；2014 年，获评“中国人民解放军总装备部优秀教师”；2017 年，指导学生获“第十三届宋庆龄儿童发明奖”铜奖；2019 年，获评“甘肃省骨干教师”；2022 年，入选“马云乡村教师计划”，获甘肃省基础教育教学成果一等奖

人物小传

1992 年 9 月，中央决策实施载人航天工程，并确定了中国载人航天“三步走”的发展战略。1993 年，怀着对航天城的崇敬向往之情，杨如国自愿来到了位于巴丹吉林沙漠深处的东风小学任教。时光荏苒，转眼 31 年过去，杨如国在中国酒泉卫星发射中心东风小学先后任教信息技术、科学、数学等学科，他在教书育人的同时也见证了中国载人航天的崛起和荣耀。

从小在乡村长大的杨如国从小学到初中遇到了很多优秀的老师，他们不仅有渊博的专业知识，也有敬业的职业精神，这对年幼的杨如国有着深刻的影响，也在他的内心深处播下了一颗教书育人的种子。师范学校毕业之后，杨如国响应国家号召，来到了东风小学任教。秉承一份爱，传播一份爱，从走上讲台的那一天起，以爱育人就成了杨如国教书育人的核心理念。

杨如国先后教过多个学科，但不管教什么科目，他都坚持用爱心和耐心播种，用智慧耕耘，关爱学生，做学生的知心朋友。航天城是个特殊的小社会，这里的孩子大多是航天科技工作者的子女。航天科技工作者为了国家，全身心投入试验任务中，往往无暇顾及子女教育。由于家长工作繁忙，大部分孩子平时也鲜有时间和家长交流，老师成了孩子生活和学习的依靠。杨如国努力和孩子们交流，对于不爱表达的孩子，他努力创造机会，让孩子们在课堂上敢表达、课后敢交流。一个肯定的眼神，一行温暖的评语都是杨如国爱的信号。

给学生一杯水，教师要有自来水。杨如国不断提升自己，以满足教学的新需求。他坚持立足基地实际，不断改进创新。他的探索研究以信息技术为基点，以培养学生的创新能力为目标，在边远地区素质教育实施路径等方面做出很多有益的探索，他撰写的如《东风场区小学生心理健康教育

儿童节当天，收到礼物的孩子与杨如国分享这开心一刻 / 受访者供图

的现状与思考》等 10 余篇作品在《中国教育报》《中国教师报》等刊物发表。他独创的“小学数学双线四环教学法”被评为甘肃省优秀教学法。

从教伊始，杨如国就在思考，每个孩子都有美好的梦想，绝不能让沙漠禁锢孩子们的思想，束缚孩子们创新的翅膀。他认真调查，充分利用现有资源，每个学期都组织学生开展科技兴趣活动。多年来，经由他辅导的科技创新活动中有 40 余项在甘肃省、全军或全国获奖。杨如国还创造了两项“甘肃省唯一”：其一，2007 年辅导周鑫同学获第四届中国青少年科技创新奖，他是该年度甘肃省唯一获奖学生；其二，2017 年辅导王希然同学获第十三届宋庆龄少年儿童发明奖铜奖，这也是甘肃省该年度唯一获该奖项目。每一次参赛和获奖对学生们来说都是一种视野的拓展和能力的肯定，在杨如国的指导下，越来越多的学生激发出了对科学技术的兴趣和热爱。

从 2003 年神舟五号载人飞船发射，到 2023 年神舟十六号载人飞船火箭发射，杨如国先后十几次去现场参加宇航员出征仪式，欢送宇航员，观看火箭成功发射。他和他的学生们怀着同样的民族自豪感，为祖国航天事业的荣耀时刻而欢呼雀跃。杨如国不仅见证了我国航天事业的建设、起步、发展壮大，也把酒泉卫星发射中心的文化背景运用到了教学之中。他带领学生参观科技馆、载人发射场，带学生们了解艰苦奋斗的东风精神；他将科技工作者请进校园，和学生们分享科技背后的故事；他带领学生现场观看火箭发射，近距离欢送宇航员出征，树立了学生的民族自豪感。各种各样和航天有关的特色活动让学生们将航天精神深深印入心中。

面对取得的成绩，杨如国总是说："孩子是大家共同教育成长的，我还需要不断学习提升自己。"戈壁滩上，胡杨树把根深深扎进泥土里，以其坚韧和顽强给戈壁滩带来勃勃生机。在东风小学还有很多教师和杨如国一样，默默耕耘着，在教师这个平凡的岗位上孜孜以求。在酒泉卫星发射中心（又称东风航天城）里，还有更多的科技工作者和基层工作人员在为祖国的航天事业奉献着自己的知识和青春。

人物访谈

采访人：殷慧

问：您是怎么走上教师这个工作岗位的？

杨如国：我出身于甘肃省酒泉市丰乐乡涌泉村的一个普通农家，父母都是地地道道的农民。我的父母文化程度不高，但都很重视我的学习。我在涌泉村的村小读的小学，我们村小的老师大多数是民办教师，虽然拿着微薄的工资，还要边种地边教书，但都很敬业，他们对教育事业的热情给当时的我留下了深刻的印象。后来我到丰乐乡上初中，也有几位老师对我有很大影响。教数学的陈江老师，他教导我们要勤奋学习，勤于思考。在他的带领下，我爱上了数学这门课程。还有一位教语文的杨录年老师，他博览群书，有深厚的文化底蕴，他的课让我们这些乡里的孩子们了解了中国文化，拓宽了我们的视野。可以这么说，我在成长过程中遇到了很多很优秀的老师，他们都对我产生了积极的影响。我初中毕业时，面临两个选择，一是读师范（或中专），二是读高中。因为我家里经济比较困难，读师范可以早点参加工作，当时对师范毕业生国家是包分配的。另外我自己也对老师这个职业心生向往，觉得这是一个值得尊敬的职业，所以主动选择了教师这个职业。

问：当时您师范毕业是直接分配到东风小学的吗？

杨如国：当时毕业分配也有个小插曲。按照惯例，是要分配回原籍或者是临近乡的。但当时国家号召毕业生到艰苦的地方去，东风小学位于戈壁沙漠里，属于真正的荒无人烟之处，又是军事管辖区。当时我怀着支援边疆的心情申请去的东风小学，领导还找我谈了话，向我说清楚了要面对的困难，我还是怀着对军队的崇敬之情毅然来了。刚到这的时候确实有点不习惯，我们学校早期是比较封闭的，交通也不方便，离最近的城镇都有100多公里远，物资也不丰富，蔬菜水果的种类很少，也没有什么可去的地方。后来这里慢慢地越来越好了，现在我们这边还算比较方便，虽然还是远离城镇，但有了互联网，可以网购，物资也较以前丰富了。

问：您所在的东风小学是一所具有光荣传统的小学，可以介绍一下吗？

杨如国：东风小学的前身是中国人民解放军第十二军和第十五军1948年在四川创立的育才小学，学校于1961年搬到了东风场区。我们学校可以说是具有革命传统的学校，主要有两个地方比较特别：首先是学校生源，我们学校的学生很多都是解放军和科技工作者子女；其次是学校的位置，我们学校就在酒泉卫星发射中心里面。1958 年，国家建立酒泉卫星发射中心，这是我国第一个综合性导弹卫星试验靶场，而东风小学几乎和靶场一同被规划建设。刚建校的时候，学校环境艰苦，师资力量薄弱。当年在中心流传这样一句话，"两个大学生教不出一个中专生"，可见一开始东风场区教育的落后。为了让解放军和科技工作者的子女教育问题得以改善，能安心投入国家航天事业，中心就从全国各地抽调、招收教师，组建一支专业的教师队伍。学校自建校以来就得到了很多关心和关注，2002 年，江泽民总书记来我校视察，也给全校师生莫大的鼓舞。

问：您一共在东风小学执教了多久？具体教什么科目？

杨如国：我在东风小学已经任教 31 年了，任教的科目比较多，数学、信息技术、语文、劳动、科学、道德与法治都教过。

问：您是如何和载人航天结缘的？

杨如国：我在很早的时候就知道了我们国家有个 921 工程，即中国载人航天工程。我一直在默默关注着载人航天的发展，1999 年神舟一号开始发射时我和大家一样兴奋，后来 2003 年神舟五号载人飞船载着航天员升空时我就去了现场，欢送宇航员出征。那个场景我现在还记忆犹新，在现场的时候特别激动、特别振奋，觉得自己见证了中华民族崛起的一个历史性时刻。

问：当时神舟五号载人飞船发射时您在现场紧张吗？

杨如国：神五的发射距今已经 21 年了，我当时在现场很激动，但是不紧张。为啥不紧张呢，因为我当时很了解，我们国家搞载人航天，对质量要求很高，从上到下对各个环节把控都特别严格，每一个零件都经过无数次检验，每一个步骤都被反复确认，可以说是最高品质。我们一般说一个产品如果做到航天品质，那肯定是最高质量。一个强有力的科技团队，加上刻苦训练、身体和心理素质都过硬的航天员，物质和人的基础都在这里，所以我当时对发射成功是非常有信心的。在现场观看航天员出征虽然不紧张，但是有一种震撼感，你能体会到一种不一样的氛围，发射的巨响，沿途人们激动的欢呼，都能让你升起一种强烈的民族自豪感。

问：您将酒泉卫星发射中心的文化背景运用到教育教学中，请问具体是怎么做的？

杨如国：我们学校的生源和特殊地理位置都让我们的学生天生有着艰苦奋斗的“东风精神”，他们从小在航天文化的熏陶下，在父辈的榜样作用下耳濡目染，航天精神、家国情怀、军人气质都很突出。我们学校对酒泉基地的资源进行了发掘和利用。具体做法有两点：一是直接利用，带领学生去参观解放军历史展览馆、发射场、科技馆，让学生了解先辈们开拓创新、勇于奉献的精神；带领学生近距离观看火箭发射，激发他们的民族自豪感和对航天科技的兴趣。二是把航天科技工作者请进学校，请他们给学生做专题报告，讲述他们的科研故事。另外，我们还会组织学生去现场参加航天员的出征仪式，欢送航天员。航天的元素其实已经渗透到学生们的日常生活中。

问：我们国家的发展需要科技创新，您是如何激发学生在科技创新方面的兴趣的？

杨如国：提到“创新”与“发明”这些字眼，学生之前普遍感觉这是很难的事，距离自己很遥远。我利用自己带信息技术课、科学课和课外实践活动的机会，用生活中发明创新的事例打消学生心中的疑虑，使他们认识到创新人人可为，创新就在身边。在此基础上，我带领孩子们做实验、去野外调查等，成立创新小组，进行专项辅导，还申报参加科技创新赛事。通过这些措施，同学们体验到科学创新的乐趣，加上孩子们丰富的想象力和我的热情鼓励，一个个创新信心高涨、创新热情倍增。

小学生的特点有二,一是想象力丰富，二是热情来得快，但如果没有新的信息或活动引领，热情持续时间会变短。孩子们因为没有受过系统训练，许多事情停留在假设与想象当中。针对这种情况，我在活动中让同学们体验创新乐趣的同时，着力让他们明白假设与实验、想象与求证之间的关系。

东风小学的优势是地处的酒泉卫星发射中心是高科技基地，学生受发射中心浓厚科研氛围的浸润，也受家长为航天事业献身的影响，开展科技创新活动有独特的外部小环境优势，所以我在开展科技项目时也会积极争取家长的配合。酒泉卫星发射中心的发展史，就是一部浓缩的中国航天事业发展史。我充分利用发射中心丰富的创业故事和感人的创新事迹，对学生进行励志教育，教育学生从小树立勇攀科学高峰的远大理想，为实现中华民族伟大复兴而努力学习。同时，引导学生从家长身上学习科学研究的方法论，请家长指导孩子阅读资料，学习调查、实验的方法。

问：您带领学生见证了中国载人航天从无到有的全过程，您觉得国家在载人航天领域成功的关键因素是什么？

杨如国：我觉得首先是党的领导，因为载人航天是一个很大的系统工程，没有党和国家的统一指挥领导是不可能做到的。其次，我们国家有一大批乐于奉献的科技工作者，这也很关键，没有强大的人才储备是不能把航天员送上太空的。

问：您在教学岗位几十年，一直奋斗在乡村教育的岗位上，请问您有什么教育心得？

杨如国：我的教育心得是用爱耕耘，用科技引路。东风小学的学生大多是科技工作者的子女，他们的父母工作繁忙，经常加班，我会努力与孩子们交朋友，在课堂上创造机会，让他们敢于表达自己，树立自信。在教学时，我也会注重对学生科技创新和实践能力的培养，带领学生走出去，积极参加各项科技竞赛。学生们也都取得了不错的成绩，赢得了大大小小的奖项。

问：乡村教育需要更多的优秀教师的加入，您有什么建议给有志于乡村教育的老师？

杨如国：习近平总书记强调："只要踏实劳动、勤勉劳动，在平凡岗位上也能干出不平凡的业绩。"现在的社会纷繁复杂，很多年轻人可能想去更大的舞台实现自己的人生价值，这样的想法也无可厚非。对于有志于乡村教育的老师，我想说平凡的岗位上也可以做出不平凡的成绩，也能实现自己的人生价值。学生是祖国未来的希望，培养好学生，也算是为祖国的发展作出了自己的贡献。

问：请问您接下来的计划和打算是什么？

杨如国：我还有10年左右退休，接下来我打算继续学习，充实自己，为学校做点新的事情。比如我们学校打算开设和航天有关的特色校本课程，我打算和同事们研究讨论，尽快做好准备工作。我也会积极锻炼身体，乐观面对工作和生活，多给年轻老师和学生们传递正能量。

编者寄语

爱人者，人恒爱之。好的教育是一个灵魂唤醒另一个灵魂。杨如国老师用爱和学生交流，用科技活动激发学生的学习兴趣，为大漠深处的孩子探索科学知识的心灵播下科技创新的种子，在科技创新方面走出了一条不平凡的求索之路。

人物档案

杜伟芳：落伍不是乡村教师的标签

女

汉族

1988 年生

2012 年开始从事乡村教育工作

现任职学校：陕西省铜川市宜君县太安镇中心小学

所获荣誉：2015 年，获宜君县高效课堂一等奖；2016 年，获评宜君县“教学能手”；2017 年，获评铜川市“中小学幼儿园教学能手”；2018 年，获评陕西省“中小学教学能手”、宜君县“优秀班主任”、西北地区“第四届西部好教师”；2019 年，入选教育部“乡村优秀青年教师培养奖励计划”；2021 年，入选“马云乡村教师计划”，获铜川市首届中小学课堂教学创新大赛一等奖；2022 年，获全国“美丽乡村青年教师”提名奖，获评宜君县第六届“助人为乐道德模范”。

人物小传

在偏远的宜君村小，有一位教师，她以非凡的毅力和无尽的爱心，改写着乡村教育的面貌，她就是杜伟芳校长。在她的带领下，乡村教育不再是落后的代名词，而是孕育希望与梦想的沃土。

在孩子们的心中，杜伟芳不仅仅是传授知识的老师，更是他们温暖的“干妈”。她深知，乡村孩子的内心世界同样丰富多彩，需要更多的关爱与呵护。因此，自踏上三尺讲台，她以校为家，爱生如子，用无微不至的关怀填补孩子们生活中的每一个空缺。无论是学习上的困惑，还是生活中的烦恼，杜伟芳总是耐心倾听，细心引导，让孩子们感受到家的温暖。这份深情厚谊，让“干妈”这个称呼成为杜伟芳最珍贵的荣誉。

面对乡村教育资源匮乏的现状，杜伟芳没有选择退缩，而是迎难而上。她深知，只有不断提升自我，才能为孩子们带来更好的教育。于是，她刻苦钻研教学方法，不断创新教学模式，用实际行动证明了乡村教师同样可以优秀。终于，在省级教学能手比赛中，杜伟芳凭借出色的表现脱颖而出，成为全县唯一一个从村小走向省赛的选手。她的成功不仅打破了家长对乡村教育资源差的刻板印象，更激励了无数乡村教师奋发向前，为乡村教育的发展贡献自己的力量。

作为宜君村小的校长，杜伟芳深知生源问题的重要性。她通过多方努力，成功解决了学校的生源问题，让更多的孩子有机会接受优质的教育。同时，她还积极争取社会支持，拉来赞助为孩子们解决了校服、轮滑鞋、教学交互式一体机等问题，让孩子们的求学之路更加温暖和体面。此外，杜伟芳还结合乡村特色，创设了石头画、开心农场等活动，不仅丰富了孩子们的课余生活，更提升了他们的综合素养和创新能力。在她的带领下，宜君村小逐渐成为乡村教育中的一颗璀璨明星。

杜伟芳在学校“六一”儿童节文艺汇演活动中为孩子们切蛋糕 / 受访者供图

人物访谈

采访人：胡可容

问：是什么让您选择了教育事业，并坚持至今？

杜伟芳：我从小的理想就是长大了要当一名人民教师，这个理想源自我的老师。我生长于农村，在我的求学过程中，我遇到了很多好老师，是她们的帮助和鼓励一路指引、温暖着我，让我得以用知识改变命运，实现人生理想。所以我也想成为和我老师一样的人，用自己的力量帮助孩子们实现他们的理想，走向更宽阔的天地。

之所以能够坚持到今天有很多的因素，但最大的原因有两个方面。一是我选择教育事业的初心。看见这些孩子，就仿佛看到了当年的自己，一路走来，我深知一个农村孩子用知识改变命运的不易，自己淋过雨，就想为我的学生撑一把伞，不让他们再淋一遍。所以，无论身份如何变化，外边的工作条件如何优渥，我都想为孩子们守护一方属于他们的天地。另一个原因就是这一份职业让我感受到了自己被需要、被喜爱。每次假期结束后开学的时候，孩子们看见我，老远就跑过来，扑到我怀里，说着对我的喜爱与思念。毕业班的孩子们给我写信，封面上写的是“给世界上最好的校长”，里面说到他们何其幸运，能遇到我。带的第一届学生说：“老师，以后我要成为和您一样的人。”那一刻所有的辛苦、所有的坚持都是值得的。

问：在师生和同事眼中，您总是那么年轻、阳光、富有能量，您保持这种状态的秘诀是什么？

杜伟芳：我觉得谈不上什么秘诀，就是一个心态的问题，还有对自己定位的问题。首先我非常明确我的工作职责：我要把学生带到什么样的状态，我必须要是一个什么样的状态。农村孩子从小生活条件比较差，信息闭塞，导致大多数孩子性格内向且自卑，我想让我的孩子们自信、阳光起来，那么我首先得阳光自信，用自己的言行影响、带动他们。其次，我记得伯特兰·罗素在《幸福之路》里面说过一句话：“真正幸福的人都是愿意接受现实，并且能从微小的事物中找到快乐的人。”在学习上，学生因我的引导，从迷茫到豁然开朗；在生活中，学生因我的存在而感到温暖开心。春天，我和孩子们爬山踏青；夏天，我和孩子们纳凉唱歌；秋天，我和孩子们田间采摘；冬天，我和孩子们围炉赏雪。和孩子们相处的点滴都值得回味，又有什么理由不年轻、不阳光呢？

问：面对生源和师资的双重流失，您有没有感到过压力或挫败？

杜伟芳：面对生源和师资的双重流失，说实话我的压力非常大，有过焦虑，有过难过，也有过委屈，甚至也有过深深的挫败感。但是后来我觉得这些都是无用的，我们唯一能做的就是想办法去证明乡村的教育不差，乡村的老师也不差。

有一次我无意中听到一个家长说：现在还留在农村教书的老师都不是好老师，好的老师怎么可能会留在农村，早就走了啊，所以说咱们的娃放到这儿就是随便学一学，有机会就把娃转走。我当时听到这个话的时候，特别委屈，我就在想：我们乡村的老师真的就有这么差吗？把生源留住就这么难吗？所以首先我想改变家长的这种看法，证明乡村教育有未来有希望，乡村教师值得信赖。那时候起，我就开始通过各种方式不断提升自己的教学水平。锲而不舍地用了 3 年时间，先拿到县级能手，再到市级能手，在 2018 年的时候终于获得了“省级教学能手”的荣誉称号，也让这所复式教学的村级完全小学开始被大家关注和认可。这个称号的获得一方面改变了家长们对乡村教师、乡村教育的看法，另一方面也让乡村老师看到，哪怕我们身在条件相对落后的乡村，但只要我们心中有方向，并且为之付出努力，就一样可以走到省级大赛中取得荣誉，拥有自己的星辰大海，去影响、带动更多的人。

问：在加强团队建设方面，您采取了哪些具体措施？这些措施如何帮助团队重拾信心，共同前行？

杜伟芳：我们终其一生都在寻找两个东西，一个是价值感，另一个是归属感。团队建设方面，我首先做的就是让团队里面的成员找到归属感，在学校都能感受到家一样的温暖，无论谁遇到困难，大家都一起帮；当然，无论谁遇到乐事，大家也都一起享。其次是人尽其才，发挥每一个人的长处，并且让长处能够以具象化的成果呈现，让每一个人都感受到自己的价值所在。比如说我们有擅长画画的老师，就利用学校在山里且随处是石头的优势，我们一起开发了石头画社团，所有老师和学生一起在这位擅长绘画的老师的组织下根据石头的形状完成创作，并把石头画作为学校的一个特色社团，将成果用展示墙展示出来，使学生、家长还有同行都能看到；有擅长魔方的老师，我就利用基金会的资源优势，帮助老师申请到了“一师一梦”的“益智数学”项目支持，让老师带着全体学生玩转魔方、数独、华容道等智力玩具，让老师们在进步的同时获得被认可的价值感，激发对乡村教育的认同感。最后是帮助年轻教师快速找到成就感。我不仅经常和年轻教师一起磨课、研课、评课，毫无保留地将自己的心得和经验进行分享，让她们在教学上快速形成自己的教学风格，还邀请她们一起为孩子们实现心愿。例如，我们的学生没有校服，唯一有的一套校服是慈善机构给我们捐赠的，随着孩子们成长，校服都不合身了。考虑到家长的经济状况，我就组织年轻教师一起参加了520公益季的“送你一张小贴纸”活动，连夜进行设计、改稿，终于几经易稿后设计出了心里想要的贴纸。最终我们的贴纸获得了铜川市妇女儿童发展促进会的认领，孩子们实现了愿望，穿上崭新的校服。这一次为学生争取到校服之后，我们年轻的老师就有了更多的想法，后来有一位年轻老师还为学生争取到了夏季的运动装。我们还通过和扬帆公益基金会合作，为学生们争取到了安全校服。现在，年轻的老师都能在自己的领域中独当一面。

问：您非常重视家校联合，通过走访入户建立了与邻里村庄的融洽关系。这一过程中，有哪些难忘的经历或收获？

杜伟芳：跟家长去沟通，首先要做的就是关注学生。学生开心与否，进步与否，我们把这些都告诉家长。每一个家长都希望看到孩子在学校的表现，只是他们忙于生活和生计，分给孩子的时间太少了。我们要做的就是帮家长把该尽的那一份责任尽了。从2022年开始，我们就用照片或视频的方式记录下孩子在学校的点点滴滴，每一学期形成学生的电子档案册。六年级毕业时再把每一学期的电子档案册合成，刻成光盘送给孩子和家长，让他们见证孩子在学校的点滴成长。

问：据了解，咱们学校是目前宜君县仅存的复式教学小学，全校只有24名学生，9名老师，其中60%的学生来自家庭经济困难的农户,还有一些留守儿童、孤儿等。在与留守儿童沟通时，您有哪些独到的沟通技巧或心得？

杜伟芳：我觉得最大的心得就是把这些孩子都当成自己的孩子一样，真心为他们好，实实在在地让学生和家长感受到这一点，那么他们就会敞开心扉接受你。再一个就是融入孩子，平等、尊重地对待每个孩子。比如晚上睡觉的时候帮他们拉拉被子，平时多跟他们说说话、聊聊天。同时还需要注意，不要表现出刻意的关照。因为这些孩子的内心更敏感，如果刻意关照，孩子内心反而会形成两个极端：一种觉得自己特殊，所有人都应该特殊对待我，这样会养成孩子骄纵的性格；另一种就是孩子会越发地封闭自己，他不想被别人用异样的眼光去看待。所以我觉得跟留守儿童相处、沟通的时候，要把"刻意"随意、自然地表现出来，虽然这种"随意""自然"是你根据他（她）的情况用心准备的。

问：虽然您提到自己在教学理论沉淀上还有提升空间，但您在实践中一定有许多创新之举。请分享一两个您认为最成功的教学创新案例。

杜伟芳：在教学创新方面，我分享一个案例：跨学科综合性学习探索。学校后院有一块闲置的空地，杂草丛生，不仅没有得到有效利用还经常让人为清理杂草烦恼。在获得马云基金会第一年的资助金后，我将所有资助金用于修整这片区域，修建"开心农场"，把空地用砖块隔成一小块儿一小块儿的劳动实践基地，中间铺设小路。活动前期，组织师生对每一块基地的面积、种植产品、土壤情况等都做了宏观规划，种植过程中让学生亲自动手实践、观察记录、分析整理，撰写观察日记，用数学图示、美术绘画等记录。举办种植节、收获节，让学生对成果进行估价、分享、烹饪。整个过程融合了数学、语文、美术、科学、劳动、思政等科目，孩子们不仅体验到了收获的喜悦，还学会用知识解决实际生活中遇到的困难。目前，除了开心农场项目，关于综合性学习的探索已延伸到了学校不同的活动中，效果非常好。

问：从教十余年来您一定面对过很多挑战和变化，您个人有哪些成长和收获？这些经历对您的教育理念有何影响？

杜伟芳：以前是教师，做好自己、教好自己的学生就好；后来成为班主任，便需要带好一个班；然后到教学副校长，要引领全校教师，做好教学创新，提高教学质量；到现在成为一校之长，更要带着整个学校在不同挑战中奋力前行，肩上的责任更加重了。这些经历都让我对我自己的教育理想、教育理念有了更加明晰的认识，我想去成就学校的每一位师生，让他们都能幸福健康成长，拥有可持续的学习力和发展力，同时，也更加坚定了我继续从事乡村教育事业的决心。

问：您的炽热情怀和实干精神令人感动。您希望给学生们传递哪些价值观？

杜伟芳：第一我想传递给学生的是自信。乡村的孩子有一个共性，就是缺乏自信。我不断地突破、提升、改变自己，让自己永远积极向上地站在孩子们面前，就是想要传递给孩子们自信。如果作为一个老师自己都不自信，又怎么能让学生自信？当然，除了用自身言行去传递，我还利用各种平台资源，让学生走出校园，帮他们树立自信。

第二就是让学生懂得感恩，感恩祖国，感恩党，感恩社会，感恩学校，感恩所有关注乡村教育的爱心人士，这也是我成立教师志愿者服务队的初衷。我想让孩子们知道我们不光只是接受爱，同时也能用自身的力量去传递爱。在志愿服务过程中，我带领着我们的教师志愿者和孩子们一起清理校园周边环境，给孤寡老人送温暖，帮助更需要帮助的人……做力所能及的事情，回报所有支持、关爱我们的人。

第三我想传递给学生的就是终身学习、持续成长的观念。我们的人生是一个长跑的过程，教学生学会学习比学会知识更重要。这两年，我思考最多的就是如何给乡村教育注入新活力，如何让孩子们养成终身学习的习惯，如何激发孩子们不断探索的好奇心，如何最大程度开发孩子们的创新能力。

问：最后，对于同样在教育一线奋斗的乡村教师们，您有什么话想说，或者有什么建议可以分享？

杜伟芳：习近平总书记说过的一段话："一切向前走，都不能忘记走过的路；走得再远、走到再光辉的未来，也不能忘记走过的过去，不能忘记为什么出发。"这段话一直震撼着我，我这么多年也是践行着这段话的精神，一直在守护着我自己刚从事教育事业时的那份激情，守护着我自己为教育事业不懈奋斗的初心。

同样，我也想对我的同行们说，无论现在或者是将来，无论我们面临怎样的困难或挑战，都请大家坚信，乡村教育一定会因为有你、有我的存在而变得更好。这十年来，我们的乡村教育发生了翻天覆地的变化，在党和国家的关心和支持下，我们的办学条件一直在不断得到改善。我相信在未来，只要我们能够坚守我们对教育的那份初心，时刻记住孩子是乡村教育的希望，而我们是乡村教育希望的希望，那么我们一定会看到乡村教育一片辉煌的未来。

编者寄语

落伍从来不是乡村教师的标签，只要我们有爱、有梦、有坚持，就能在这片充满希望的乡村教育沃土上绽放出最耀眼的光芒。杜伟芳用自己的实际行动诠释了乡村教师的责任与担当，也为所有奋斗在乡村教育一线的同仁们树立了光辉的榜样。

人物档案

樊亮：向下扎根、向上生长的乡村校长

男

汉族

1981 年生

1999 年开始从事乡村教育工作

现任职学校：陕西省汉中市勉县新铺镇中心小学

所获荣誉：2013 年，获评“陕西省教学能手”；2014 年，获评“汉中名师”；2015 年，获评“汉中市新时代 311 人才”；2018 年，获评“陕西省学科带头人”；2022 年，入选“马云乡村校长计划”，获评“陕西省德育先进个人”；2023 年，获评“汉中市最美系列人物”“汉中市首批信息化应用学科名师”“陕西省首届优秀校园长培养对象”，入选“全国小学名师发展联盟成员”，苏州大学“新教师基金”首届明师班学员，陕西省特级教师杨安平工作室核心成员，教育部新时代名校长庄孝成工作室成员；2024 年，获评全国第三届全民阅读大会“乡村阅读推广人”。

人物小传

他是一位乡村优秀老师，也是一位乡村好校长。四年初小，八年村小，九九寒冬，十三年山区，二十五年如一日，至今仍坚守乡村教学一线。他工作之初在山区，辗转来到城镇周边，进过厂矿子校，也待过教学点，放弃到城里学校工作的机会，一步一步成为“汉中名师”和省级学科带头人，又放弃民办学校的高薪聘请，毅然决然再次选择山区的教育工作。他常说是乡村的教育磨砺了他，也成就了他，他要为乡村教育奉献毕生心血。他就是汉中市勉县新铺镇中心小学校长——樊亮。

从教以来，樊亮一直在教育初心与现实的不断碰撞中，不断修炼，把成为专家型教师作为梦想，一心扑在教育教学上，在平凡的岗位上做出了不平凡的成绩。工作至今，累计60余份论文、课件、公开课、教学成果在中央、省、市、县获奖，主持及参与完成7个市级及以上课题研究，多次获评市县级教科研先进个人。连续3年在全县赛教中获“县级教学能手”，两获“汉中市教学能手”。先后获评市、县级教学名师、学科带头人，“汉中市新时代311人才”，陕西省教学能手、学科带头人。

樊亮多次担任国培计划、省培项目、市县级培训辅导教师，承担青年教师的培养任务。连续5年担任汉中市中小学教学能手赛教评委，累计8年担任勉县县级教学决赛评委，并担任勉县省、市教学能手候选人磨课指导教师，先后指导30多名青年教师，让他们在业务上有明显提高，其中16人获省、市、县级教学能手。担任汉中市“名师大篷车”专家团队成员，示范课及讲座遍布汉中6个县区，累计1200余人次参与，反响热烈，4次任省、市、县级教师远程培训辅导教师。自2019年，被聘为勉县“学科督学”和校本研修辅导教师和兼职教研员。

尤其在成为陕西省学科带头人以来，樊亮工作坊助力青年教师快速成

樊亮和孩子们一起读书 / 受访者供图

长，带动辖区教科研发展，加速勉县小学语文人才培养梯队的形成，近3年培养省级教学能手2人，市、县级名师、学科带头人、教学能手8人，完成省、市级课题5项，发表论文38篇，逐渐形成学科品牌效应，具有较强的示范引领作用和知名度。

樊亮不仅仅是教育教学专家，在学校管理上也是一把好手，成功将3所名不见经传的学校打造为当地的窗口学校。2019年9月，他再次到山区工作，担任勉县新铺镇中心小学校长。学校从粗放管理向精细化科学管理不断迈进，各个方面工作蒸蒸日上，综合考核获得优秀，近3年获得集体奖20多项。

樊亮的事迹微视频《甘做乡村教育追梦人》获教育部2020年教师风采短视频入围奖，在学习强国汉中学习平台上宣传，入选汉中市党员党性教育资源库。

人物访谈

采访人：刘志敏

问：当初不到30岁的您是如何走上校长岗位的？

樊亮：首先是机缘。初次当校长是在2010年9月，勉县地钢小学，其实只是一个只有一到三年级的教学点的负责人。这是一所钢厂子弟学校移交地方后改设的学校，校舍陈旧，设备落后。从2007年到2010年短短3年时间，因为布局调整，它从一所九年制学校变成了一个教学点，可以说是个“烂摊子”，我成了“留守校长”，处理遗留问题。其次是梦想。自1999年9月参加工作，起步就是教导主任，虽然起初一两年没有名分，但我依然干得津津有味、风生水起，一干就是9年。我梦想成为校长，希望有一块“试验田”践行自己的理想，可没想到的是第一次当校长，管的竟然是个教学点。最后是责任，这样一个教学点，上级不重视，中心校不太管，有一段时间是无人理会，举步维艰，大有“自生自灭”之势。就在这样一个极其不利的环境中，我庆幸自己并没有放弃，艰难成长着，一步一步成为陕西省教学能手、汉中名师。说出来很多人不敢相信，也是在这里我积累了一个校长身处逆境如何突围的宝贵经验，我觉得这就是校长的责任。

问：年轻人担任校长挑战肯定不少，您经历了哪些？

樊亮：年轻人担任校长面临的挑战很多，比如：生源减少、缺少资金、人际关系、办学主张、教学管理、安全责任、质量压力……我举三个例子。

2010年9月，我担任勉县地钢小学校长，此时的学校因撤并，由原来300多人的县直完全小学变为90人左右的教学点，很多优秀的老师或分流或调走，教师也由原来的 20 多人变为 6 个人。巨大的心理落差使得家长一度群体上访，要求恢复学校四、五、六年级，加上硬件、软件的破旧，学校一度陷入困境。但是，我没被困难吓倒，耐心细致地做教师和家长的思想工作，终于稳定了教师的不安情绪，让他们安心工作；联合当地社区以及亲自家访稳定家长情绪，同时利用现有资金努力改善办学条件，使勉县地钢小学实现了平安、稳定的过渡。

在担任勉县勉阳街道办继光小学校长时，学校因为布点调整等因素的影响，校舍破烂，设施陈旧，生源严重下降，教师也不安心工作。面临种种困难，我立即开始实施改善计划，把旧教学楼的窗户玻璃、办公室的照明、教室的照明全部进行了更换，改造了老化的线路，硬化操场，加装汉惠渠桥防护栏，解决渠北学生过桥的险情。后又新建教学楼，改造厕所，新建附设幼儿园，使学校的软、硬件得到了很大改善。继光小学的校容校貌焕然一新，成为 108 国道一道亮丽的风景。学校生源得到很大提高，由此成为较大规模的完全小学。

2019 年 9 月，我调入勉县新铺镇中心小学担任校长。时值脱贫攻坚最关键阶段，责任和压力都很大，我总带头冲锋在前，与老师们同甘共苦，以校为家，常常星期一到校，周末才能回家，起早贪黑，走村入户，用脚步丈量了新铺的山山水水。2020 年冬天的一次家访入户，我返回时已是深夜，独自一人驾车行驶在山路上，视线模糊，冲入石碓。石碓划破了车的水箱和底盘，我险些坠入山崖，后叫拖车救援，返回学校时已是凌晨 3 点。还有一次家访入户，恰逢中秋阴雨天气，山上滚落石头砸中我的车尾，将车身砸出一个大坑，十分惊险。至今想起来还觉得后怕。

我想，经历就是一种财富，只有一路披荆斩棘，才能成长为一名真正的校长。

问：您历任多所学校的校长，这些都是不小的挑战。既然走出了大山，为什么2019年还是选择又回到山区？

樊亮：每一次选择对于我来说都是一次成长，也是一次挑战。我生于农村，长于农村，父母也是农民，对农村有着特殊的情感。工作之初在勉县南部山区，也待过教学点，几经辗转，2019 年又选择了勉县西部山区。我深知乡村教育的不易和当下面临的问题，身边的人纷纷调入城里更大的学校，也有人不断对我说：离开乡村吧，你需要更大的平台。可是，总得有人坚守乡村吧？总得有人振兴乡村教育吧？不知从何时起，从当初的不情愿、不甘心，到慢慢安心，再到现在的热爱和坚守。我常常想，教育的初心是什么？是乡村教育磨砺了我，也成就了我，我忘不了乡村的孩子，更放不下乡村的教育。

问：您应该算是在专业发展路上比较成功的人，在这条路上您遇到过什么困难吗？如何克服的？

樊亮：我的专业成长梦想始于 2005 年，最初就渴望成为市级教学能手，2009 年实现了。尝到专业成长“甜头”的我一发不可收拾，为此无论寒暑，不管阴晴，常常深夜伴着猫头鹰凄惨的叫声，挑灯夜战。2013 年，那个时候我身处一个只有一到三年级的教学点，可市、县级赛教的课程要求五年级及以上，省级赛教的课程要求四年级及以上，而我们学校已经好几年没有四五年级了，怎么办？放弃吧，可这个机会我奋斗了多年，不甘心，也不能！于是，大夏天，我光着膀子，对着电风扇练，对着镜子练。每过一周，我求爷爷告奶奶找个学校练，没人指导，也没人陪练，更没有人逼你，一切靠自觉！说出来你可能不信，我多少年来坚持自费订阅多种教学期刊，多少次孤身一人到处求学求教，现在每每想起来，对于我这样一个资质平庸、条件平平的人，都不知道当初是怎么熬过来的。值得一提的是 2017 年，我获评陕西省学科带头人，当时我一边在村小工作，一边第一次带团队，面临双重压力，可谓举步维艰、左右为难。2022 年，我报名“马云乡村校长”计划，从报名到初评、展示、走访、终评、入选，整整一年的坚持，最终得以入选，所有的付出都是值得的。2023 年，我入选首批陕西省基础教育骨干校园长培养对象，在校长的专业成长路上终于迈上一个坚实的台阶。

问：教科研其实是很多学校的痛点和难点，您作为专业引领型校长有什么样的建议？

樊亮：教科研一直是校长治校的重点和难点。我觉得作为一名专业引领型校长，第一要义是示范。校长要引领和帮助教师成长，首先应是课堂的示范引领。我们在教育学生时经常讲到一句话“身教重于言教”，这话也适用于校长培养老师，讲得再多，没有示范，效果不佳；说得再好，没有示范，怎能服众？更多时候老师们就盯着校长是怎么说的，又是怎么做的，教科研怎么样。你能不能上好课？如果能，他敬你、服你、认同你，你的管理才有效；反之，则管理失衡、失效。

其次是读写。现在青年教师读书越来越少，也越来越远离写作。最近几年新招录的老师都是本科生，甚至还有研究生，可是一谈到写作，满眼都是惧怕。有些汉语言文学专业的本科生竟写不出一篇像样的论文，交上来的就是在网上东拼西凑的大众文章，大有离开手机、离开网络什么也不会的趋势。由此可见，老师不写作是比不读书更为严重的问题。因此，倡导全民阅读，大兴读写之风，势在必行。

最后就是平台。每个老师都是渴望成功的，因此校长一要有“压担子、搭台子、重考评”的管理策略，让教师成为教科研的主体，自己知道干什么，积极主动干起来；二是为每位教师建立教科研个人成长档案，既重过程监管又重结果考评；三是逐年加大教科研资金投入，主要用于硬件改善、资源购置、教师培训、考核奖惩等。设置辅导学生获奖、教学成果获奖、获评三级三类骨干教师（教学能手、学科带头人、名师）的津补贴，增加教师培训经费预算，切实保证教科研的有效推进。

问：您认为当好一名校长，需要哪些能力或应具备哪些素质？

樊亮：教育部在《义务教育学校校长专业标准》中明确中小学校长的六项专业能力：规划学校发展、营造育人文化、领导课程教学、引领教师成长、优化内部管理、调适外部环境。这六项专业能力中，领导课程教学和引领教师成长是重中之重，而且都直指课堂。校长不深入课堂，何以领导课程？何以引领教师成长？因而，校长专业能力提升的关键依然在课堂。苏州新教育研究院研究中心林忠玲主任提出未来教育家的六项修炼：亮出办学主张、写好反思文章、打开认知视窗、深耕理想课堂、影响成就同行、相信工具力量。校长要成为未来教育家，就要不断修炼。在这六大修炼中，深耕理想课堂仍然是基础、是重点。所以说，一名好校长，不仅要有好的办学主张和开阔的视野，更要有读写的书卷气和课堂示范力。

问：您认为目前乡村教师在专业成长和专业培训方面还有哪些可以提升的？

樊亮：第一，大量读写解决“基础不牢”问题。乡村教师要通过大量读写，积淀底蕴，打好基础。我认为工作前五年是最关键的，这一时期，打好基础，可以奠定好老师的底色。

第二，多方激励解决“动力不足”问题。乡村教师在专业成长和专业培训方面安于现状、动力不足的情况还是比较突出的，因此一定要千方百计想办法持续激励老师进步，给机会、给荣誉、给培训、给展示、给奖励，让他们动力加倍。

第三，主动构建解决“没有平台”问题。很多乡村教师缺少成长和发展平台，骨干教师发展的“室、坊、站”平台是有限的，除了想办法推荐优秀老师参加这些官方平台外，还可以为每个老师量身定制一个发展平台，比如校内的个人工作“室、坊、站”平台，充分尊重并发挥每个老师的优势和特长，让每个老师都能拥有自己的成长平台，发光发热，获得成就感和幸福感。

问：人们常常说“不能让孩子输在起跑线上”，就您的职业生涯而言，您如何看待这句话？

樊亮：我认为“不能让孩子输在起跑线上”是一个错误的口号，是没有经过科学论证的、误导了几代人的错误言论。我为什么这么说呢？

一是每个人因地域环境、家庭背景、天资智商、性格特点等的不同，起跑线是不一样的，如果不顾差异，硬是把有差异的孩子拉在一条固定的起跑线上，是不科学、不公平，甚至是残忍的。山区的孩子家庭条件都比较差，我曾经带过一个班，经过调查，我惊讶地发现，班上单亲家庭 11 人，留守儿童 22 人，占比高达 86.8%。为此，我每周会家访 2 次，走遍了这里的沟沟坎坎，摸清每个孩子的家庭情况，发现每个孩子的特点，一一记录下来，据此为每个孩子量身定制成长方案。例如我曾带过一个叫小刘的女孩，学习一塌糊涂，门门考试不及格，特别是数学一窍不通，我和家长想了很多办法，虽有进步，但效果都不明显，最后连她自己都想放弃了。但我发现她有个优点，个子高、腿长，在运动会田径比赛中常常能得几个第一名。于是我慢慢培养，小心呵护，后来推荐她上了县少年儿童体育学校。经过 3 年的系统训练，她被选拔进入省队，最终拿了全运会金牌。

二是一个人的成长不是短时间的，是十几年甚至几十年的，俗话说“十年树木，百年树人”就是这个道理。人生就如同跑马拉松，起跑线和终点其实没有那么重要，坚持跑下来就是成功。

三是“不能让孩子输在起跑线上”是对孩子兴趣的扼杀，对童年的摧残，造成家长的焦虑。不切实际的清华北大梦、没完没了的补习班、压力山大的作业考试，加之商业模式的助推，牺牲兴趣，赢了分数，毁了童年，比比皆是。温儒敏教授说得好，童年的“价值”不只是为将来的生活做准备。童年本身也是“生活”，而且是人生最美好的一段生活，如果童年负担太重，不快乐，就失去了人生美好的序曲，对于将来也会有负面影响。

因此，我一直认为：每个孩子都是独一无二活生生的生命体，都有自己的特点爱好，孩子的多样性是客观存在的，因此，作为教师一定要有本事发现孩子身上的特点、特长，这是教师的一项重要本领，也是因材施教的基础，需要我们用心修炼。我呼吁我们教育工作者，要抵制、纠正这一口号，回归理性和科学，树立正确的教育观和人才观，给有差异的学生有差异的教育，让人人成人，这才是教育的本色。

编者寄语

樊亮不到30岁走上校长岗位，把3所名不见经传的学校打造为当地的窗口学校。他极力倡导“让每个乡村孩子拥有一技之长”，引领和带动区域内更多的教师专业发展；以执着的教育情怀、过硬的专业素养和独特的办学智慧，成为乡村教育中的佼佼者。

人物档案

杨宇：用音乐丰盈孩子们的生活

女

满族

1987 年生

2012 年开始从事乡村教育工作

现任职学校：河北省承德市滦平县巴克什营镇中心校

所获荣誉：2013—2019 年，先后获滦平县“优秀辅导教师奖”“艺术教育先进个人”“音乐优质课一等奖”“艺术教育先进工作者”“承德市课本剧一等奖”；2020 年，获评河北省新时代“冀青之星标兵”；2021 年，获评滦平县“艺术教育先进工作者”，入选“马云乡村教师计划”；2023 年，获评“小学音乐学科骨干教师”。

人物小传

蓝天白云，巴克什营镇中心校有着大部分乡村学校都有的田园风光，也有着大部分乡村学校的难题：上好基础文化课就很了不起了，谈艺术与审美实属“奢侈”。而偏偏就有这样一位老师，她就是要在这份艰难中，和学生分享这份“奢侈”，立志让同学们和大部分同龄人一样，享受艺术，欣赏艺术，滋养心灵的世界。

杨宇，1987 年出生于河北滦平县。毕业之后就来到了巴克什营镇中心校（以下简称“巴小”）。作为一名党员教师，她从执教伊始就决心为乡村艺术教育贡献自己的力量。

“最美乡村女教师”“乡村艺术教育的守护者”是她的标签。她说：“我希望乡村孩子能和城里孩子一样，享受更好的艺术教育。我要把乡村的孩子培养成乐观自信，有想象力、创造力的人，同时还要不断拓展自己的能力。”从教 12 年来，杨宇始终保持着当年刚来巴小时的初心：用音乐丰盈孩子们的生活。

杨宇乡村艺术教育梦开始于一间简陋的音乐教室、一架落满灰尘的老式钢琴。学校学生不少，音乐老师却很少，杨宇为了让每个年级、每个班级都能上音乐课，一周排了 24 节课。上完课后，她常常声音都沙哑了，累得一句话都不想说。然而课堂上，同学们眼中闪烁的光，又一次次治愈了她。

杨宇在教学中积极探索，她根据乡村学生的特点，设计符合乡村教学实际的方法和活动，深入挖掘孩子们的潜能，让每一节音乐课都有令大家期待的小欣喜、小秘密，让孩子们在音乐课堂中找到自信，发现生活中的美。她将音乐课设计成为符合学生认知的情境体验课，用故事“穿针引线”，为音乐课赋予情感与想象，让孩子们去体悟不同年龄阶段成长的情感变化，发自内心地去感受、去欣赏、去接纳、去爱。

同时，为了更好地提升学校艺术教育水平，解决艺术教师缺乏的问题，

杨宇和低年级的孩子们在学校操场上合影 / 受访者供图

杨宇在教师中开展兴趣班教学，教授对乐器、舞蹈等艺术类型有兴趣的老师，帮助非专业的老师走上艺术教育之路，让他们成为乡村艺术教育持续发展的有力保障。

杨宇立足终身学习，一方面，她通过参加各类音乐实践课程、教师成长课程、戏剧课程、心智素养课程等来提高自己的专业能力；另一方面通过学习，把适合学生发展的优秀项目引入学校。这些年来，她引资近 8 万元，让 700 多名学生享受到更优质的艺术教育资源。

12 年来，杨宇所在的巴小，连续多年获得县级艺术先进单位的荣誉称号。学校戏剧社团表演的戏剧《二桃杀三士》作为全国唯一一个乡村学校的节目，在 2018 年登上了北京人民艺术剧院的大舞台。2018 年开始，杨宇还作为“益教室”特邀教师到贵州雷山县、河南台前县等地进行艺术教育交流。

每个当下，都有幸福。杨宇老师正从一名普通的音乐老师，成长为一名艺术教育引领者。

人物访谈

采访人：傅文靖

问：您是如何让音乐课在巴小有了一席之地的？

杨宇：的确，我上班之初，音乐课在大多数乡村学校算“副科”，不被重视。刚开始上音乐课，我也是按教材上，上完教材中的内容，然后再增加一些流行音乐的欣赏，让学生表演一些歌曲。没想到，学生对这些增加的内容很感兴趣。于是，我就把表演融入音乐教学当中。

有一次，我们唱完《歌唱二小放牛郎》这首歌后安排学生表演，很多学生踊跃参与：爱表演的同学演角色，有台词；不爱表现的同学演背景。同学们很高兴。这次课给了我很深的触动，怎么让学生喜欢上一门课？其中大有可为。

问：您是怎么想到教老师学乐器的呢？

杨宇：首先是爱心企业给学校捐了一批乐器，有葫芦丝、古筝、钢琴什么的。然后，好多老师看到这些乐器就说：“好想弹啊，可是不会。”于是，我就开始教那些真的动了心想学的老师。有的老师学了一阵就不想学了，觉得太难了，也没时间。有的老师会直接说：“杨老师，我就想弹《两只老虎》，您教我吧。”我说：“好呀！”然后就这样教他弹会了《两只老虎》，他发觉原来自己也能弹琴，接下来就要学更多、更难的曲子，我就继续教下去了。

还有件很有意思的事。有位老师要参加班主任基本功大赛，找到我帮忙。我俩一起想办法，找歌曲，后来决定表演周杰伦的《蜗牛》。我也是边教边摸索，他也边学边练，后来这首曲子帮他在比赛中取得了不错的成绩，我俩都很高兴。

还有一位老师对葫芦丝感兴趣，他边学边练，学了一点就教同学们一节课，越教越有劲，越学越用心，就这么坚持下来了。

问：面对学生多、音乐老师少的困境，您觉得是什么力量让您坚持下来了？

杨宇：其实我从小就对教师这个职业充满好奇与崇拜。当我成为一名教师时，我内心是特别激动的。从最开始上课到今天，我都会为了上好一节课做大量精心准备，还会预想同学们会有怎样的答案。所以，我觉得自己很幸运的一点是，我一开始就无比热爱自己从事的教师工作。

其次，教师要和学生保持平等，这样才能更好地接收到学生们的反馈，才能走进他们的世界，理解孩子们，从而让自己更好地激发孩子的想象力和创造力。

此外，还要对课堂上同学们的反应充满好奇。孩子们对课堂的感知是非常敏锐的，也是独特的。也可以说，现在巴小的音乐课能有今天的成果，是离不开学生的认可的。刚开始音乐课常常被占，后来学生喜欢了，听到音乐课不上了，就会跑去办公室问班主任："为什么不上音乐课？"老师们架不住同学们的"反抗"，只好把音乐课"还回来"，这个时候，震天的欢呼声响起来。所以，这也是坚持下来的重要原因吧，因为学生喜欢。

问：我觉得您的确花了很多心思在日常教学上，后来派您去贵州、河南等地上示范课，进行讲座交流，还有哪些原因呢？

杨宇：我在学校还参与了德育管理工作。在这个过程中，我发现很多学生光靠口头教育是没什么效果的。于是，我就在上戏剧课时，把那些问题演出来。比如两个学生产生矛盾，我就让其他同学把矛盾产生的过程演出来。我只安排学生还原情境，演完之后，让他们自己谈感受。很多学生很有感触，他们会发现，有时打架的缘由不过是自己过度理解和敏感。

通过这些事情，慢慢地，音乐课的教育价值越来越大。学校的老师让我多宣传推广，让其他老师借鉴。这是用音乐课做德育工作的例子。学生通过上戏剧课、参与表演，不仅表演能力得到展示，个人成长也非常大，更有自信了，也得到了老师、家长的认可。我的音乐课和社团课，也得到越来越多的肯定。

当然，学校的鼓励和支持也非常重要。在巴小，我遇到了王春志校长。他非常支持我的工作，每次我遇到困难想要放弃，他都给我打气，支持我的选择。还有很多其他的同事，也给予我帮助和支持。可以说巴小这片沃土，让我在不同阶段坚持做好手头的事，一次次感受到在乡村做艺术教育是一件非常正确的、有意义的事情。

另外，让自己不断地走出去，去接触更广阔的世界也非常重要。2018 年，北京人艺演出之后，我有了很多学习机会，结识了全国各地优秀的艺术老师，让我觉得自己可以做更多的事。这些也是派我出去交流的原因吧，既是分享，也是学习。

问：巴小的节目登上了北京人民艺术的舞台，这非常了不起，能具体谈谈吗?

杨宇：2018 年，北京人民艺术剧院戏剧博物馆举办“致敬与传承”第四届群众戏剧公益演出节目。我通过“益教室”艺术教育项目知道了这个活动，然后就争取了这次机会。我觉得这么大的舞台，对巴小的同学们来说，是个很好的锻炼与学习的机会。

在初审之前，我们认真地进行了排练。进入决赛后，排练的细致程度更高，排练过程很磨人，确实遇到了不少困难，难题接踵而至，接着就有很多打退堂鼓的，特别是家长，因为排练的时候正好要期末考试了。我们每周只有一节社团课，时间肯定不够，所以要争取多一点时间练习。而临近期末考试，一方面家长更看重文化成绩，一方面也不知演出效果如何。各种质疑的声音时常困扰我们。期间还有位家长给我打电话，说：“杨老师，听说我儿子他们要去北京演出，他行吗？他啥都不会，还不如好好学习呢。”我们就是在这样的环境里推动排练的。

杨宇和学校的孩子们在金山岭长城上合影 / 受访者供图

问：孩子们是怎么看待排练与复习时间的矛盾的？

杨宇：他们兴致一直很高，一开始知道有这个机会就兴致很高。在排练过程中，很多同学接受能力变得无比强，能一点就透，同学们在排练时还会相互指导，很用心。为了正常演出又不耽误学习，我经常看到孩子们在排练休息时间看书、写作业，高年级的学生还会指导低年级学生。我能感受到他们真的很珍惜这次机会。

问：演出结束后，大家的反应怎么样？

杨宇：演出结束后，北京人艺的院长对我们给予了很高的评价，他说看到我们的演出，就看到了戏剧艺术在乡村发展的希望。活动结束后，我把视频转发给大家，他们也都赞不绝口。特别让人欣喜的是，孩子们的状态确实不一样了，他们通过这次活动，发现原来遥不可及的事情，自己也可以做到。这种亲身参与获得的成就感，大大提升了他们的自信心。家长的态度也有了很大的改变，也更加认可音乐这门课程。

问：这次活动中，您印象最深刻的事情是什么呢？

杨宇：有一次训练的时候，为了让孩子们更好地体验人物情感，我们专门上了一节情感体验课。伴随着音乐，我让孩子们体验人生成长各个不同的阶段，然后再回到当下，让大家谈感想。那次课结束，有一名叫小景的同学，他离开教室时，一直倒着走，我就问他："怎么倒着走呀？"他说："我倒着走，希望时光能倒流。"我的眼睛一热，视线就模糊了。同学们真的很投入，在很多的音乐活动练习中，比如视听视唱、戏剧表演、乐器演奏等，我真真切切感受到同学们对这些活动的喜爱。

问：其实，您也在一次次的活动中，积累了丰富的经验。作为乡村音乐学科，在分享交流中，您觉得最有价值的一节课是怎样的？

杨宇：我觉得最有价值的课，应该是老师和学生全身心投入并且享受课堂。有一次去河南，我带去一节戏剧课，完全没有用多媒体，大家都觉得很惊讶，音乐也可以这样上啊。一方面音乐课也可以通过表演的形式呈现，另一方面，摆脱各种设施设备，同学们好像感受更深入了。这节课的灵感来自我在巴小上课时的经历，有一次停电了，那节课上得很不流畅。课后我就想，能不能不要过于依赖 PPT、音频等多媒体设备，让同学们真正投入课堂内容本身？

问：确实，每一门课对于学生成长都可能产生重要意义。您觉得音乐课最大的意义体现在哪些方面？

杨宇：音乐课主要还是从审美鉴赏这一角度培养人。音乐学科不仅仅是唱歌、跳舞，也包含了理论认识、角色理解、情感表达等丰富的跨学科内容。在学生低龄阶段，音乐能给他们播下美好的种子，赋能其他学科学习，让他们从音乐的世界里发现美、感受美，通过旋律和节奏感受不同的情感表达，理解音乐语言所表达的内容。然后再去创造美，比如开心的时候，你怎么唱；难过的时候，你怎么唱，会有哪些动作。这些都要求同学们充分发挥想象力与创造力，已经不仅仅是音乐的范畴了，包含表达方式、思维发展等，是综合素质的形成。一个人能用音乐表达自己的感受，就也能用语言文字表达自己；能理解一首歌曲的节奏旋律，就也能理解数学规律与逻辑。所以音乐课不是可有可无的，从学生人格全面发展的角度来说，音乐课扮演了丰富的学科角色。

问：作为巴小的骨干成员，短短十来年，您取得了很多成绩，真是让人非常敬佩。我想，肯定也有很多单位或机构向您抛出过橄榄枝。是什么让您决定留在巴小？

杨宇：我从参加工作起就在巴小，这是我教师梦开启的地方，也是我找到工作意义的地方。这里有支持鼓励我的领导和同事，有一群对艺术充满热爱和憧憬的孩子们，也是他们让我体会到了教育的价值。

其实，在乡村，艺术老师流动很快。年轻的老师短则几年，就可以调到条件更好的单位，而这正是孩子们刚刚喜欢上音乐课的时候。教育是细水长流的，像种地一样，要播种、浇水、施肥、除草，这是一个漫长的过程。我觉得，能做一个乡村艺术教育的播种者、守护者，也很幸福。让巴小的孩子像城里孩子一样，享受好的艺术教育，我觉得很有成就感。

问：根据您的亲身经历，您觉得提升教师境界最关键的因素有哪些？

杨宇：首先是要热爱。热爱可抵岁月漫长。这样你才会在细节中发现乐趣，创造乐趣，才能更好地把快乐带给孩子们。我闲暇时回想自己的成长历程，觉得自己最大的特点就是对音乐教学、艺术教育有热情，我觉得这一点确实很难得。但热情其实也是要呵护的，不然三天打鱼，一下子激情就散了。这种呵护就是要学会平衡好自己各方面的时间精力，要做取舍。

其次要善于学习。“学而不厌，诲人不倦。”因为有持续的学习输入，才会有源源不断的教育输出。学习既包括参加各类培训，也包括个人自主的学习，还有向学生学习。参加组织性的学习其实很容易，你到会场去听就是。个人自主的学习，难的是持续性。一忙起来，可能一个月一本书都没有读。所以，我现在一般会固定时间学习，就像吃饭睡觉一样，到点就做。向学生学习，要善于发现。有一次练习，一个三年级的学生扮演一个老头，他一下就通过身段、声音找到了定位。我问他：“怎么演得这么好呀？”他说：“我爷爷就是这样的。”所以，孩子的学习能力很强，他们对生活的敏锐度比我们高，我就向他们学习这种敏锐度。所以，我常常说，当老师，可千万别小看了孩子。

还有就是要对生活充满希望，适时地满足于当下。你笑着看世界，世界也笑着看你，反之亦然。所以，不要总忧心忡忡，很多问题都会找到解决方式，只要我们一直在探索。另外，不要总和别人比，专注自己脚下的路，专注自己耕耘的土地，会有很多惊喜。在孩子们成长的过程中，有时候看到他们脸上散发的光芒，会让人感到真切而踏实的幸福。

编者寄语

唱跳演说奏，口耳手眼心。杨宇开启课堂新形式，用音乐滋养着一颗颗鲜活的心灵。艺术教育带来的丰富可能性，让许多美好正在发生。

人物档案

王素会：师者如光，照亮乡村教育未来之路

女

汉族

1979 年生

1999 年开始从事乡村教育工作

现任职学校：河北省定州市开元镇小油村小学

所获荣誉：2014 年，获评“河北省优秀教师”；2018 年，获评“河北省优秀乡村教师”；2020 年，获评“河北省模范教师”；2021 年，当选定州市第九届政协委员；2022 年，获评“河北省小学语文骨干教师”，入选“马云乡村教师计划”，当选河北省第十四届人大代表；2023 年，获“大国良师·奉献奖”；2024 年，获评“河北省巾帼建功标兵”。

人物小传

王素会，河北省定州市小油村小学语文老师。风雨兼程二十五载，在小油村的三尺讲台上，她安守教育情怀，用生命之光温暖乡村孩子的童年。

“我们超喜欢上王老师的语文课，王老师总会带给我们惊喜和快乐。”这是学生发自内心的赞美。在王素会心中，“课比天大”，她着力打造快乐课堂，从学生兴趣入手，用心设计每一堂课，吸引学生爱上语文课堂。讲述书中精彩故事、开展阅读分享会、把作文课融入生活、创办《水滴周报》收录学生优秀作文……王素会通过独出心裁的设计，让学生爱上阅读和写作。

王素会坚信教育的核心是爱，宽容与赏识能让教育更美丽，爱心与智慧能让教育走得更远。她关注留守儿童，通过家访、心理辅导等方式耐心帮助孩子疏导负面情绪，走出心理阴霾；注重学生品德教育，组织开展“积微善、成大德”系列活动，引导学生从身边小事做起，“日行一善”，还多次带领学生去敬老院……

“有一分热，就发一分光。”王素会还和语文教研组的伙伴们一起创建了“中山小语”公众号，作为教师和学生学习、交流、成长、展示的平台。公众号有“经典阅读”“今日明星”“听我诵读”“提笔练字”等栏目，面向广大教师和学生征稿，坚持做到每天更新，截至目前已推送文章6000余篇，发表师生作品4000余篇，关注人数达2万多，成为定州师生交流和分享的乐土。2018年，“王素会名师工作室”成立，王素会和工作室的老师们先后为18个乡镇送培送教54场次，完成省、市级课题7项，还多次获评省、市级优质课。王素会带领定州的语文教学不断前行，屡获佳绩，很好地发挥了名师工作室示范引领的作用。

师者匠心，追光不辍。25年的时光，王素会老师默默坚守、执着奉献，追逐光，成为光，照亮乡村教育的未来之路。

人物访谈

采访人：彭金星

问：您从1999年参加工作至今，25年来一直在农村小学任教，是什么让您如此坚定地扎根乡村教育？有什么触动心灵的关键节点吗？

王素会：因为我自己是土生土长的农村孩子，是老师的教育让我看到外面的世界，所以我觉得乡村的孩子们更需要知识的滋养和心灵的关爱。25年前，我来到小油村小学，当我站上讲台，看到乡村孩子渴望知识的眼神，我就觉得自己有责任留下来，为他们的成长付出努力，为乡村教育贡献一份力量。

如果说触动心灵的关键节点，应该是刚毕业那一年，我带第一届学生时。我用普通话声情并茂给孩子们示范朗读课文时，他们都沉浸在我的朗读中，朗读结束，孩子们自发地为我鼓掌，然后有模有样地用不太熟练的普通话读书。普通话帮我打开孩子们热爱语文的一扇门。我还指导了学生演课本剧、演讲、主持……那时，冬天教室冷得像冰窖，桶里的水一觉醒来结成了冰，好多孩子的手冻出了大口子，我的脸也被冻伤了。可环境的艰苦没有退却我的热情，我鼓励学生展开学习竞赛，向着梦想拼搏努力。第一个学期末，我任教的三个科目均取得全镇第一名。毕业后，一向内向的学生刘康给我留言："老师，您对我影响很大，您的鼓励让我走出自卑，变得自信。您的微笑让我学会乐观，您什么事都努力做到好，让我明白了坚持！谢谢您！"那一刻，我真切地感受到润物细无声的神奇。学生的认可是对我最高的褒奖，我当时就暗下决心，要做学生的良师益友，做好学生的引路人。就是这样一份初心，让我能扎根乡村教育，一干就是25年。

问：您坚持活动育人，把知识融入实践活动中。可以分享一下这么多年来您在这方面的心得和收获吗？

王素会：活动育人，是一种极具成效而且充满乐趣的教育方式。首先，

课间，孩子们围在王素会周围 / 受访者供图

学生参与到活动中，会主动去探索和发现。比如我们写做菜，我承诺举办品鉴会，孩子们为了能做好，主动尝试做了四五次，在一次次失败中寻找经验，也积累了写作素材。其次，活动育人有助于培养学生的综合能力。我教学生亲手种菜，收获成果带回家和父母一起品尝；我带领孩子们走进敬老院，为那里的老人打扫卫生、剪指甲、表演节目，我亲自给老人们理发……积微善成大德，活动中孝老敬亲的思想在孩子们心中扎根。举办元旦联欢会，从策划到主持，从节目到游戏，从布置到整理都是学生自主完成，时时有惊喜，处处锻炼人。再者，通过活动，我能更深入地了解每个学生的特点和潜力，因材施教，也收获了学生们的信任和尊重，建立了深厚的师生情谊。

问：作为语文老师，面对农村孩子的现状，您是如何引导他们爱上阅读和写作，爱上语文的？

王素会：为了让学生爱上阅读，我先给他们讲书中的故事，在孩子们听得津津有味时，故意留下悬念，鼓励他们自己从书中寻找答案；为了让阅读扎实有效，我会结合课本，开展读书分享会；我设计了班级专属的读书记录卡，坚持阅读的孩子可以获得阅读之星的奖状。为让学生爱上写作，我创办了《水滴周报》，定制了水滴徽章。学生的创作热情被点燃了，《水滴周报》成了他们习作的乐园。我坚持利用课余时间整理学生作品，已经发表460余篇。现在，我把《水滴周报》做成了学校刊物，全校的孩子都可以投稿。平时，我还会结合活动鼓励学生积累写作素材，和孩子们一起写文章。

问：2018年您成立了定州第一个小学语文名师工作室，可以谈谈您是如何培养和锻炼乡村的青年教师，让他们在教育、教学等方面有所突破和成长的吗？

王素会：我们工作室的工作主旨是“示范、引领、辐射、提升”，通过送培送教下乡，给乡镇青年教师做示范引领，倡导青年教师坚持读书学习，听名家的示范课，积极参加学科培训，不断提升自身素养。我结合自己的成长历程鼓励青年教师坚持写教学反思，记录教育故事。工作室还开展“青蓝工程”，通过听课、评课等一对一的活动，提高青年教师的教学和教研能力，实现专业成长，其中 3 位老师获评省级优质课，9 位老师获评市级优质课。

工作室还会定期组织网上交流研讨，分享教学经验和心得。工作室成员在辐射带动的同时，也实现了自我成长，有 7 位老师从定州市骨干教师成长为定州市名师，还有 1 位老师从定州市骨干教师成长为河北省骨干教师，大家一路扶持，相互学习，共同提升。

问：您和工作室的老师一起创立了“中山小语”公众号，反响很好。在农村艰苦的条件下，公众号的运营是否遇到过困难？您是怎样解决的？

王素会：确实有很多困难，比如技术问题、资源有限等。公众号创办之初，我们不会编辑，跟着懂技术的老师或在网上学习，经常因校对稿件忙碌到凌晨一两点。外出培训，我们都背着电脑。别的学员下课休息，我和队员们则是赶紧加班学习、交流编辑工作，加边框，美化页面，添加栏目，逐字逐句修改……我记得当时就连首行缩进这样的问题都困扰我们好久。就这样，公众号创办的第 1 年，我们 12 个人坚持 365 天每天更新，累计发布 1100 多篇推文。那一年，我没有在 11 点之前睡过觉。“路虽远，行则将至；事虽难，做则必成。”2024 年是我们的公众号坚持的第 7 个年头，已发布师生作品累计 4000 余篇，关注人数突破了 2 万。看看这些数据，再大的困难、再多的辛苦也是值得的！

问：从事乡村教育25年来，您感触最深的事情是什么？

王素会：感触最深的是孩子们毕业后还会回来看望我，跟我分享他们的成长故事，这让我觉得所有的付出都是值得的。分享一个小故事吧。

班上有一个叫小琪的女孩，特别胖。似乎“胖”掩盖了她所有努力，成了她最自卑的那个点，男生的取笑更让她痛哭不止。我问明白原因后，先是教育了那些调皮的男孩子“己所不欲勿施于人”，同时，我意识到解决问题的关键在于小琪对自己的认知。等她稳定情绪后，我找她聊天：“我今天可以批评咱们班那几个男生，他们不再取笑你了。但是明天有外班的同学笑你，你怎么办？等你升入初中，初中的同学再笑你胖怎么办？我可没办法管住所有人……”我又给她讲了歌手韩红成立爱心基金会帮助他人的故事，鼓励她不要把胖当成自己的缺点，而是让胖成为自己的特点，学着悦纳自己，坦然面对自己的这个特点，用知识武装自己，让自己变得强大。通过正确的引导，我终于帮助她找回了自信。

在经典诵读比赛中，小琪扮演《游子吟》中母亲的角色。虽然她依旧很胖，但是大家关注的是她精彩的表演，她再没有因为胖哭过。她参与的节目也一举荣获定州市经典诵读一等奖。

升入中学后，她当了班长。有一天我接到她的电话，她说作文竞赛主题是“我青春的榜样”，她第一反应就是写我。她说：“王老师，您知道吗，在我心中，您是最令我佩服的榜样……”那一刻，电话这边的我开心地流下了眼泪。关爱是一种神奇的力量，从细微处关爱学生，用爱心点亮希望的明灯，每个孩子都能创造奇迹。

问：面对忙碌的工作，您怎样做到工作与生活、事业和家庭之间的平衡？

王素会：回答这个问题，我其实心里感觉很惭愧，很多时候，我都是把工作带回家做，占用了很多生活的时间。我印象很深的是 2018 年 5 月，正值我的工作室送教下乡阶段，可我的妈妈因心脏病住院了。清晨，我为母亲准备好早饭，便匆匆赶去上班；夜晚，照顾母亲休息后，我会继续在医院的病房研究送教课程，写教学反思。那个月我瘦了十来斤，但是工作丝毫没有落下。有一次带毕业班，我的脚意外受伤，肿得厉害，鞋都穿不上，更别提走路。医生建议我卧床休息，家人告诫我好好休养，别因为逞强留下病根。可小升初时间紧迫，学生耽误不得，我哪里放心得下？于是我不顾医嘱，拄着拐杖，咬牙到学校上课。我家住五楼，每天都是爱人背我上、下楼，上课时我再拄着拐杖单腿跳到二楼教室里。家长们知道后，纷纷在微信群里留言："王老师，您太负责了，好好养一段时间吧。"下课，孩子们都围着问我疼不疼，我说："你们是老师的止疼药，跟你们在一块我就感觉不到疼了，老师发现你们努力的样子最美！"我用自己的乐观和坚强影响着他们，他们回报我的是毕业时的三个学科优胜奖！我孩子的高中班主任曾说，老师们把爱都给了学生，自己的孩子却更容易被忽略。听到那句话时，我触动很大。我欠自己家人和孩子的其实很多，我之所以能取得今天的成绩，真是多亏了家人的理解和支持，让我没有后顾之忧。

问：您的微信名叫"我会加油"，这个名字有什么特别的含义吗？

王素会：这个名字是2015年我首次注册微信时取的，我觉得自己是平凡的，虽然资质平平，但是愿意努力，所以就用了这个网名，一直没有改变过。"我会加油"传递出的是一种积极主动的态度，提醒自己要保持奋进的姿态，无论面对什么困难和挑战，都不轻易放弃。它也传达了我内心一种坚持不懈的精神，在追求梦想的道路上，即便遭遇挫折，也会鼓足勇气，不断给自己鼓劲，持续前进。这个名字对我，是一种鼓励和鞭策，它时刻提醒我要不断努力，不断进步，为乡村教育做得更多更好。

问：扎根农村的广阔天地，您觉得乡村教师该如何因地制宜、充分利用农村教育资源，助力乡村教育的发展？您对乡村教师自身的成长和发展，有哪些建议呢？

王素会：乡村有着丰富的自然资源和民俗文化，我们可以将这些融入教学中，开展特色课程和活动，激发孩子们的学习兴趣和创造力。定州是千年古城，定州塔巍然屹立，定州名人如星光璀璨，定瓷、缂丝等非物质文化遗产享誉全国，这些是我们定州人的骄傲。我利用暑假，带学生到定州博物馆研学，了解家乡厚重的文化底蕴，树立建设家乡的理想信念。为了让孩子们全面了解家乡，我组织开展了“我爱你，定州！”主题实践作业，让学生从风景名胜、主要产业、定州名人等方面搜集资料，绘制成手抄报，全方位了解家乡，从小立志为家乡作贡献。

我感觉作为乡村教师，要保持热爱教育的初心，不断学习和提升自己，勇于创新教学方法，更要关注每个孩子的个性发展。“苔花如米小，也学牡丹开。”让我们都“怀家长之心为师，秉工匠精神执教”，努力将平凡的工作转化为精彩的成果。

编者寄语

匠心育人、甘于奉献。王素会用初心、责任和情怀安守三尺讲台，用一支支粉笔书写师者风骨。爱课堂、爱学生、爱生活、爱钻研，王素会在平凡中创造非凡，演绎精彩和伟大，素心如初，成为照亮乡村教育事业的那道光！

人物档案

李芳：山的那边真的有海

女
瑶族
1984 年生
2006 年开始从事乡村教育工作

现任职学校：云南省金平苗族瑶族傣族自治县勐桥乡中心小学

所获荣誉：2019 年，入选“马云乡村教师计划”；2021 年，获评“金平县优秀教育工作者”；2022 年，获评“勐桥乡优秀教师”，2023 年，获“勐桥乡教师演讲比赛二等奖”。

人物小传

“我的根在乡村，我的情在乡村，我要扎根乡村教育一辈子，这是我无怨无悔的选择！”热情洋溢、质朴无华的李芳，是云南地西北边境小学的一名教师，这所学校位于中越边境线上，距离最近的乡镇也有一个半小时车程。

出生于云南省红河哈尼族彝族自治州河口瑶族自治县的李芳，曾因为家境贫困，初中毕业后面临辍学的境地。最终，哥哥把上学的机会让给了她。李芳去红河州民族师范学校上中专，家里把唯一的一头牛给卖了，也只够交学费。在完全没有生活费的情况下，她坚持了几天后，向班主任提出退学申请。班主任了解情况后报告学校，并帮她争取到补助。

李芳说：“小学时我是班里唯一的女生，老师们特别照顾我。后来上中专、大专、本科，在物理老师和众多爱心人士的帮助下，我完成了学业。”2006年大学毕业后，她毫不犹豫地回到了家乡，来到金平苗族瑶族傣族自治县马鞍底乡，成为马拐塘小学的一名乡村教师。3年特岗期满后，她选择去了更加偏远的地西北边境小学，只因为“想把这种关心传给下一代”。

地西北边境小学位于祖国的西南边境，处于中越边境线上，和越南仅一条小河之隔。在这所只有15名老师和不到400名学生的学校中，还有十几名来自越南大山里的学生，李芳所在的班级也有几名越南学生。

李芳上课时总是想方设法通过游戏的方式，穿插学生喜欢的音乐、美术、体育活动等，把学生吸引到课堂，让学生更主动地探索知识、解决问题。学生成绩一年比一年好，也更加自信。

学校旁边有块空地，从小就种地的李芳看着挺可惜，就带领学生在这块空地上种菜，再将种出的菜卖出，用得到的钱给学生买学习用品。李芳还经常开展丰富多彩的课外活动，如学校各个民族的学生很多，她便带学生织布、做各自民族的服饰，让学生把本民族的古老技艺一代代传承下去。

当学生穿上用自己织的布做出来的衣服时，笑容格外灿烂。

2019 年，李芳去三亚参加“马云乡村教师计划”颁奖典礼时，拍摄了一条记录自己第一次坐飞机、第一次去海南、第一次看到大海的短视频，准备分享给自己的学生。视频中，李芳不停地重复：“看到了吗？这就是海……老师告诉你们，山的那边有大海，你们相信了吗？这就是大海。同学们，山的那边不只有大山，还有海，老师没有骗你们对吧，山的那边真的有海。”视频感动了亿万网友，话题 # 山的那边真的有大海 # 获得了 2.6 亿阅读量，有人看哭了，有人向无私奉献的乡村教师群体表达敬意，有人立志也要去乡村支教，也有人说自己也是大山里的孩子，能出来真的不容易……

“山的那边不只有大山，还有海”说的就是大山之外还有更广阔的世界，而知识能改变地理环境的闭塞和阻隔，给所有山区的孩子插上梦想的翅膀，得到飞出大山的力量，飞向更广阔的天地。李芳很欣慰，自己能做一个热爱生活、心中有爱又自带光芒的老师。

人物访谈

采访人：朱顺清

问：您2006年大学毕业后为什么选择当一名特岗教师？

李芳：因为我曾经也家境贫寒，幸得老师帮助，才能走出山区求学，我特别想感恩，于是选择成为一名乡村教师，希望帮助更多的孩子用知识改变命运。我的一个叫曹海梅的学生大学毕业后，也毅然决然地选择成为乡村教师，这让我感到很欣慰，似乎这份感恩在薪火相传。

问：您特岗服务期满后，本可以选择回城，为何去了更偏远的边境小学？

李芳：2009 年我特岗服务期满，可以说面临人生的一个转折点。当时我的一位亲戚让我服务期满后就去城里工作，调动的事就由他来负责。我

李芳满足4名进步学生的微心愿，课间与他们拍照留影 / 受访者供图

听了后有过激烈的思想斗争：到城里去发展，可以跳出这穷山沟，我的前途会更好。但是，眼下农村学校师资严重缺乏，我走了，孩子怎么办？所以，我不能走，我要带着农村的孩子走向更广阔的天地。当我把留在偏远地区执教的想法向家人说明时，也遭到家人竭力反对："你在边远乡村工作，家里的孩子谁来照顾？"我耐心地对家人说："家里只有两个孩子需要我，而乡下的小学有一大群孩子需要我。我不能离开他们！"在我的再三请求下，家人让步了。我的这一决定，在红河州教育系统引起了不小的轰动，很多人都说我傻到家了。但我觉得能用我的知识改变孩子们的命运，苦点、累点算什么？回望来时路，满眼都是感动，从参加工作到现在，已经 18 年了。这 18 年里，我先后在马拐塘小学工作 3 年、地西北边境小学工作 10 年、马鞍底乡中心小学工作 2 年、勐桥乡中心小学工作 3 年。

问：从事乡村教育工作18年了，会有职业倦怠吗？

李芳：时间过得真快，一晃，我就在那里待了十年。每当夜深人静的时候，我也曾有过放弃的念头。尤其是我一个人在这边带两个小孩工作和生活。两个小孩，现在一个3岁多一点，一个13岁，学校离家差不多200多公里。但是每次走进教室看到孩子们一张张纯真的笑脸、一双双渴求的眼睛，我咬着牙还是坚持下来了。因为我热爱这份工作，热爱这些淳朴的孩子，也就没有克服不了的困难。于是我就自己去考了驾照，又买一辆车，这样回家也方便一点，自己一个人周末带着孩子就可以随时回家。去年我调离了地西北边境小学，来到另外一所更偏远的小学。这所小学离医院近一点。当初我在地西北边境小学的时候，去卫生院还有18公里路程。

问：您在地西北边境小学遇到的最大困难是什么？

李芳：刚开始最大的困难就是跟学生的沟通。我的学生来自瑶族、苗族、傣族、壮族、哈尼族等七八个民族，他们各自使用自己民族的语言，不会说普通话，也没有上过幼儿园，直接就来读小学了，在沟通方面真的很困难。

问：您是如何克服语言障碍，教育多民族学生的？

李芳：就是上课的时候他们跟我学，下课的时候我跟他们学，学他们的语言，跟他们一起玩游戏。在玩的过程当中，他们就会教我一些语言，慢慢地，我就能借助手势、口型交流，后来渐渐就顺畅起来。我学会了一些他们的语言后，沟通就不那么困难了。课堂上，他们也很听话。

问：给我们分享一下您在地西北边境小学教书时最快乐的事吧。

李芳：前几年没有课后服务的时候，我们的学生全部是住校。下午3点半放学后，我带着他们在学校附近开垦了一块地，指导他们种菜，包括选种、播种、施肥、浇水、捉虫……等各种蔬菜丰收了，再和孩子们一起把那些菜采摘了，运到食堂，卖给学校。这样他们在学校基本上不需要用家里面的钱了，还可以用我们卖菜的钱买学习用品。周五放假的时候，孩子们还可以拿一些卖不完的菜带回家吃。更重要的是，我们种菜使用的都是农家肥，孩子们周一返校时，每一个人拿一个小袋子，从家里面带点干鸡粪、干猪粪，堆在地里慢慢使用。所有的菜也不用打药，发现有虫子，孩子们就会把它们抓了，踩死。种菜和卖菜不仅培养了孩子们的劳动能力和习惯，还创造了经济收入，对他们来说是一件既快乐又有成就感的事情。

问：可以用三个词来描述下您的工作现状吗？

李芳：第一个就是累，真的很累。今年我没有担任学校行政职务，因为身体不是很好。我工作时就会十分投入，当班主任带一个班的时候常感觉身心俱疲。第二个词语应该是开心，这份开心来自陪着学生，看到他们慢慢成长、渐渐懂事，我内心很快乐。第三个词语是迷茫，有时候觉得就将学生照顾好了，自己家里两个孩子没有顾及，还是觉得有点亏欠，想要兼顾真的好难。

问：您认为您从事乡村教育目前存在的最大困难和挑战是什么？

李芳：第一个困难是优质生源的流失，留守学生学习效果差，如何提高教学质量。还坚守在乡村学校的学生，大都家境不好，父母没有能力把子女带到外地读书，也没有能力把子女带到县城的小学读书，很多学生成了我们眼中的留守儿童。还有一些是单亲家庭的孩子，家长外出打工，一年回来两三次，每次都是匆匆地回来，匆匆地离开，对孩子的学习很不上心，就算有一两个对孩子学习重视的，因为常年不在家，也力不从心。这样的家庭教育配合不了学校教育，5 加 2（注：一种教育模式，即学校每周 5 天都要开展课后服务，每天至少开展 2 小时）结果等于 0，这样的学习效果，何尝不让老师们担心。如何教好这些孩子，让老师最为困惑。

第二个困难是优秀教师的流失，农村学校工作氛围差，如何提高工作积极性。还坚守在乡村学校的教师，大都是学校附近的本土教师，他们对学校有深深的情怀，深深的依恋。但是很多年轻的教师、有能力的教师都走了，新引进老师非常艰难，有的来了待一年就想走。个别年轻教师虽然没有调走，但是心已不在学校，工作懒散消极。农村学校许多教师的工作状态，让有责任心的老师担心，也对自己积极的工作态度产生怀疑和困惑。

问：您能分享一个让您印象深刻的与学生沟通的故事吗？

李芳：我有一个学生，他一来学校就装头痛、肚子痛。他没有妈妈，他的爸爸又外出打工，一年才会回来一次。他装得特别像，每次都是他70多岁的爷爷到学校接他去医院看病，一到医院检查又没有病，然后一回学校又喊痛。他经常这样折腾，于是我联系到他的爸爸，与他爸爸沟通，他爸爸远在他乡工作又忙，基本上无济于事。

于是，我利用周末到学生家里家访，对他说，老师平时在学校照顾你累了，周末的时候我来你家里，你照顾我一下吧。他点点头，给我搬凳子，倒茶给我喝，还亲自做饭、炒菜给我吃。在家里，他还会扫地、洗碗、饲养牲畜。通过观察，我觉得他其实是一个很懂事的孩子，便跟他说：你在家里这么优秀勤劳，怎么会在学校装病呢？他的脸突然红了，低着头沉默不语。后来他就不好意思装病了，我隔三岔五有意多夸夸他，还在他面前表现得需要他帮助，他就会产生要照顾我的念头，慢慢地就不再耍赖装病了。

我每次路过他家，都会去家里看一眼，看他在做什么，然后笑着称赞他是个勤劳优秀的好孩子。有一天早上，我刚起床。他的爷爷就气喘吁吁提着一袋他们家自己种的芒果来到学校找我。爷爷热泪盈眶地对我说，感谢我改变了他的孙子，他没有什么送给老师，就把最早成熟的芒果摘下来送给我。那一刻，我特别感动。

问：2019年，您去三亚参加“马云乡村教师计划”领奖典礼时，拍摄了一条短视频“山的那边真的有大海”，引发了全网热烈的关注和感动。可以分享一下这个故事吗？

李芳：我在临行之前与同学们告别，说老师这几天要出一趟远门，你们在学校好好复习、好好考试，希望我去一趟回来，能收到你们的好消息。

我回来的时候，也会给你们一个惊喜。

因为在我们的家乡，有很多很多的山，风景很美，但没有大海。上语文课时，讲到《在山的那边》这篇课文，孩子们总说我骗人，“山的那边还是山”，我也从来没见过海，只能凭想象给他们讲述海的样子。于是，我决定趁这次去三亚的机会，拍下大海给学生们看。我的初衷就是想带着孩子们看看外面的世界、看看波澜壮阔的大海，在心里种下一颗大海的种子，让他们好好读书，将来也有机会出去看看大海，也希望孩子们能有像海一样博大的胸怀，有更为开阔的眼界和远大的目标，敢于去追求自己的梦想。

问：接下来您对自己的工作有什么规划和展望？

李芳：学无止境，教无止境，研无止境。现在我的年纪也渐渐大了，未来的话，也要继续好好教书，把孩子们教好，同时照顾好自己的身体和家人。

编者寄语

栉风沐雨，用一颗赤诚之心，李芳在乡村教育这片热土上播种、耕耘、收获，用无疆大爱诠释了三尺讲台的神圣与高贵，用大爱无疆铸就了师德之魂的质朴与无私，用18年的心血成就了一个乡村教师高尚的师德灵魂！

人物档案

方荣：播种希望，育人育心

女
汉族
1990 年生
2009 年开始从事乡村教育工作

现任职学校：湖北省黄冈市罗田县希望小学

所获荣誉：2014 年，获评“全国模范教师”；2015 年，获评“湖北省师德先进个人”，获“希望工程园丁奖”；2020 年，获第 24 届“中国青年五四奖章”；2021 年，获评湖北省优秀共产党员；2022 年，获评“黄冈市卓越校长”，入选“马云乡村教师计划”。

人物小传

2009年师范毕业后，好不容易走出大山的方荣，原本可以到镇上条件好的学校教书，但她坚定地选择重回母校——罗田县希望小学任教。罗田县希望小学是湖北省第一所希望小学，由中国青少年发展基金会于1991年援建而成。这里交通不便，经济条件差，教育设备落后，师资力量薄弱。方荣忘不了，那座大山里还有很多像她当年一样渴望读书的孩子，她自己也曾是“希望工程”的受益者，“是希望工程改变了我的命运，帮我走出大山，看到了更大的世界。但每次回到母校，看到大山里还有那么多‘小小的我’，为什么不留下来，为那些‘小小的我’点燃梦想呢？”所以，怀着一颗感恩的心，方荣重回大山，反哺家乡。15年来，很多教师由于家庭、通勤等原因，大多很快离开了大山里的希望小学，只有方荣依旧坚守在这座崎岖大山之中，初心依旧，陪着孩子们一起成长。

身形单薄，面容清秀，知性优雅，果敢坚毅是方荣给人的第一印象。在希望小学工作的15年中，方荣曾连续5年担任六年级毕业班班主任及数学教学工作，有时还兼任学校少先队辅导员、教研组长、女生宿舍管理员，以及学校多个班的英语、音乐、美术教学工作。希望小学师资不足，年轻教师更少，方荣一人充当几人用，常常要加班加点处理繁杂且重要的工作任务。

希望小学下辖翁家湾与松子关两个教学点，离学校八九公里，两处教学点都地处偏远，路况奇差，“晴天一身灰，雨天一身泥。”年轻的方荣主动勇挑重担，骑着她省吃俭用买下的摩托车，翻山越岭，不惧泥泞，坚持给20多个孩子送教到班，送去英语启蒙的种子。

2018年，工作的第10个年头，由于工作业绩突出，方荣当上了希望小学校长，她说：“这10年，可以说是我人生中最宝贵的10年。从受益者到见证者再到传承人，我特别幸运。”方荣开始倾注更多心血东奔西走改善

方荣上完思政课与学生合影 / 受访者供图

办学条件，吸引更多老师加入乡村教育的队伍，让这份希望的光亮越发夺目。多年来，希望小学从原先的土操场、砖瓦平房到崭新的混凝土教学楼、漂亮的塑胶操场，还拥有湖北省第一间快乐音乐教室、第一家希望厨房等；学校从原来的200多名学生，变成现在600多名师生，师资问题得到明显缓解，青年教师也越来越多，越来越留得下。

2019年3月18日，方荣作为湖北省的大中小学思政教师代表之一，赴北京参加习近平总书记主持召开的学校思想政治理论课教师座谈会，并受到习近平总书记的亲切接见。“行胜于言，我们要让思政课堂更有广度。”方荣说，“我们通过让学生走出校园，将所学知识应用于实践，使思政教育落地生根。”

“当你认定一件事情，一定要坚持再坚持，再困难的日子熬一下，挺一挺也就过了。”在给黄冈师范学院学生作报告时，方荣如是说。最好的风景永远在路上，最美的青春永远在奋斗中。方荣捧着一颗爱心，走过荆棘丛林，将全部的心血奉献给曾经哺育她的大别山，她也成为点亮大别山教育的希望之光。

人物访谈

采访人：李思雯

问：从希望小学出发，又回到希望小学任教。2009年，重回母校任教的那一刻，您内心有什么感触？

方荣：小学的时候，我的父母外出打工，我就跟着爷爷奶奶一起生活。除了学习，我回到家里还要干农活。小时候，我经常特别难过，班主任张老师就鼓励我把自己的心事写在日记里。后来，我写了一本作文集，张老师发现我在写作方面比较有特长。也是从那时候起，我内向的性格慢慢有所改变。我在作文里面写道：“我长大以后要当老师，像张老师一样，去帮助我们山里的孩子，通过读书改变命运。”回到希望小学那天，一进校门，我就看到一群老师蹲在操场上扯草。那时我们学校还是土操场，学生住的还是砖瓦房，教学楼也显得有些破旧，校园看上去是一片灰蒙蒙的景象。但是那个时候在我的心里，却并没有灰蒙蒙的感觉，当我抬头看到教学楼上王任重题写的校名“罗田县希望小学”几个红色的大字，我就想，我们是希望小学，希望小学就应该有希望。既然我来了，就要给这里带来一些改变，让我们这所希望小学充满希望。

问：15年的任教经历，您遇到过哪些困难？

方荣：在很多乡村小学，由于师资缺乏，老师几乎都是全科老师，道德与法治、科学、音乐、美术、体育等学科都要能教。哪门课程缺老师，老师就教哪门课程。我几乎担任过所有课程教学工作，以及学校的行政工作。

宋佳出演的一部微电影《继荣的新年》是以我和我的学校故事为原型，聚焦乡村小学师资问题。宋佳骑着摩托车在雪地上奔走的情节让我看得落泪，台词“百事可乐千事顺，希望小学师资达”表达了我当校长5年以来最大的困难和最深的期盼。回想起来，每年暑假面对缺老师的问题，我都流了不少的眼泪，宋佳是哭戏，我是真哭。除了学校的工作难题，家庭很多时候也没办法兼顾……

问：面对如此多的困难，您有想过离开吗？

方荣：每年看到同伴们进城，而自己却还在为找不到老师而忧心，有时候我也想过放弃。但只有那么一瞬，我想等我们学校不缺老师了再说吧，等学校办好了再说吧，没想到，一待就是待了十多年。

问：这些年，学校的软件、硬件条件几乎焕然一新了，您为学校越办越好做过哪些努力？

方荣：每次经历山重水复疑无路的失望，也看到柳暗花明又一村的希望。这两年，我们来的老师比走的多了，好老师越来越多了，让我再次相信了信仰的力量。坚信好老师会为了理想信念而来，也会为了价值追求而留。每年我作为党代表、团代表，与各级领导面对面交流，总是一有机会便表达希望小学的一点声音，领导们总会重视、关注，为我们解决一些实际的困难。例如，在县委领导和市县教育局的共同关心下，我们有了塑胶操场，教学楼得到改造。前几年，王县长亲自策划爱心款，帮助我们改善了住宿条件，解决了老师宿舍没有卫生间、没有洗浴设备的问题，老师办公室还安装了空调，学生住宿条件也有了改善；教育局帮助我们解决了住宿楼破旧、楼顶漏水的问题，改善了老师们的生活条件。王县长还找爱心企业给我们捐赠了新的教学一体机；省青基会吴部长亲自部署，给我们配套了智慧教室、美术教室器材，还有钢琴等；学校缺乏专职的音乐、美术老师，为了让孩子们有机会接触专业的艺术教育学习，我多方联系湖北23所高校200多名大学生志愿者来学校支教，给孩子们开展艺术教育。总之，希望小学的每一步发展都离不开政府领导的关心支持和爱心企业的慈心善举！

问：扎根大别山希望小学十余年，有哪些学生令您印象深刻？

方荣：有个名叫小金的孩子，父母离异，跟着奶奶一起生活。他告诉我家里还有一个小弟弟，他留着一根长长的小辫子，说是从出生就没剪过。他总是穿得很整洁，星期一奶奶帮他把辫子梳得很整齐，一周下来他也一直能保持整齐的模样。他喜欢哭鼻子，经常遇到一点小麻烦就哭得稀里哗啦的，一问他，说是低年级的小朋友欺负他。有一次他的衣服破了一个很大的口子，早上别人在操场上做早操，他趴在教室里哭，我叫他别哭，把他带到宿舍，找来针线给他缝好了衣服。他开心地笑了，说“谢谢老师”。一次上课的时候，我走进教室，同学说：小金哭了。一问得知他可擦笔用完了，我说：多大点事，男子汉别总哭鼻子，我给你钱去买两支。我把钱给走读生，帮忙带回一支笔和一支笔芯，终于，他又开心地笑了，说老师我下星期把钱带给你。好天真的孩子，我说：不要你还，老师奖给你的，好好学习别浪费就可以。他露出两颗小虎牙，开心地跑开了。如果不仔细了解，还不知道在他们看似无忧无虑的背后藏了这么多的难题，在他们看来是很大的坎儿，所幸在一遍遍的开导中，他们逐渐变得乐观开朗了很多，把更多的心思投入听课和学习。我们学校绝大部分孩子都是像小金这样的留守孩子，很多时候老师在默默扮演家长的角色。

问：2019年3月18日，您到首都北京参加学校思想政治理论课教师座谈会开会，受到习近平主席亲切接见，令人振奋。作为思政课教师，您采取了哪些措施让小学思政课更精彩？

方荣：习近平总书记在座谈会上强调，要重视思政课的实践性，把思政小课堂同社会大课堂结合起来。思政课仅靠大量的理论讲解是远远不够的，我们要将思政课与社会实践紧密结合起来，让学生走出去。“世界那么大，我想去看看。”这也是许多农村娃的呼声。因此，在教学《保护地球——儿女的责任》一课时，我便带领学生走到学校前面的河边，学生看到家庭垃圾在水面四处漂流，河里死鱼死虾随处可见；我们也“挺进大别山”，学生发现山上许多地方乱砍滥伐现象严重，还有整片山林被烧毁；山坡上，不少清明节扫墓留下来的烟花爆竹扔得到处都是；在附近的菜地里，学生还发现一些残留着农药的瓶子也无人收拾……我一边带领学生捡垃圾，一边引导学生探究生活垃圾产生的现象、原因和危害。学生通过亲身体验，更明白了保护环境的重要性。这堂课以后，学生随地乱扔垃圾的现象明显有所改观，他们还经常提醒身边人注意卫生。

问：您认为一所充满希望的学校是什么样子的呢？

方荣：作为校长，我的心里装着三件事：学校，老师，学生。我要办一所有希望的学校，我脑海里迸出了三句话：建设有希望的学校，成就有希望的老师，培养有希望的学生。这成为我们学校的办学理念。建设有希望的学校，要求争取项目建设，改善办学条件，打造校园文化，提升办学内涵，联系公益项目，丰富校园活动；成就有希望的老师，需要为教师职业发展指路、给教师专业成长铺路；培养有希望的学生，必须以思政教育为学生的成长奠基、以素质教育为学生的成长赋能、以综合实践为学生的素养塑形。通过我们的努力，2019 年 11 月，学校被评为全国“示范希望小学”“罗田县教育教学工作先进单位”。现在很多学校的领导，都是从我们学校走出去的。我们在成就老师的同时，也在成就着学生。很多学生到了初中以后,他们老师都说我们学校的学生很有潜力。我总在跟我们老师讲，我们不能光瞅着学生眼前的学习，更要放眼孩子未来更长远的发展，教会他们学习的能力、生活的能力，让学生拥有健全的人格、健康的身心、优良的兴趣，培养健康的身、聪明的脑、温暖的心，他们的未来才更有希望。

问：您扎根乡村小学，从追光到发光，在青春的赛道上奋力奔跑出了新时代青年的最好成绩。您能给乡村青年教师一些建议吗？

方荣：第一，涵养甘于奉献的精神。克莱尔说：人是为了某种信仰而活着。真正供养生命的东西，是思想，是精神，是灵魂，是内心的繁花似锦。只有奉献着青春和爱才能感受辛勤付出带来的快乐和幸福，教师之路才能越走越远。第二，独行者快，众行者远。一个人走得快但是走不远。随着教联体改革的深入，罗田城区越来越多的优秀老师交流到希望小学，给学校带来更多活力，我们乡村青年教师有了更多的学习机会，应该把握这些机会。第三，不是因为有希望才坚持，而是因为坚持才有希望。对于贫困家庭的孩子，有时候给予一些经济上的帮助只能够暂时缓解困难，只有教育才能够真正从根本上改变这些孩子的命运。我们一定要把希望的种子传递下去。

编者寄语

十五载芳华，反哺母校，舍小我顾大家，执着坚持，呕心沥血，夙兴夜寐，倔强点亮大别山的希望之光！以无我之境界，不负希望之使命！生活总在朝着你奋斗的方向前进，只要往前看，一直往前，一切困难都会被你甩在脑后，勇气和毅力就这样练成了，希望和光芒就这样拼出了。

人物档案

顾亚：高山上的颂歌

男

汉族

1987年生

2014年开始从事乡村教育工作

现任职学校： 贵州省六盘水市钟山区大湾镇海嘎小学

所获荣誉： 2020年，入选“马云乡村教师计划”；2021年，获评贵州省“最美劳动者”；2023年，入选2023年第一季度“贵州好人榜”，获评中央宣传部、教育部2023年“最美教师”；2024年，入选“中国网事·感动贵州”2023年度十大网络人物。

人物小传

每天清晨，海嘎小学的教室里都会传来孩子们嘹亮的歌声，在吉他清朗的伴奏中，歌声穿越了数月不散的云雾，缓缓升上明净的天空。这是贵州省离天空最近的地方，也是离孩子们心灵最近的地方。弹吉他的是海嘎小学的老师顾亚，孩子们围成一圈，一双双清亮的眼睛里写满了对未来的憧憬。

2014 年，顾亚通过了特岗教师的招考，进入大湾镇腊寨小学，成为一名乡村教师。腊寨小学的校长郑龙和顾亚一样是音乐爱好者，吉他流淌着的音符很快让二人成了好友。除了腊寨小学外，郑龙还担任着另一所小学——海嘎小学的校长。

海嘎小学一直以来都是郑校长的一块心病。这所小学矗立在海拔 2400 多米的山间，常年云雾缭绕，被当地人称为“云间小学”。也正是因为位置偏僻，条件艰苦，师资流失严重，仅剩下十几个孩子在学校里读书，家长们面对这样的情况，更加不愿意将孩子送到这里上学，再这样下去，海嘎小学将面临解散的危机。郑龙放不下海嘎小学，更放不下学校里的十几个孩子。

顾亚听说了海嘎小学的困境后，提出想去海嘎小学看一看情况。孩子们挤在海嘎小学简陋的校舍里，纯净的眼睛中写满对音乐的好奇和渴望，这一切都深深触动了顾亚的心弦，他当即决定留在海嘎小学，为这里的孩子们带来歌声和欢笑。

对于孩子们来说，顾亚是个非常特别的老师，他的吉他像童话故事里的魔盒，能奏响美妙的音乐。更特别的是，这位顾老师居然提出要教他们音乐，让他们有一天也能亲手用吉他弹出自己喜欢的歌。孩子们激动之下，更多的是紧张和羞怯，他们中的大部分从来没有接触过音乐知识，对于乐谱之类的东西更是一窍不通。顾亚看出来孩子们的担忧，微笑着让大家不

顾亚和海嘎少年乐队在大山上合唱 / 受访者供图

要着急，他从第一个音符教起，让孩子们一点一滴地接触新知识，几个月下来，孩子们已经能唱一些简单的歌。海嘎小学缺乏很多必要的乐器和教学设施，顾亚就四处奔走，发动身边的亲朋好友和社会爱心人士，为学校捐赠资金和设备，这个过程是艰难的，顾亚却丝毫不觉得辛苦，他像一位播下种子的园丁，带着欣慰的笑容擦去汗水，只是希望这些小种子能平平安安长大，谁知这些小种子竟然会开出那么耀眼的花。

2020 年，顾亚将“未知少年”乐队的排练视频投放到了短视频平台上，引发网络热议。这支乐队是他和几个六年级学生共同创办的，视频中孩子们的表演不仅感动了众多网友，也引起了一些乐队成员的关注，痛仰乐队、新裤子乐队等知名乐队相继来到海嘎小学，以线上演唱会的形式，为海嘎小学孩子们的梦想添上一把熊熊的新火。有更多的人了解到了海嘎小学的故事，社会各界也为海嘎小学提供了更多援助。如今，孩子们终于能在明亮的大教室里读书学习，也能借着演出的机会，走出大山，见识到了更大的世界，悄悄埋下了更深远的梦想。

回忆起向孩子们传播音乐的过程，顾亚也很感慨。当初顾亚提出开设音乐课程的时候，就引起了一些家长的反对，家长们认为学音乐更多是玩乐性质，占用的时间多了会妨碍到孩子们主科的学习。为了扭转家长们的想法，顾亚不顾路途遥远，多次上门家访，向家长们说明利害，最终，家长们犹豫着同意了。

孩子们则刚开始都很害羞，虽然组成了乐队，但都有些放不开手脚，影响了排练的进度。但是这些孩子们就像生长在岩石里的小草一样，有着坚韧的品格，他们不断地互相鼓励，私下里也加强练习，用熟能生巧克服了羞涩带来的影响，成功地完成了许多次表演，不仅在学校的文艺表演中大放异彩，也将这份星火燃烧到了更广阔的舞台。

上台表演的经历让孩子们对自己越来越自信，笑容洋溢在每一个孩子的脸上，内向的学生终于敢在课堂上高高举手回答老师的问题，孤僻的学生也愿意和其他同学合作，这些孩子组成了一个密不可分、团结友爱的集体。顾亚在教授音乐的同时，也对孩子们的主科学习抓得很紧，想办法让他们从自己的兴趣出发，真正地投入课堂、理解知识。随着孩子们的成绩越来越优秀，家长们也开始发自内心地支持孩子们玩音乐。

除了在学习上对孩子们严格要求，顾老师还积极关心孩子们的生活。海嘎小学有许多家境贫困的学生，孩子们都很懂事，虽然年纪还小，依然想办法要帮家里减轻负担，顾老师就利用朋友圈等途径，在网上展示孩子们家中产出的农副产品，也呼吁社会人士和身边的亲友为这些山区的孩子们提供援助，不仅让这些贫困孩子的家庭多一份收入，也为孩子们的未来多带来一份希望。

在云深雾绕的地方，要有光才能引领人们的方向，顾亚靠着一把吉他，一曲旋律，成为孩子们的雾灯。静谧的群山之间回荡着孩子们醇美的声音，奏响了一曲高山上的颂歌。

人物访谈

采访人：李孜焉

问：从摇滚乐队的吉他手到乡村小学的音乐教师，“画风”转变很大，能谈一谈您做出这样的选择的原因和契机吗？

顾亚：做出这样的选择，原因其实很简单。我曾经的摇滚乐队的舞台固然绚烂，但我更渴望将音乐的力量传递到更需要的地方。契机则是一次偶然的乡村之行，让我看到了乡村孩子们对音乐那渴望而又迷茫的眼神，那一刻我便决定投身乡村音乐教育。

问：您可以具体讲一讲这次乡村之行的经过吗？

顾亚：那是 2014 年，我刚来到大湾镇腊寨小学教学，从郑龙校长那里了解到了海嘎小学的困难。因为学校地处偏远、环境恶劣等多方因素，导致没有老师能长期坚守教职，学生也大量流失了。我感到很好奇，也很关心这里的情况，于是在 12 月的时候去海嘎小学，看到了破败的校舍和简陋的教学环境。当时学校里没有专门的音乐教室，甚至连一件像样的乐器都没有。孩子们听到我们带来的音乐，眼睛里充满了好奇和渴望，那种纯真的眼神深深触动了我，让我决定留在海嘎小学，一方面补充教职工的缺乏，一方面也让这里的孩子们能够更多接触到音乐。

问：在乡村小学从事音乐教育，还组建乐队，您面临过哪些困难？

顾亚：目前的乡村教育困难确实不少，想开展音乐方面的教育遇到的困难就更多了，比如教学资源的匮乏、乐器的短缺、孩子们音乐基础几乎为零等等。还有就是家长们对音乐教育不重视，认为在学校里玩音乐组乐队会影响到孩子的主科学习。

顾亚和海嘎少年乐队在大山上合唱 / 受访者供图

问：您当时是怎么克服这些困难的，一定做了许多辛苦的工作吧？

顾亚：为了克服教学资源匮乏的问题，我四处奔走，向公益组织和社会各界求助，也发动身边的朋友为小学捐赠各种乐器。对于孩子们音乐基础几乎为零的情况，我也从最基础的音符教起，一点点耐心地引导他们，开发孩子们对音乐的兴趣。至于家长的不理解，我采取了家访的方法，跟他们沟通音乐对孩子成长的重要性，经过多次上门家访，家长们的态度也出现了松动，同意让孩子们多接触音乐，开展音乐教育了。

问：乡村学校的孩子们在接触音乐之后，发生了哪些变化？

顾亚：乡村学校的孩子们许多性格比较内向，在接触音乐之后，性格都转变了不少，变得更加自信和开朗。他们学会了敞开心扉，大胆表达自己的情感，也更愿意与人交流和合作，这也为我们的教学带来了正面的影响。

问：您引导孩子们走上音乐的道路，肯定对他们有很大的鼓励和启发，您能讲一讲当时带着孩子们组建乐队的情况吗？有没有发生一些特别的、有趣的事情？

顾亚：带着孩子们组建乐队的时候，一开始大家都很害羞、拘谨，不敢表现自己。但慢慢地，随着对乐曲熟练度的增加，孩子们开始变得积极主动起来。有一次排练，有个孩子因为紧张总是出错，怕自己拖慢了大家的进度，急得哭了起来，大家纷纷安慰他，并跟他一起重新练习，帮助他摆脱紧张心态，最终顺利完成了排练，那种团结互助的氛围也让我特别感动。

问：看来孩子们也从音乐中感受到了团结互助的力量，那么从事乡村教育工作对您和您的音乐创作有没有什么影响呢？

顾亚：这么多年从事乡村教育工作的经历让我的音乐创作更具生活的底蕴和情感的深度。作为一名乡村教师，我能够直接接触到山区孩子们的生活和精神世界，在和孩子们的日常相处中，我也从他们身上汲取到了最纯真的灵感，由此而来的创作也能更贴近人的心灵。

问：您在教学方面有没有自己独特的办法？

顾亚：在教学方面，我注重因材施教，每一个孩子都是独立的个体，我会根据每个孩子的特点和兴趣来引导他们学习音乐。同时，为了激发学生们的学习兴趣，我也会采用趣味教学的方法，让学习音乐的过程变得更加轻松愉快。

问：从教这么多年，有没有让您印象深刻的学生？

顾亚：有个叫小敏的学生让我印象深刻。她原本非常内向，在刚到学校的时候，几乎不跟任何人说话，下课也不出去和同学们玩耍，我对她的情况很担心。后来有一个偶然的机会，我发现她喜欢唱歌，就经常鼓励她，单独给她进行音乐方面的指导。慢慢地，她在音乐上获得了自信，也开始在课堂上主动回答问题，课后也会和同学们交流、玩耍。在学校组织的一次文艺汇演中，她的歌声赢得了全校师生的掌声，那一刻，我看到了她脸上从未有过的自信和快乐，也深刻地感受到了音乐教育对孩子们的巨大影响。

问：您觉得目前的乡村艺术教育还有哪些亟待改善的问题？

顾亚：首先是师资力量的严重不足，乡村小学中专业的音乐教师太少。其次是教育经费的短缺，无法购置足够的乐器和教学设备。这些问题都导致乡村艺术教育开展比较困难。

问：您通过不断努力给海嘎小学带来了巨大的改变，关于改善乡村教育现状，您有哪些心得和体会？

顾亚：我最大的心得就是要有耐心和爱心。作为一个老师，要真正走进孩子们的内心，了解他们的需求和困惑，才能更好地开展教育。同时，要积极争取外界的支持和帮助，为孩子们创造更好的教育条件。

问：乡村小学中的孩子大多是留守儿童，缺乏父母的陪伴，请问您作为老师是怎样解决孩子们内心的孤独感的？

顾亚：作为老师，我会给予这些留守儿童们更多的关心和陪伴，让他们感觉到虽然父母不在身边，也依然被爱和关心包围着，这样能够缓解很多他们内心的孤独感。同时，我也会在课余时间组织各种音乐活动，丰富孩子们的生活，也让他们在集体中找到归属感和快乐。

问：您作为老师不仅在学习上为孩子们提供了帮助，也在关心孩子们的生活，可以谈一谈您平时在生活方面为孩子们提供了哪些帮助吗？

顾亚：平时在生活方面，我会比较关注孩子们的饮食健康，会给他们讲一些卫生知识。有的孩子家里经济困难，我就会帮忙联系外界，来为他们提供一些经济和生活上的资助，给他们送去学习用品和衣物等等。遇到孩子们生病的情况，我也会第一时间带他们去看病，照顾他们的身体。

问：在基层从事乡村教育工作，须面临很多具体的困难和艰辛，对于那些立志从事乡村教育的年轻人，您有什么建议？

顾亚：对于立志从事乡村教育的年轻人，我想说，要有坚定的信念和奉献精神，虽然从事乡村教育会面临很多艰辛，但不要被困难吓倒，因为在教育过程中，也会有许多让人感到幸福和有成就感的瞬间，要善于发现乡村教育中的美好和潜力。同时，作为一个合格的老师，要不断提升自己的教育教学能力，更好地服务于课堂，在生活中，也要用爱去温暖每一个孩子的心灵。

问：对于未来，您还有什么规划和梦想？

顾亚：未来，我希望能够继续在这所小学扎根，培养出更多热爱音乐的孩子。我也希望以后能够有更多的机会，让乡村孩子的音乐走向更广阔的舞台。在对音乐的设想上，我希望未来让孩子们在玩摇滚音乐的同时，也能学习到本民族的音乐，将民族音乐融入摇滚乐里，带来更多新鲜的体验。我也呼吁能有更多的志愿者来到我们学校，为孩子们带来更多新奇的知识和更广阔的视野。

编者寄语

顾亚用一把吉他，为海嘎小学的孩子们营造出一场音乐的梦想，孩子们在顾老师的指导和关心下变得自信开朗，不仅组建了乐队，在舞台上绽放光彩，也借助音乐走出了大山，用梦想丈量崭新的未来。

人物档案

孙向兵：为乡村教育留下更多的人才

男
汉族
1976 年生
1997 年开始从事乡村教育工作

现任职学校： 四川省成都市金堂县五凤学校

所获荣誉： 2013 年，获评“全国新教育实验先进个人”“成都市学科带头人”；2014 年，获“四川省农村义务教育学校教师贡献奖”；2015 年，获评成都市特级教师；2016 年，获评“四川好人”，入选“马云乡村教师计划”，获“优秀星火教师奖”；2018 年，获评成都市“优秀共产党员”；2019 年，获评“全国优秀教师”；2023 年，获评第四届中国“好老师”；2024 年，获评“成都市科研先进个人”

人物小传

他是一届又一届学生口中的“师兄”，是同事们心中的“铁人”，也是从村小走出的名师工作室首席，他就是成都市金堂县又新学校的孙向兵。从 21 岁参加工作开始，孙向兵已扎根农村教育 25 年，他将自己的青春和智慧都奉献给了乡村教育这片天地。

1997 年，孙向兵毕业于成都市工业学校会计专业。同年 10 月，他被分配至四川省成都市金堂县最偏远的云合镇双流小学所属的七螺村村小任教，从此成了一名乡村教师。一个非师范专业毕业的学生就这样凭着对教育的满腔热情走上了教师的工作岗位。上班之初，孙向兵深知自己的不足，他潜心学习，努力摸索，结合乡村教育的现状，开创了一套独特的教育方法。他巧妙地把数学课堂和音乐结合，创造了充满歌声和音乐的快乐数学课堂。他还积极开发各种特色校本课程，带领学生在劳动课上烧烤、在美术课上布置学校花圃……每一个在校本课程上表现优异的孩子他都不吝赞美，有的孩子甚至因此确定了未来的职业方向。

孙向兵不仅是一名优秀的数学老师，也是一名“老班主任”，带过十几届初中毕业班。他在当班主任期间，接过很多“难搞”的班级，但这样的班级到了孙向兵的手中，都被他“春风化雨”，奇迹般地“搞定”了。这与孙向兵的教育理念有关。孙向兵坚信：一个孩子喜欢你、亲近你，就会听你的教诲。他用有趣的课堂吸引住了孩子们，又能在学习和生活中处处关爱孩子，认真对待孩子的各种问题，真正走进了孩子们的心里。孩子们把孙老师当成自己的“师兄”，有什么问题都会找到他。

孙向兵在读书期间受到过很多人的帮助，走上工作岗位后，他将这份爱回馈给了贫困学子们。最开始，他用个人微薄的工资帮助贫困学子，后来，他联合爱心团队，每学期为住校的三四十名贫困学生提供日常生活用品，为家庭特别困难的学生提供每个月 300 元生活费，每年为一名优秀的贫困

午餐后的休息时间，孙向兵在教室和学生下棋 / 受访者供图

大学生提供 5000 元助学金。

作为一名共产党员，孙向兵不怕苦，不怕累，在平凡的岗位上身先士卒。他不仅坚持完成本职工作，还每周去薄弱学校送教。在担任副校长的同时，还坚持当班主任、写教育随笔。面对乡村教师匮乏的现状，他也一直在尽自己的努力，积极投身教师培训，给有志于乡村教育的老师提供指导和帮助。孙向兵说：“要做一个别人因为我的存在而感到幸福的人。”他做到了。

人物访谈

采访人：殷慧

问：您是如何成为一名乡村教师的？

孙向兵：我是金堂县人，我毕业的时候还有包分配这个政策，当时金堂县缺老师，尤其是乡村教师，所以毕业的时候我们班分配了三位同学到学校，包括我们班的班长，我们都被分配到了县里不同的学校。我就被分配到金堂县云合学校小学部，当了一名小学教师。

问：您当时愿意去村小教书吗？

孙向兵：我是从乡村走出来的，从小在村小读书。说实话，农村出来的孩子大都希望有份稳定的工作，所以我可以说是欣然接受了这份工作。刚上班的时候，我心里有一些惶恐，担心自己不能胜任教师这份工作，因为自己是非师范毕业，怕误人子弟，也怕得不到学生和家长的认可。

问：可否谈一谈您刚上班时在村小的工作情况？

孙向兵：我家在又新乡（现为“又新镇”），我工作的学校在云合镇，两地之间有十几里的距离，那时候交通不便，我只能每天走路上下班。照现在的话说就是通勤距离比较远，每天要往返四趟，翻山越岭。天气好的时候还好，碰到下雨或者其他恶劣天气，路就很难走，路途花费的时间也更长。刚开始我有点不适应这个距离，后来看到孩子们对自己的教学还比较认同，就也习惯了。我刚去云合学校上班时才21岁，算是学校里很年轻的老师，当时村小师资匮乏，学校里老师的年纪都比我大很多，我就像一张白纸，缺乏教学经验。我们村小是包班制，就是一位老师教不同年级的不同科目，当时学校安排我教三、四年级的数学课和六年级的品德课。

问：您刚教书时遇到过什么挫折？

孙向兵：虽然我是非师范专业的，但是我觉得自己还不错，毕业时，我们学校评选出两个省级优秀毕业生，我是其中之一。到了村小之后，我和学生们也相处得很好。但是在上班的第一年，中心校的领导来听课，觉得我上课速度太快，第二年就把我调到幼儿园去任教了。当时，这个工作调整让我有些挫败感，但没多久，我就开始反思，自己要做哪些改变。到了幼儿园后，我听说有培训的机会，就主动参加了幼儿园教师培训。参加完培训之后，我了解到幼儿园的工作也是有技巧的。我就学着去编儿歌，还用画笔美化教室，当时我们教室里的画都是我一笔一笔画的。我的课得到了家长和同事的认可，一年后我又重新回到了小学。在云合小学教了5年书之后，我们初中的班主任说初中也缺老师，我又调到了初中。

到了初中的第一年，我又遇到了一个坎。虽然我所在的初中是农村学校，但管理制度很先进，我们的班级任课老师不是由学校安排，而是由班主任自由选择。所以当时的班主任为了取得好成绩，都倾向于选择教学能力强的老师。我作为一个村小来的老师就没有人选。后来有位老教师说年轻人都不容易，看到我没人选，最后选了我。我当时也想争口气，拜了一个师傅，跟着他足足听了一年的课。除了听课，我也努力充实自己，上完课后多反思。我还延续了小学的方法，多和学生沟通，还把音乐放入课堂中，尝试了很多非常规的教学方式，吸引学生的注意力。一年过去，学生的成绩非常好，我也彻底在学校站稳了脚跟。第二年，我就自己当班主任了，轮到我选科任老师了，大家都想被我选上，来我的班教书。

问：2012年以来您牵头发起了向阳花公益行动，旨在帮助家庭困难的学生，发起这个公益活动的契机是什么？

孙向兵：其实从1997年开始，我就开始以个人的名义资助有困难的学生了。当时我还在一所小学任教，班上有个学生，家里还有别的孩子，家庭负担很重，没钱交学费，我就出钱资助他。我的公益行动就是这样开始的。那时候学费200多元一学期，和我一个月的工资差不多。后来这个公益行动有了越来越多人加入，慢慢地，在众多爱心人士的助力下，我们资助的学生也越来越多。

问：当时，在自己收入不高的情况下，为什么想要帮助困难学生？

孙向兵：小时候，我家里比较困难。读中专时，我基本上没怎么回过家，就是为了节省车费。我一般开学去学校，放假了再回家，中途不回家。那个时候，我经济上比较拮据，但很多人对我伸出了援助之手：宿管阿姨看我穿的衣服比较单薄，常常会拿些衣服给我；我的同学曾强，看我的铺盖比较单薄，就从家里拿厚的棉被给我……当时的我，受到了很多人的帮助，所以当自己有了一点绵薄之力时，也想要帮助像我一样的人。“赠人玫瑰，手有余香”，帮助人其实是一件很快乐的事。

问：您牵头发起的向阳花公益行动帮扶学生的具体措施有哪些？

孙向兵：我们做的主要有以下几点：第一，给贫困学生提供生活用品和学习用品，生活用品包括纸巾、牙刷、药膏、洗衣粉、洗发水、沐浴露等等，学习用品就是纸笔之类的；第二，对于家庭特别贫困的学生，我们还额外提供每个月300元的生活费；第三，对于考上大学或研究生的优秀贫困学生，一次性资助5000元。有的学生考上了大学之后考虑到经济压力，不想去读书，这5000元可以给他交第一个学期的费用。我们还会和这些大学生说，后面有困难的话，我们可以继续帮助。

问：向阳花公益行动的资金从哪里来？

孙向兵：主要是靠个人捐助，来自受我影响的一些同学和朋友。

问：尽管工作繁忙，您还是一位科研型教师，创办了孙向兵名师工作室，也是成都市特级教师，您认为要如何做一名专业过硬的科研型教师？

孙向兵：从我这么多年的教师经验来看，首先要注重学习和反思。一路走来，从学生时期到工作岗位，我从未停止学习和提升自己，一名教师要专业上立得住脚学生才能信服你，你才能帮助到学生。我还在村小的时候，县里有课题科研小组，我就积极报名参加，后来又继续参加市里的课题，还获得了金堂县的科技进步三等奖。现在我还在继续做省级课题，一直在研究，从未间断。在做研究的同时反思也同样重要，我一直坚持写教育随笔，给自己每天的教育教学复盘。

问：坚持写教育随笔给您的教育教学带来什么帮助？

孙向兵：写教育随笔对我的帮助很大。我当班主任的时间比较长，2017 年我接了一个比较难管理的班，我那一年写了近百万字的教育随笔，涵盖了教育教学、班级管理、劳动教育等方面。在管理一个班级，尤其是比较差的班级的时候，老师要和学生斗智斗勇。教育随笔能帮助我对当天的教育教学工作和学生管理情况进行复盘，能记录下有用的技巧，也能记录灵光一闪的方法。慢慢地，这些我记录下来的东西成了我教学和管理班级的宝贵经验。

问：您从教以来一共当过多长时间班主任？有没有让您印象深刻的学生？

孙向兵：担任班主任时间应该有 15 年。让我印象深刻的学生其实很多。我记得 2006 级有个学生，在普通班，成绩不太好。我让他制订自己的中考目标，他不太自信，我对他说，“你可能是我们班里最有希望考上重点高中的人。”这不是盲目地鼓励，因为我观察过他，发现他是个很有悟性的学生，缺乏的可能是目标和执行力。后来他真的经过努力，考了班级第一名，顺利考取了重点高中。后来这个学生结婚的时候邀请我，看到我还说，“孙老师，如果不是你的那句话，我都不相信自己能成为优秀的人。”很多我教过的学生都是如此，他们看不清自己的出路和机会，这个时候就需要老师的肯定和尊重，需要老师给他们指引方向，有的时候老师推一把，他们就能脱颖而出。

问：您是学生们眼中的“师兄”，学生都愿意亲近您，找您帮忙，请问您是如何做到的？

孙向兵：我觉得当老师最大的幸福就是学生喜欢你、信任你，觉得你是他们生命中的“贵人”。我一直是一个幸福的班主任，虽然会遇到形形色色的学生，有的学生可能最开始没那么听话，但是随着和他们相处，他们知道你是为了他们好，是真心实意想帮助他们，你能发现他们身上的闪光点，他们也就自然而然地会亲近你。其实学生们何尝不是我的“贵人”，他们的成长对我也是一种促进。教学相长，我和学生其实是在互相成就。

问：乡村教师是一个平凡的岗位，也是一个重要的岗位，您是如何在平凡的岗位上坚守并做出优异的成绩的？

孙向兵：作为一名乡村教师，不管是当班主任还是搞科研，不管是上数学课，还是上其他课程，能够帮助到孩子们，帮助他们成人成才就是我最大的幸福。我之前在金堂县给乡村教师们做了一个巡回演讲，讲了十几场，我和他们说，如果我去城里教书，可能只是锦上添花，但是很多农村学校需要优秀的教师们去雪中送炭。乡村教育需要更多优秀的教师加入，我很庆幸自己能在这个岗位上。

问：现在当地还缺乡村教师吗？

孙向兵：我们现在的乡村教育形势是比较严峻的。首先由于城区也需要优秀教师，每年都会从农村抽调教师，农村里的优秀教师就少了，这样就会影响教学质量。其次，年轻的优秀乡村教师基本上来农村一两年就会考到城区或是其他地方，造成师资流失。能在乡村坚持下来的优秀教师也有，但毕竟是少数。

问：乡村教育需要更多优秀教师的加入，您有什么建议给有志于乡村教育的老师？

孙向兵：我现在也做教师培训的工作，也时常给青年教师做培训。在培训中我主要会讲几个观点。第一是从职业道德方面来说，既然你选择教师这个职业，无论你在哪个地方工作，都要以学生为先，尤其是农村的孩子，他们更需要你的帮助和指引，教师要把教书育人的本职工作做好；其次是从教师个人发展方面，一个优秀的教师应该不断学习和钻研，还要学会适应实际教学情况，因地制宜做出改变。以我自己为例，我是非师范专业毕业的，我相继考取了小学和中学学段的教师资格证，并且除了数学，还任教过不同的科目。我们的青年教师特别是特岗教师也是一样，不管自己是什么专业，既然当了教师，就要争当优秀教师。根据学校的需要，我们的体育老师也兼主课，因为我们缺老师，没办法。只要你肯干，在农村学校也有发展，很多优秀的乡村教师也加入了我的名师工作室，成了名师。

问：请问您接下来的计划和打算是什么？

孙向兵：我接下来的工作主要还是教书和教师培训这两方面。我还要继续教学、当班主任，尽量帮助到更多的乡村孩子。另外，在乡村教师培训这块，我还会竭尽所能，尽可能为我们的乡村教育留下更多的人才，给有志于乡村教育的老师们提供更多发展空间，让他们在乡村教师这个平凡的岗位上也能实现自己的人生价值。

编者寄语

“亲其师，信其道。”孙向兵有一双能发现学生优点的“慧眼”，是让学生喜爱、乐于亲近的“师兄”。孙向兵也深知乡村教育离不开更多优秀的教师人才，成立名师工作室，薪火相传，致力于培育更多的乡村教师。

人物档案

张秀明：“花婆婆”与乡村孩子阅读的寻美之旅

女

汉族

1975 年生

1995 年开始从事乡村教育工作

现任职学校：福建省福州市闽清县东桥镇中心小学

所获荣誉：2016 年，获“全国新教育实验十佳完美教室”；2017 年，获评“福州市最美乡村教师”；2019 年，获“福州市乡村最美阅读推广人”；2020 年，入选“马云乡村教师计划”，获评“福建省最美家庭”；2021 年，获评“福州市读书明星”；2022 年，获评“阅读点亮未来”年度点灯人；2023 年，获评闽清县“家庭教育优秀讲师”。

人物小传

从小在乡村长大的张秀明 1995 年师范毕业后选择回到土生土长的家乡——闽清县东桥镇，成了镇中心小学一名普通的教师。贫瘠的土地并没有削减张秀明对家乡教育的执着与热爱，一干就是 29 年。29 年来，张秀明默默耕耘，勤于钻研，努力塑造着她理想的课堂模型，致力于学生阅读兴趣的培养，用阅读点亮乡村孩子知识的灯塔，创建了一间属于她和孩子们的幸福“阅读教室”。

2010 年对于张秀明来说是一个人生的重要转折点。一次外出培训的机会让她与“新教育”团队相遇，在这里收获的崭新教育理念打开了她阅读的一扇窗。4 年里，张秀明如饥似渴地开启疯狂的阅读输入模式，周末基本上不出门，寒暑假都是在阅读与写作中度过。书越读得多越觉得自己的知识不够用，张秀明每年还自费前往全国各地参观学习，结识了许多著名的作家和阅读推广人。在这些优秀的阅读人的影响下，张秀明视野逐渐开阔，思考愈加深入，她开始尝试带领班级的孩子一起走上阅读之路。

起初，张秀明决定每天跟孩子们讲一个故事，用故事融合学生的养成教育。渐渐地，她发现一个个充满教育意义的故事似乎更能深刻熏染孩子的心灵。于是，她将班级命名为“笋芽儿班”，期望孩子们能够修炼和竹子一样高洁、坚韧的品格。后来，张秀明还研发了整本书共读课程，试图用经典名著中丰厚的育人养分助力孩子生长。不仅如此，她还经常把阅读的场地搬到大自然里。春天，张秀明领着孩子们走进竹林、迈进紫云英花海，观察竹笋，欣赏紫云英，放飞风筝，诵读关于竹笋的儿歌，品鉴日本童谣诗人金子美铃的诗歌；夏天，她带孩子们观赏荷塘、吟诵诗篇；秋天，她和孩子们在橘园里举办诗歌朗诵会；冬天，她和孩子们在篝火旁发起了飞“雪”令的活动……一个个有趣的活动，让孩子们爱上了绘本，跟随文学名著的脚步，探讨幸福的命题，思索生命的真谛。张秀明常说“阅读要像呼

2022年4月23日，张秀明
生在东桥镇古榕园参加世
书日亲子共读活动 / 受访
图

吸一样自然”，每年寒暑假，她会在班级发起“百万富翁阅读挑战赛”，至今已经举办了数十场。为了让越来越多的孩子喜欢上阅读，把阅读当成呼吸一样自然，努力成为精神上真正的“富翁”，每一场活动，从策划到组织、评价与奖励，张秀明都会全程引导与督促，甚至凭一己之力把所在的班级带到了“全国新教育实验十佳教室”的最高领奖台上。

不仅要让自己班级的孩子爱上阅读，还要让身边每一个乡村娃都有书可读。2018 年，张秀明直接把自己家一楼大厅设计成一间让全镇孩子随时可以免费借阅的书屋。2021 年，她与腾讯公益合作，筹集资金 12000 元，创建闽清县首个农村公益绘本馆。有了书屋之后，张秀明开展阅读活动更频繁也更精彩，近三年共举办 100 多场阅读活动，受益 4000 多人次。

被誉为“播撒阅读种子的花婆婆”的张秀明老师，像绘本故事里的花婆婆一样，努力“做一件让世界更美丽的事”，用自己的力量，将阅读的种子播撒到乡村孩子的心底，带着孩子们踏上了一条与阅读共生的寻美之旅！

人物访谈

采访人：邹春宏

问：从事乡村教育近30年，您一直坚守在教育一线，能说说您的感受吗？

张秀明：乡村环境虽然艰苦，但是我喜欢和这里的孩子打交道，只要你是真心对待他们，他们也能感受得到。他们会慢慢接纳你、亲近你并信任你。这些年来，我把班级的每个孩子都当成自己的孩子一样对待，努力从他们身上发现优点，乐于肯定他们，也经常给他们提供锻炼的平台，让他们找到自己的存在感和班级成就感，渐渐地，他们比我还热爱这个班集体了。其他老师看到了简直不敢相信每一个“调皮捣蛋”的班级到了我的手里，没到一年就成了别人眼中的“服服帖帖”。其实，我也没什么秘诀，只不过在工作上习惯了兢兢业业，做事喜欢认真细致，久了，孩子们也许受到了影响，对自己的要求也越来越高，学习的动力也越来越足。在我的课堂上没有差生和好生的区分，每个孩子都有自己的天赋，你用心关爱他们，在他们遇到困难的时候也不吝于帮助他们，他们对你也会由崇拜转为发自真心的喜爱，也愿意跟着你的步伐去努力改变自己。

记得有一年，我接了一个别人都不愿意接的班级，其他老师眼中的"烫手山芋"。我每天都和这个班级的学生"泡"在一起，课前精心备课，课中用心上课，课后经常找学生谈心，让他们愿意和我做朋友。不到一年，班级的班风班貌发生了很大转变，成绩也整体提高了不少。一天，这个"特殊"班级的学生不知道从什么渠道打听到我的生日，悄悄地给我准备了生日的惊喜。他们提前给我买了一个大蛋糕，每人在一个小小的日记本上面写一句祝福的话送给我。更让人感动的是他们还自创了一首长诗，是用A4纸写的，连起来竟然有1米多长。当时，看到这首诗的时候，我热泪盈眶，做教师的幸福感与自豪感交织在一起。原来你给孩子们一棵树，他们会还你一片森林，我想这也许是我选择扎根乡村最主要的原因吧！

问：是什么契机让您带领学生一起走上阅读教育之路？

张秀明：说起这个我还得感谢"新教育实践"这个由朱永新教授发起的民间教育改革行动。它让我改变自己的教育观念，让我意识到教育原来是一门艺术，只有修炼精湛的专业技能才能打开这道神奇的艺术之门。培训后我发现了自身知识的短板，非常渴望用阅读去填补。通过在教育学、哲学、心理学等领域的专业阅读，我真真切切地感受到了教育的价值体验感，仿佛听到了自己生命拔节的声音。也是从那一刻开始，我的思维品质得到了提升，人生格局也彻底打开，甚至自己的个人生命与所从事的工作之间的障碍全部被打通了。这就是阅读带给我的收获，那么是不是也可以通过阅读来改变我的学生们呢？有了这样的想法后，我决定在班级开展阅读活动，希望通过带领学生阅读来发现语文的美好，发现生活的美好。就这样，我们一步步摸索，一步步实践，最终走上了阅读教育的道路。

问：有人称您是播撒阅读种子的“花婆婆”，孩子们喜欢称呼您为“故事大王”，在学生阅读兴趣和习惯的培养上您有哪些比较好的举措？

张秀明：刚开始乡村的孩子由于阅读环境的影响并没有养成很好的阅读习惯，有的甚至到了五年级还没有完整读完一本书。于是，我通过自身的榜样来带动他们，我每天都坚持阅读，每天会给学生讲一个自己在书中读到的故事。孩子们都喜欢听故事，他们听着听着，自然而然就会对书中的人物产生兴趣，我就顺势鼓励他们自己去读这些书，渐渐地阅读兴趣也就一点点培养起来了。同时，我还会想尽一切办法鼓励亲子共读。我会通过线上微讲座、家长会宣传阅读的重要性，亲子陪伴对孩子成长的正面影响。我常常会以身作则，天天进行阅读打卡，他们就跟着我做。为了激励他们坚持下去，每隔一段时间我会举办亲子阅读分享活动，对长期坚持阅读的孩子和家庭进行颁奖，甚至给亲子阅读做得好的父母颁发奖状。与此同时,每一个节假日我都会开展相应的阅读活动,比如:三八妇女节举办《猜猜我有多爱你》阅读活动，让孩子们先读绘本，再来交流父母对孩子的爱；中秋节举办《月亮的味道》阅读活动，让孩子们找有关月亮的故事，讲一讲中秋节的传统习俗；重阳节举办《爷爷一定有办法》阅读活动，让孩子们读爱爷爷奶奶的诗歌，看有关爷爷奶奶的绘本故事；世界读书日或六一儿童节都会让爸爸妈妈送书给孩子当礼物……通过这些活动告诉家长亲子陪伴的重要性，提升亲子陪伴的质量。通过自身影响带动以及活动的激励效应，班级里的孩子喜欢读书了，父母也爱读书了，阅读氛围越来越浓。

问：这些年来您一直引领着乡村阅读与教育的推广与发展，对于您和学生来说，阅读和教育两者有着怎样的关联作用？

张秀明：阅读与教育，两者密不可分。阅读是一个人的精神滋养，没有阅读，尤其是没有经典陪伴的人生是不完整的人生，无法成为一个大写的人。“新教育实验”发起人朱永新教授说：“一个人的精神发育史就是他的阅读史。”著名教育家苏霍姆林斯基说：“阅读才是最好的补课方式。”作为一个教师，一定要成为孩子阅读的领路人。

问：在您读过的书中，哪些书给您的影响最大？

张秀明：我觉得让我受益匪浅的第一本书是苏霍姆林斯基的《给教师的建议》。这本书可以称为苏霍姆林斯基谱写的一部教育童话，看起来浅显易懂，实则蕴藏很多教育智慧，是一线教师必读书目，是会唤醒教师生命的一本好书。这本书对我的课堂影响很大，让我对教育的理解更加深刻，让我明白了教师职业意味着责任——不仅要对学生负责，要对家庭负责，更要对社会、国家负责。苏霍姆林斯基在书中写道：“照亮学校的将永远不是升学率或者其他名和利的东西，而是圣洁瑰丽的师道精神，是一种对孩子的不染一丝尘埃的博大的爱。”因此我们要用爱唤醒教育，要用心备好每一节课。而备好课的方法就是阅读，阅读，再阅读。

第二本书让我印象深刻的书是乐嘉的《性格色彩分析》。这本书带我走进性格的缤纷世界，让我更加清楚地认知自己的性格。在触摸自己内心深处的同时，我既看到了自己的优势，也看到了自己的劣势，从而更加了解自己、悦纳自己。当你能够更大限度去接纳的同时，也会接纳他人，接纳这个世界，同时也更能被世界接纳。这样，我才能以更加宏观的角度去看待每一个孩子，我会看到他们的可爱与纯真，发现每个孩子都是值得被关爱的天使。如此，我和学生之间的关系也调和得越来越好，“好的关系才有好的教育”，渐渐地，孩子们也更加愿意接近我，班级管理也就越来越轻松了。

问：您还把自己家一楼大厅设计成一间让全镇孩子随时可以免费借阅的书屋？

张秀明：其实我早在师范刚毕业的时候，就憧憬能够有一间属于我们农村孩子的书屋，但是那个时候这个梦想很不切实际，只能算是空想。后来，随着我在学校教书，我发现农村孩子的阅读资源太匮乏了，家长对阅读的重视度也不够，这里的孩子一年都难得有机会给自己买上一本好书，就连借书的地方也没有。当时，我就在想，这样下去不行，我要替这群孩子想点办法。刚好，家里的房子一楼在那空着，不如就把它改建成一间书屋吧！没想到家人很支持我的想法，一些亲友和家长知道了也积极响应，他们踊跃募捐加上自己的一些积蓄，终于建成了一间不带锁的书屋，孩子们任何时候都可以来书屋里借书。后来因为影响力越来越大，得到的支援就越来越多，不少公益机构主动捐书，书也就越来越多了。

问：29年里，您不光致力于阅读教育的推广，也积极推动家庭教育的发展，不少家庭在您的影响下发生改变，受益的孩子更是万万千千。您能选择一个印象深刻的故事和我们分享吗?

张秀明：家庭教育是孩子成长的根基，因此，我平时也很注重引导家长加入家庭教育学习的行列，经常给他们科普一些家庭教育的先进理念，让他们用科学的方法来培养孩子、教育孩子。不少家庭跟着我的步伐，发现教育孩子也没有想象中艰难了。但是，我所在的学校有不少孩子是留守儿童，父母都在外打工，不在孩子身边。在这种情况下，家庭教育根本没办法发力。我记得其中有个孩子是由爷爷奶奶带大的，没有人监管学习，从来不做作业，成绩也很不理想。得知这种情况后，我就把他带回我自己家做作业，本来是想用这个方法引导他学会主动做作业，没想到他跟别人说:“我最喜欢去张老师家做作业。”我听完心里一震，不是生气，而是悲伤。因为这孩子是留守儿童，他缺母爱，被我带回家做作业，享受那种被关爱的感觉。有一次他爷爷在街上拦住我说："张老师，我家那孩子那天是奔着回家的，手上挥舞着卷子，一路活蹦乱跳，嘴里还喊着‘我考72分了！’。”他爷爷没有把感谢的话说得多么漂亮，但是从他朴实的语言、激动的眼神中，我感受到了满满的感恩。后来，由于工作原因，我没教这个班级了，这个孩子还经常跑到我的教室里，站在我旁边，默默地看着我改作业、写教案，然后再默默地走开。

问：未来，您在阅读教育与推广上还有哪些新的展望与规划呢？

张秀明：只有一个希望，那就是我的书屋借阅率越来越高。我们国家对于乡村振兴越来越重视，所以我不愁书屋没有书，只愁借的人不够多。

编者寄语

春华秋实，初心如磐，张秀明用书香绘就乡村教育的最美诗篇，以"笋芽儿班"为名，以经典故事为种，含辛茹苦播撒阅读的信仰。一个个精选故事，滋养着乡村孩子们的童年；一次次阅读活动，唤醒乡村孩子对知识的渴望。在书香的田野上，张秀明苦心耕耘，不问西东，只为让阅读之光照进乡村孩子的心间！

人物档案

王传权：从乡村走出，为乡村深耕

男

汉族

1973 年生

1996 年开始从事乡村教育工作

现任职学校：重庆市万州区新仪学校

所获荣誉：2017 年，获教育部第二届全国学生“学宪法讲宪法”演讲比赛指导教师一等奖，获重庆市教委、市公安局“安全稳定先进个人”；2020 年，获评万州区委、区政府“关心下一代先进个人”，万州区第二届“十佳环保达人”；2021 年，获评万州区“体育先进个人”，2022 年，获评万州区“新时代好校长”；2023 年，入选“马云乡村教师计划”。

人物小传

位于重庆市万州区李河镇的高升街周边，人烟稀少。一茬又一茬的年轻人奔赴城市务工，孩子跟随父母进了城，或是为了更好的教育资源去了县城，只有老年人及少部分留守儿童驻守村落。目睹乡村快速地凋敝，时任高升学校校长的王传权萌生了一个想法："要让走出去的孩子有怀念家乡的乡愁，让留下来的孩子有建设家乡的情怀。"

"乡愁来自对家乡的了解和认同，只有了解家乡，才会爱上家乡，才会建设家乡。"这是他的底层逻辑。如何在孩子心中种下乡愁，王传权想到了利用好乡土资源开展教育活动，让孩子们在乡土文化的浸润中萌生造福桑梓的使命感、荣归故里的荣誉感、落叶归根的归属感。

如今已年过半百的王传权校长，身上依然有一如当年的青春热情。他1993年被保送到原重庆市万县师范专科学校（现重庆三峡学院）中文系汉语言文学教育专业学习,保送生面试时"教书育人,建设家乡"的誓言和"忠诚党的教育事业"书写条幅印刻在他的脑海里。1996年毕业分配时，他放弃了作为选调生到四川省西昌工作的机会，毅然回到了万州区最偏远的一所完全中学龙驹中学任教，担任初、高中语文教学，先后担任学校团委副书记（主持团委工作）、政教处主任，还作为团代表出席过1997年重庆市首届团代会。

2017年，王传权担任万州区太龙初级中学书记、校长。2018年，当地教育部门筹备将太龙初级中学和太龙中心小学教育资源整合，成立太龙学校，王传权任筹备组组长，2018年至2020年任太龙学校书记、校长。通过整合社会资源，积极争取对口资源资金，王传权将太龙学校建设成农村九年一贯制学校中最优美的校园，建设开放性图书长廊，初步形成乡村教育观。王传权当选万州区第二届"十佳环保达人"和万州区优秀体育人。

2020年9月，王传权服从组织安排，到一所更偏远的乡村学校高升学

王传权在春节教孩子们做汤圆 / 受访者供图

校任书记、校长。该校离镇政府 9 公里，是一所九年一贯制学校，318 国道横穿而过。在他的主持下，高升学校成功流转土地 22 亩，办成学校的农耕种植园，每个班分到 1 亩多土地，按不同季节播种收获。他还利用学校的闲置地段开办了乡土文化与现代农业陈列馆，陈列了 400 多件有川东特色的农具。这些农具全部来自家长的捐赠，学校精心造册，王传权和学校教师利用周末将展馆物品一件一件编入课程，编写讲解词。高升学校还开设了乡土美食课，将万州烤鱼、万县面、万州格格（重庆市万州区的一种传统小吃）引入学校课程。

王传权在高升学校的 3 年，学校变化很大，他引入爱心公益，为学生争取到多项资助，如关爱女童计划，让学校每个女生每年获得2300元资助；每个孩子每年一套校服；学校的足球场全部翻新；新建两个标准的篮球场；所有的教室灯光得到改造；在校内建设一所中华慈善会儿童关爱之家、一所校外壹基金儿童服务站；周末和假期组织教师和义工无偿陪伴孩子们成长；成功举办了三届“有爱就是年”留守儿童陪伴活动；举办了两届“新年心愿”活动……王传权也受21世纪教育研究院邀请，担任21世纪乡村教育论坛主讲教师，和全国几百名乡村学校校长共话乡村教育，为全国上万名乡村学校校长网上授课，传递乡村教育理念，分享乡土资源利用经验。

人物访谈

采访人：陈芳

问：王校长，您好，能说说教育之路上对您影响最大的人吗？

王传权：对我影响最大的人是陶行知先生。2018年，我第一次到南京就去了南京晓庄学院边的陶行知先生纪念馆，后来，我几乎每年都去一次，“生活即教育”是陶行知生活教育理论的核心，核心内容是“过什么生活便是受什么教育”。陶先生的这些理念为我践行教育之路指明了坚实的方向。

问：一直以来，支撑您深耕乡村办教育的因素有哪些？

王传权：我生在乡村，是从乡村走出来的师范专科生，也是立志“教育育人，建设家乡”的师范保送生。因为儿时成长的经历，我对乡村教育有较深刻的认识和理解。我认为乡村教育在乡村经济社会发展中具有基础性、先导性的作用，办好乡村教育既是乡村孩子与他们家庭的希望也是乡村的希望。没有乡村教育的发展，就没有乡村美好的未来！再加上2020年我在陕西师范大学参加校长岗培班时认识了原四川省阆中市教育局局长汤勇先生。汤勇先生是朴素而幸福的教育倡导者与践行者，致力于乡村教育的探索、行走与改变，教育的思考、研究与写作。他的讲座让我深受触动，培训结束后，我主动找汤勇先生加微信好友，经常向汤老师请教，虚心听取他关于乡村教育和乡土资源转化的教导，受益匪浅。现在我们依然经常联系，亦师亦友。

问：能否分享一下您经历过的印象特别深刻的教育故事？

王传权：让我印象深刻的事例有很多，我来讲讲自己在太龙工作时遇到的一个孩子吧。当时家住龙滩村的方同学家庭困难，他的父亲身患多种慢性疾病，肌无力、听力残障，几乎丧失劳动能力，哥哥智障，母亲因忍受不了家庭的极度贫困 5 年前离家出走杳无音信。他家的住房早成危房，一家人借住在两间简易民房里，全家依靠政府最高标准的低保金维持生活。我在家访中了解到方同学的家庭情况，很是挂念，以高出市场价近两倍的价格帮助他们销售血橙 700 余斤，及时给他家送去了衣物、米面、粮油和现金，还联系社会爱心人士结对帮扶，并向社区和镇社会事务办做了汇报，共同商议采取多项措施，帮助方同学的家庭渡过难关，又多次到他家中鼓励他要勤奋学习，通过知识改变命运。可以说，我对方同学和他的家庭是十分牵挂，随时放在心上。让我特别自豪的是，在我的牵线搭桥下，政府帮方同学家建成了漂亮的新房。房屋验收时，看到他们一家人饱含热泪的欢喜模样，让我也感觉幸福极了。

问：我知道您工作过的高升学校有很多留守儿童，这些孩子的状态怎么样？

王传权：这些孩子单纯、善良，身上有很多闪光点。2021 年五一劳动节，我带着 98 名“双留守”儿童进城看电影，那是他们人生中第一次进电影院看电影。我记得看的是《我的姐姐》，电影里的情节和孩子们的生活太过相似，观影过程中此起彼伏的抽泣声让工作人员也为之动容。电影结束，大家离场后，整个影厅没有留下半片垃圾。随后我又带着他们吃了人生中第一次必胜客，用餐结束，孩子们自觉地把碗筷盘碟收好，清理干净桌面再安静有序地离开。在发放奶茶的环节，有一个男孩尝了一口，马上把盖子盖上再也不喝了，我问他："你怎么不喝呢？"他说："这个奶茶太好喝了，我要拿回去给奶奶喝。"我有些心疼，说："你喝吧，下次奶奶到高升场镇来了，我再买一杯给她。"他说："不！这是城里的奶茶，肯定比咱镇上的好喝，我要带回去给奶奶喝！"说完一直捂着那杯奶茶再没喝过……我想那一刻在孩子的心里有一颗种子在生根发芽，那颗种子的名字叫做——感恩！

问：您将乡土资源转化为教学资源这一想法最初是如何产生的？

王传权：一是因为受到前面提到过的汤勇先生的影响。我一直在想：我们乡村没有公园，但我们有田园；我们没有博物馆，但我们有大自然。我们可以用乡土资源培育现代乡村少年，让走出去的孩子有怀念家乡的乡愁，让留下来的孩子有建设家乡的情怀。于是我做了很多尝试，比如将万州地方特色美食烤鱼、格格、杂酱面的制作引入学校课程"开心厨房"等，让孩子们自己动手制作美食，享受美食，从而爱上舌尖上的家乡。我有一个理念，也算得到了广大教职工的一致赞同，那就是：乡村学校既要传播科学知识，也要传承地方文化，乡村教师不可能是当地最有文化的人，但要努力成为最了解当地文化的人。所以我们高升学校的老师不仅致力于学习、传播乡土文化，更在教学安排上别出心裁，把乡土文化同课程科目有机、紧密结合在一起，开创出富有特色的乡村教育实践课程。

问：能否谈谈您是如何开始倡导并实践劳动教育的？

王传权：高升学校坐落于风景秀丽的凤凰山脚下，与大自然同生共长。周边村落农耕文化历史悠久，底蕴深厚。作为位于万州城郊乡镇的学校，可以充分利用当地农耕文化资源，积极开展"新劳动教育"，让学生回归生活、回归自然，在实践中创新、在实践中学习，感受劳动的快乐与趣味。我租了22亩土地践行和发展农耕文化，每个班划约1亩的种植区，用课后延时课程组织学生开展农耕劳动，每班有 4 名家长担任农艺指导师提供管理与指导。高升学校所在的场镇有赶场的习俗，学校就在农贸市场开辟农产品交易区，学生通过交易区将自己收获的果蔬赶集售卖，所得收益作为班集体开支，或是购买农资投入再生产。我认为劳动教育能让学生回归生活、回归自然，在实践中创新、在实践中学习，感受劳动的快乐与趣味。

问：在您的教育生涯中，遇到过哪些重大的挑战吗？您是如何带领团队克服困难的？

王传权：当然遇到过，不过都算迎刃而解了。比如高升学校师生近 600 人，全校没有一个清洁工，学校所有卫生绿化都由老师和同学共同完成。高升学校 500 多名学生中有 82% 为留守儿童，12% 为智障儿童，学校教职员工满编 39 人，缺编 11 人，我既是校长、党支部书记，又是校医、语文老师、历史老师……大家说我是停不下来的陀螺。

学校还缺钱，所以我就在教学之外的时间里，四处奔波筹措资金。这事说好听点是募集教育资金，说不好听点，就是伸手跟人要钱要物资，很多人都喊我“叫花子校长”。反正我长得不好看，我的脸面不重要，重要的是我肩上所承载着的几百个家庭的希望。还好，9 个月时间里，我一共募集到了逾百万元来自社会各界的资金物资援助，大面积地改善了学校教学设施设备，还为孩子们设立了食堂专用账户，任何人不得挪用，包括我自己！

问：您对乡村教育有着怎样的梦想和愿景？

王传权：我期待以孩子生命成长为追求的教育评价；我梦想让孩子在离家最近的地方上好学；我理想中的乡村教育是：在一片青山环抱之中，能够有一面五星红旗迎风招展，在一片鸡犬相闻的地方，能够清晰传来琅琅的读书声，在一片阡陌交错的田间地头，能够邂逅一队队背着书包、戴着红领巾、活蹦乱跳的学童，整个乡村一下就活了，就有生机了，就有梦想了，就有希望了……

问：能做出这么多成就，您一定付出了很多。您的家人支持您吗？能和我们谈谈您的家庭吗？

王传权：很支持，我的爱人桂光辉在开州区长沙镇义学堂中心小学任教。她不仅支持我的工作，自己也非常优秀，在我心中，她比我优秀多了。她除了是一名小学教师，还是两个孩子的妈妈，还是户外达人、万州区江城慈善公益发展中心理事。她敬业、爱家、爱社会，大力传承“互敬互爱，宽容谦让，修德养性，崇德孝义”的家风，弘扬“奉献、友爱、互助、进步”的志愿者精神。她把一家老小的生活安排得井然有序，兴趣爱好丰富多彩，公益活动风生水起，当然，工作也卓有成效。

编者寄语

从乡村走出，王传权以满腔热忱深耕乡村教育，将乡土资源巧妙转化为教学资源，让每一寸土地都成为课堂，让每一次劳动都成为成长的契机。他不仅点亮了乡村孩子的求知之光，更为乡村教育现代化开辟了新径，堪称乡村教育改革的领航者。

人物档案

于晓楠：『剪』出乡村美育之花

女
汉族
1989 年生
2013 年开始从事乡村教育工作

现任职学校： 辽宁省大连市瓦房店市复州城镇第一中心小学

所获荣誉： 2020 年，获评辽宁省“一师一优课，一课一名师”三等优秀课例；2021 年，获评“大连市骨干教师”，当选“瓦房店市第十届人大代表”；2022 年，获评“瓦房店市三八红旗手”“瓦房店市优秀教师”“瓦房店青年优秀志愿者”；2023 年，获评“大连市优秀青年教师”，获“大连市阅读推广个人贡献奖”，入选“马云乡村教师计划”；2024 年，获评“大连市阅读服务优秀志愿者”“瓦房店市小学校园文化艺术节优秀指导教师”。

人物小传

2024 年 6 月 8 日是我国第 19 个"文化和自然遗产日"，大连瓦房店市复州城镇第一中心小学举行了一场别开生面的运动会。开幕式上，来自剪纸社团的 52 名学生，身穿由剪纸元素装饰而成的各式传统服饰，向全场观众展示非物质文化遗产的历史之美。大家被这些精心设计、剪裁的剪纸服饰吸引住、震撼住，发出一阵阵喝彩声、掌声。

这场非遗剪纸服装秀的策划与指导老师是复州城镇第一中心小学的美术老师于晓楠。

于晓楠从小生在农村，长在农村，2013 年大学毕业后毅然决然选择回到家乡，耕耘在乡村教育这片沃土上，至今已有 10 年。于晓楠儿时因先天性心脏病，做过开胸手术，入学比同龄孩子推迟了一年。在家休养的于晓楠渴望着走进校园，幻想着与同龄孩子们一起在操场上奔跑。从那时起，一颗关于梦想的种子悄悄地在她心中发了芽。因体质较弱，于晓楠陷入了极度悲伤的状态，声带麻痹让她在生活中几近自闭，脊柱侧弯也让她的整个青春背负着自卑。但这一切，从走回家乡的这所乡村小学起开始改变了。

复州城镇第一中心小学位于历史悠久和文化灿烂的辽南复州古城，始建于 1908 年，2017 年独立成校。秉承传承辽宁省级非物质文化遗产"瓦房店东岗剪纸"的责任，于晓楠和同事们依托古城地域文化优势，将瓦房店剪纸与国家美术课程标准中的剪纸课相结合，形成了丰富多彩的剪纸校本课程。

作为美术教师，于晓楠坚持以"美"育人，即"育人"之美。为了让孩子真正享受每一堂美术课，她创新教学方法，设计形式新颖多变的活动。她指导学生开展丰富多彩的美术社团活动，运用不拘一格的创作方式，让学生在自我享受中体验绘画的快乐。校园艺术节时，于晓楠带领 6 个年级

于晓楠和剪纸社团的孩子们一起展示剪纸服装 / 受访者供图

的孩子们创作不同主题的百米绘画长卷，孩子们多幅作品荣登《少年大世界》等优秀儿童刊物。“六一”儿童节时则带领孩子们亲手制作剪纸服装，举办剪纸时装秀等活动。她引导学生用美的眼光去看待社会、服务社会，让孩子们发现自己的价值，还培养了 24 名大连市“小小非遗传承人”。

作为瓦房店市人大代表，于晓楠多次参与复州古城这座千年古城的宣传视频的制作。为促成非遗文化与古城建设相结合，她多次建言献策。2022 年，于晓楠和她的剪纸课代表瓦房店市非遗剪纸项目，受邀参与中央电视台节目采访与录制，在《新闻联播》和《走进县城看发展》栏目播出。她让乡村孩子们熠熠生辉，有了自己的大舞台。

人物访谈

采访人：刘志敏

问：小学美术课在大家的认知里好像就是画画、涂色，您为什么会选择剪纸作为一个教学的重点？

于晓楠：作为一名美术教师，我深信教学的精髓不只是传授美术技能，更在于以美为媒介，以美育人、以美化人、以美润心、以美培元。在我的课堂中，我会开展许多健康向上的美育活动，引导学生们发现美、感受美、创造美。

剪纸，作为我们家乡珍贵的非物质文化遗产，更是美育不可或缺的一部分。我深感责任重大，希望能将这份宝贵的文化保护好、传承好。几年前，我无意间读到关于房店东岗剪纸的非遗传承人门小龙老师的报道，深受触动。我就想，家乡的非遗文化如此丰富，为何不让它走进校园，让更多的孩子了解和传承呢？当时，本地学校中很少有教授剪纸的课程，这让我感到十分遗憾。幸运的是，一次契机让我有机会向校长提出这一建议，校长对此表示了极大的支持。于是，在2021年5月，非遗剪纸进校园活动正式拉开帷幕，并持续了三年。我通过自己的不懈努力，让家乡的文化得到了更广泛地传播和认可。

问：剪纸是中国最古老的民间艺术之一，辽宁省非物质文化遗产瓦房店东岗剪纸与其他地区的剪纸有何不同？

于晓楠：瓦房店东岗剪纸是辽南民间剪纸艺术的一个重要组成部分，它手法朴拙、线条流畅、构图简洁、题材丰富。与我国其他地区的剪纸相比，瓦房店剪纸的风格较为粗犷、豪放、质朴、夸张，而南方的剪纸则更精雕细刻、玲珑剔透。从题材内容上看，瓦房店剪纸的题材十分丰富，包括身边景物、历史故事、已有图案、想象等，涉猎广泛。不同地区的剪纸题材也各有特色，例如河南剪纸带有中原文化的风格，构图简洁，内涵丰富；庆阳剪纸将地方的生活劳作场景融入剪纸作品中，很多远古的元素也被流传下来。

问：孩子们最开始学剪纸时遇到过什么困难？是怎么克服的？

于晓楠：在剪纸教学中，学生时常会面临一些技术上的挑战，如剪刀操作的生疏和剪纸线条的不流畅。对此，我通过精心设计课程和亲身示范，引导学生逐步掌握精湛的剪纸技艺和方法。面对较为复杂的剪纸作品，我会分阶段教学，从基础开始，层层递进，让学生在实际操作中逐渐领悟其中的技巧。此外，我还会鼓励学生勤于练习，勇于尝试，让他们在不断实践中提升技艺，发现剪纸艺术的无限魅力。

问：孩子们喜欢剪纸吗？他们和剪纸发生过什么精彩的故事？

于晓楠：孩子们对剪纸艺术怀有深深的热爱，记得我们首次挑战创作一米左右的大尺寸剪纸作品时，虽然创作内容并未给我们造成困扰，但作品的装裱粘贴却成了我们的一大挑战。我们用传统的胶棒粘贴，最终却发现作品无法控制，出现了偏移，整张作品几乎报废，这让我们倍感痛惜。但学生们并未气馁，他们坚定地说要重新创作。我们共同在试错中探索，最终找到了合适的粘贴方法，成功完成了作品。这段经历，我们铭记于心，它教会了我们坚持与不放弃的重要性。

美术社团里有两位孩子是左撇子，他们刚加入时我并未察觉，他们也没有提及自己在创作上的困难。然而，在一次指导过程中，我发现了他们左手剪纸的技艺同样出色，能够剪出美丽的作品。我为他们的才华感到由衷的骄傲。

另外，有两位孩子在语文课上写下了关于剪纸对他们改变的作文。他们提到，学习剪纸的孩子大多数安静、内向、不善于表达，但他们以剪纸为笔，抒发内心的情感。这让我十分感动，因为我能够通过剪纸为他们提供一个情感表达的途径。当我得知这两篇作文获得了国家级奖项时，我为他们感到无比骄傲。作为他们的美术教师，能够为他们提供这样的学习体验，我也深感幸福和满足。

问：我在网络上看到了您和孩子们的非遗文化服装秀，你们怎么会想到把剪纸做成服装？

于晓楠：将剪纸艺术融入服装设计的想法，源于我对中华传统文化的深厚感情和对创新的执着追求。我希望通过这一创新尝试，让更多人领略剪纸艺术的独特魅力，同时也为现代服装设计注入新的灵感和活力。更为重要的是，我希望通过这样的设计，让孩子们从幕后走到台前，亲身穿上自己设计的融合了非遗元素的汉服，展现出真实、生动、充满文化韵味的美。这也是我设计的初衷之一——让孩子们在传承和发扬中华传统文化的同时，体验到非遗文化穿在身上的独特魅力，从而更深入地理解和热爱自己的文化根脉。

问：孩子们把剪纸穿在身上时，他们的感受是什么？

于晓楠：孩子们穿上剪纸服装可开心了。每一件都凝聚着他们自己的心血——从最初的画稿设计，到精心地剪裁和细致地镂刻，再搭配上别致的发饰和首饰。尽管这些服装的做工或许并不尽善尽美，但对于孩子们而言，它们却是无价之宝，是亲手创造的劳动成果，带给他们极大的成就感。

我觉得对于农村的孩子，尤其是那些来自离异家庭或留守的孩子们，参与这样的活动，更让他们感受到一种强烈的自我认同和归属感。当孩子们在"六一"儿童节、学校大型运动会开场秀、电视台节目录制等活动中，身着这些独特的剪纸服装亮相时，你能从他们的笑脸和举手投足间感受到一种前所未有的自豪感。他们的独特装扮会吸引众人的目光和赞美，这无疑会极大地增强他们的自信心，让他们更加坚定地走在自己成长之路上。

问：您觉得剪纸对孩子们有什么意义？

于晓楠：我觉得通过精心策划的剪纸活动，孩子们不仅掌握了剪纸的技艺，更在无形中传承了家乡珍贵的非遗文化。而更为重要的是，这些活动塑造了孩子们终身受益的品格和关键能力。当看到他们身着精心制作的剪纸服装，自信满满地登上舞台，展示出独特魅力时，那脸上的灿烂笑容与内心的坚定自信，让我深感自豪。因为我觉得在这个展示自我、放飞梦想的平台，乡村的孩子们也能绽放属于自己的光彩，拥有无限的可能。

问：能说说在过去的10年中，让您印象最深的一到两名学生，以及你们之间的故事吗？

于晓楠：2013年秋天，我第一次以教师的身份踏进学校，开始了自己的第一堂美术课。当时，为了活跃课堂气氛，我让孩子们画出他们眼中的老师。一个小男孩很快完成了任务，虽然他的笔触在人物的脸上过重，但整体的构图设计也算是可圈可点。我把他的画作展示出来，让其他同学一起欣赏时，孩子们却发出了嘲笑，我阻止了他们，并对这幅画提出了表扬和肯定。我解释道：每个人都有自己的审美，都是自己宇宙中最亮的那颗星，我们不仅要尊重他人，也要尊重他人的审美。后来，我了解到小男孩是班级的后进生，也明白了其他孩子嘲讽的原因。第二节课，我展示了几位美术大师的艺术作品，让孩子们了解绘画有多种表现方式，也告诉他们绘画没有固定模板，每个人都是一朵独特的花。

今年元宵节的晚上，我们再次相遇。他学业有成，见到我，眼含泪水，激动地握着我的手，说："一名优秀的老师，真的会影响学生一生，祝老师天天开心。"谁也不会想到那一次微不足道的鼓励，竟影响他至今。那一刻我意识到了一名教师的价值，我感觉我培育的花，开了。

问：您认为美育对孩子一生重要吗？

于晓楠：当然。美育的核心在于情感的滋养，它是一段历程的深刻体验，能塑造完整的人格，并尊重每个人的独特个性。美育的终极追求并非仅仅是对美的探索，而是将美的力量融入平凡生活的每一刻，让美育之光照耀每一个孩子的成长之路。我们要通过丰富多彩的美育活动，引导更多的乡村孩子踏上展示自我的舞台，这也许不仅是他们人生中的一次机会和蜕变，更可能对他们未来产生深远影响。

问：您作为一名人大代表，又是一名乡村教师，目前最关注的问题是什么？

于晓楠：作为一名人大代表和乡村教师，我目前最关注的问题主要集中在乡村教育的各个方面。首先是乡村教育资源的优化配置，乡村学校普遍面临教育资源不足的问题，如音、体、美等专业科目教师严重缺乏。我建议加强乡村教育资源的投入，提高音、体、美、劳等课程的师资配备标准，确保学生接受全面均衡的教育。其次，我比较关注乡村学生的成长和未来发展，建议加强乡村学生的综合素质教育，培养学生的创新精神和实践能力。同时，加强对乡村学生的关爱和支持，为他们的成长和发展提供更多的机会和资源。

问：未来，您对事业的规划是怎样的？

于晓楠：虽然在过去10年的教学工作中，我取得了一些小成绩，积累了一些教学经验，但是随着课改和2022年新课标的落实，这些远远不能适应时代和社会对教师的新要求。为了更好地通过美育滋润孩子的心灵，未来三年，我给自己设定了小而具体的实践性目标，让家乡的非物质文化遗产得到更好的传承，让每一名孩子都能遇到更好的自己。

首先，结合2022年版《义务教育艺术课程标准》开发校本课程教材，让我校学生人人都能参与到剪纸校本课程的学习。其次，创新剪纸课程内容，拓展剪纸实践活动，将家乡的古城景点与剪纸相结合，设计文创产品，让学生将剪纸应用于生活，为生活创造价值，形成当地教育的特色，真正做到以文化赋能乡村振兴。再次，整合已开发的课程资源，与周边乡镇的教师继续分享我的教学经验，扩大艺术教育的影响力，让家乡的剪纸文化落地生根。最后，获取更多的社会公益资源，为乡村孩子们谋福利。我也会走进社区，走进图书馆等公益场合，为校外的乡村孩子传递剪纸技能。

终身学习是我的目标，只有自身具备优秀的品格，才能将更好的知识传递给学生。我会继续聚焦核心素养，不断优化课堂教学，形成自己的特色美育课堂。美育传承不是一个点，而是一条线，贯穿孩子们的终身成长。我会继续开展丰富多彩的实践性美育活动，将美育作为立德树人的载体，浸润孩子们的心灵，为孩子们终身成长打好坚实的基础。

我还想去参观“剪花娘子”库淑兰的剪纸作品。我要亲口告诉孩子们，在中国这片贫瘠的黄土地上，曾经有这样一位老奶奶，一生困在农村受尽苦难，却靠剪纸为国争光，被联合国教科文组织授予“杰出民间艺术大师”称号。她用剪纸传递着对生活的希望，正是这种非遗匠人坚强、乐观的精神感染着我，在我迷茫时指引着我不断前行。

编者寄语

将非遗剪纸与课程相结合，多元化多层次教学，注重学生情感体验，尊重个性化差异，提升学生核心素养，增强民族文化自信。于晓楠用剪纸带领孩子把美的力量融入平凡生活的每一刻，让美育之光照耀每一个乡村孩子的成长之路。

人物档案

石彦辉：让侗族大歌在乡村教育的路上熠熠生辉

男
侗族
1969 年生
1988 年开始从事乡村教育工作

现任职学校：广西壮族自治区柳州市三江侗族自治县梅林乡梅林中学

所获荣誉：2006 年，获评“柳州市爱生模范教师”；2008 年，获评“八桂优秀乡村教师”；2009 年，获评广西壮族自治区“优秀教师”并记个人二等功；2010 年，获评“柳州市学科带头人”；2021 年，被评选为柳州市非物质文化遗产代表性项目“侗族大歌”代表性传承人；2022 年，入选“马云乡村教师计划”；2023 年，获评“广西最美乡村教师”，获广西基础教育自治区级教学成果奖特等等次。

人物小传

每年梅林“二月二”侗族大歌节，最吸引人的是梅林乡中学学生的侗族大歌展演，黑纱帕、银盘花、螺丝髻，稚嫩的容颜、甜美的歌声……清泉般古老的歌谣唱响了对这片山川土地的悠悠赞歌。岁月辗转，行歌坐夜，这场盛会中稚嫩的面孔换了一批又一批，而始终不变的是他们的音乐老师——石彦辉，青布包头、短坎肩，手弹侗族琵琶，坚定地站在鼓楼广场的中央。

石彦辉生于20世纪60年代末。1988年，他完成学业后就立马回到家乡三江侗族自治县梅林乡梅林中学任教。如今年过半百的石彦辉，仍然担任着梅林乡中学两个年级的音乐教师，并有一个更响亮的名头——“侗族大歌”传承代表。名头越响亮意味着身上的担子越重，但他给出了答案：“侗族大歌传承人的担子不轻，教育是侗歌传承最有效的方式，侗歌又赋予教育以美的熏陶。”

最初回到村里的时候，石彦辉受到了较大的冲击。记忆深处的家乡，每逢“月也”、梅林“二月二”侗族大歌节，村里男女老少、外地游客齐聚，热闹异常。清泉般闪光的音乐，掠过古梦边缘的韵律，荡漾在每一个人心中。但当他回到家乡，这样的景象已经很难见到了。更令石彦辉忧心的是，受“打工潮”的冲击，一大批孩子成为留守儿童，与父母分隔两地，缺少关爱、陪伴和正确的价值观引导，他们的内心产生了深深的孤独和无助感，逃课上网、打架斗殴、沉默寡言像标签一样紧紧贴在了他们身上。

任教几年后，石彦辉被提拔为学校的副校长，分管德育工作。面对民族文化式微和乡村留守儿童的现状，他想到用传统的民族文化来开展德育教育。“饭养身，歌养心。”侗族大歌里就有很多教人尊老爱幼、勤奋向上的内容。石彦辉相信，侗族大歌中特有的内涵价值，能照耀这片土地上的花儿。于是他把侗族大歌引入课堂，邀请歌师前来教学，并在学校里组建

石彦辉在教室给学生教授侗族大歌 / 龚普康摄

侗歌合唱队。石彦辉一有空闲就走村串寨，四处寻找侗族歌师，收集整理侗族音乐，同时自学乐理知识、编曲软件，历时四年完成校本教材《侗族音乐》的编写。为激发学生兴趣，丰富校园生活，石彦辉走访、动员学生家长，为学生缝制精美的侗族服装，开创“一班一展演”的侗族大歌展演模式，层层精选学生参加每年“二月二”侗族大歌节。功夫不负有心人，训练有素的学校侗族大歌队首次亮相便惊艳四座，名声大噪。学生在一次次的认可和掌声中越发自信，学校、梅林乡也掀起了学习侗族大歌的热潮。侗族大歌也真正地走进教材、走进课堂、走向世界，更重要的是走进了孩子们的心中，走向未来。

“以古人之规矩，开自己之生面。”侗族大歌在一代又一代孩子的吟唱中传承了下来，石彦辉借助侗族大歌也实现了他最初的教育愿望——用侗歌育人、以品德育心。乡村的孩子们不再囿于一方狭窄的天地，而是抹掉以往的自卑、胆怯，勇敢地走上大舞台，自信从容地唱着侗族大歌。如今，走进梅林乡中学，校门口“传承民族文化，培育文化自信”的校训，树枝上挂满的侗族大歌的歌词，学校展板、楼道墙壁粘贴的学生在各地演出的照片，教室里不时传出的如山泉般悠扬的歌声、琵琶声，这些都是石彦辉营造的校园文化氛围，他还在继续探索。他要探究更多的教育方式来培育侗乡孩子的文化自信，他要编制一本更系统的侗歌教材，他要激励侗乡的人民在执着中热爱、在传承中发扬，力促侗族大歌代代相传。

人物访谈

采访人：陈雅玲

问：石老师，您为什么会想到把侗族大歌引入教学之中？

石彦辉：我印象中的梅林乡“二月二”侗族大歌节盛大热闹，家乡的孩子意气飞扬，淳朴自信。可当我回到家乡，却发现一切都变得不一样了。学校的学生大多是留守儿童，父母远赴他乡务工，长期缺少沟通与关爱，于是产生了厌学、抑郁、逆反的心理。同时侗族大歌面临传承危机，乡里许多歌师年事已高，后继无人，这样的现状让我感到痛心。而此时，儿时的经历给了我启示。我的父亲是一位侗族歌师，每当我遇到问题，他唱的侗族大歌，像《油茶敬宾客》《侗家的脚步永不停歇》《处处安定团结紧》，这些歌总是能够让我的心沉静下来。于是，我想到把侗族大歌带到课堂，这样既有利于侗族大歌的传承，又能治愈这些孩子。

问：在几十年的侗族大歌教学中，有没有让您印象最深刻的场景？

石彦辉：第一次往往最深刻。2004年梅林“二月二”侗族大歌节孩子们的表演至今犹在眼前。那一晚，鼓楼熊熊燃烧的篝火和漫天星光相辉映，氛围却不似先前热闹。虽然请了歌师给学生们指导，在学校排练了一遍又一遍，但孩子们上台前，我是惴惴不安的。可当孩子们穿着精致的侗族服饰站到舞台中心，露出青春洋溢的笑容，伴随着芦笙洪亮又深沉的声音和侗琵琶的拨片翻飞，矫手顿足，我心里有了底。歌声婉转悠扬，余音在鼓楼的中心绕梁，而后散发在夜空之中。一曲终了，雷鸣般的掌声响起。当我回过头来看时，观众席人群簇拥，呐喊声叫好声不绝于耳，这一刻，我一生难忘。

问：听您描述这一场景，的确令人难忘。但我知道非遗传承之路并非一帆风顺，在侗族大歌教学中您遇到过哪些困难？

石彦辉：说到困难，这一路都很难。刚开始把侗族大歌引入课堂，学生认为这是“土歌”，比不上流行音乐，不愿学。组织学生参加侗族大歌合唱队，几乎没有几个学生参加。好不容易动员了十几个学生参与，又有家长认为学这种曾经在乡间随处可以听见的歌有点过时、不入流，也影响孩子的学习，甚至部分老师也不认可。我们处于偏僻乡镇，没有专业的音乐老师指导，没有系统的侗歌教材，我也是半路出家学习侗歌，能力有限，不能帮助学生深入地学习。好在历经千辛万苦，我总算解决了这些问题，带领学生去参加侗族大歌展演。但又碰到新的问题，一套精细的民族服饰耗时长、花费大；学校考虑到学生安全问题，再加上学校人力有限……所以很多次，外出展演都没能参加，错过了很多机会。几十年来，这样大大小小的困难数都数不过来。

问：面对这些困难，您做了哪些尝试与努力？

石彦辉：“兵来将挡，水来土掩。”遇到困难就解决困难，我是一个非常乐观并且有执行力的人。针对学生的叛逆，以及对侗族大歌的排斥，我首先从与我们息息相关的这片侗乡土地讲起，给他们介绍侗歌的历史渊源和文化内涵，让他们从内心深处生发出对先人的敬佩，对本民族文化的自豪和对自身责任的认识。同时我开创了一种“展演模式”，先是在一个班级内进行个人展演，随后晋级，进行年级比赛，最后选出优秀的班级，在全校展演，层层递进。一次次展演就是一次次锻炼的机会，学生的胆量、临场发挥的能力、自信心都得到培养和提升。孩子们逐渐在侗族大歌的舞台上获得了自信心与认同感，全校也掀起了学习侗族大歌的热潮。

针对教学资源稀缺，我就用假期去湘桂黔等地走村串寨，收集整理侗歌，并邀请各地的歌师来学校教授侗歌。同时我也自学乐理知识，提高自己的教学能力。传统的侗族大歌都没有词曲，难以大范围传播，为此，我主编了一本侗歌教材，给许多曲目编写了歌词、谱上了曲。目前，这本教材正在三江侗族自治县各中小学校使用。

问：您积极发掘本民族特色文化资源进行德育和美育，但遭到很多家长的误解，认为音乐排练耽误学习，您是如何解决这个难题的？

石彦辉：质疑和误解不可避免。我们少数民族地区经济不发达，在家长心中，读书是孩子唯一的出路，他们这种朴素的认知我是可以理解的。所以我们侗族大歌的教学都安排在音乐课。合唱队和展演也是利用课余时间和晚自习进行排练，绝不占用孩子们的文化课时间。每一次展演我们也会邀请家长前来观看，当他们看到自己的孩子美丽、自信、从容地站在舞台上歌唱，综合能力得到了很大的提高，慢慢认可了侗族大歌的教学。尤其是当他们在“二月二”侗族大歌节，以及各县、市、省级比赛中看到自己孩子的身影，听到自己日常劳作时吟唱的侗歌，更从心底里生发出一种骄傲和自豪，并且主动参与，给孩子缝制衣服、准备银饰。

问：您刚才提到，除了日常的教学，您还要走访动员，组织学生排练，跑到湘桂黔等地拜师学艺，那您是如何兼顾这些的呢？

石彦辉：梅林乡是乡村中学，缺少音乐教师，我日常的教学任务很重，没有时间。组织学生排练一般在晚自习。走访动员、走村串寨只能利用休假的时间。但我那时年轻，有使不完的劲儿。离得近的村子，就悠闲地走，和歌师慢慢地交谈；离得较远的村寨，就得费老大劲儿。当时侗乡交通很不方便，为了寻访到一名歌师，我常常要转多趟汽车，走几个小时的山路。我记得有一次是到贵州的一个侗乡山村去，花了两天时间才找到当地的歌师。但是因为喜欢侗歌，我很享受与歌师的交流，所以即使再苦再累，也甘之如饴。

问：您觉得目前乡村教育还有哪些方面需要改善？

石彦辉：关于优秀教师资源匮乏的问题，我自己深有体会。乡村交通不便、基础建设落后、劳动强度大、生活保障条件不完善，乡镇教师工资待遇普遍较低，发展前景受限，这些都是客观存在的问题。所以关于乡村教育，还需要政府加大扶持力度。同时我认为乡村教师要有自身职业认同感和对教育事业的热爱，这样才能克服艰难的环境。而不是把乡镇教育经历视作跳板，只要有机会就往城里调。

我把侗族大歌引入课堂其实有更深层的原因。乡镇中学学生的心理问题往往被忽略。农村的中学生，大部分家庭经济状况较差，再加上缺少父母的陪伴与约束，他们往往缺少安全感，性格敏感、自卑或者叛逆。而乡镇教育条件有限，缺少专业的心理教师，所以我想到了侗族大歌。侗歌中关于劳动、自然、情感的内容能够丰富学生的学习生活和内心情感，而上台展演也能培养他们的自信心。

问：因为热爱，您不辞辛苦，推动侗族大歌的发展。因为责任，您关注学生的心理问题，并且把传统民族文化融入教育中来。您能结合自身经历，说说非遗传承与教育的关系吗？

石彦辉：我认为两者是互惠互利的。非物质文化遗产是中华文明历史长河积淀与传承下来的宝贵财富。侗族大歌从春秋战国时期发展而来，是侗族人民传承文化的重要载体。侗族大歌“以歌传文”，歌中很多内容反映了侗族人民对天地万物的认识、生产生活的经验，对后世有重要的启发。侗族大歌中模仿自然界的蝉鸣鸟叫、松涛回声、潺潺流水，和谐唯美，自由细腻，能够让人在浮躁中静下心来。所以侗族大歌是德育的重要资源，尤其对于我们少数民族地区，这是接地气且特有的资源。

教育是文化传承最有效的方式。侗歌的发展需要注入青春的力量。让侗族大歌走进课堂，给学生展示侗歌的机会，让他们去展演、去创新、去获得掌声，从而带动整个地区对侗族大歌的重视，增强对侗族文化的认同感、自豪感，这样他们会自发地去传承本民族的文化。

问：如今，您已经培养了一代又一代优秀的孩子，也推动了侗族大歌的发展，对于未来您还有什么规划？

石彦辉：我要做的事还有很多。首先，现在学校侗族大歌教学开展得如火如荼，政府也给予了高度重视。但是侗歌的普及还不够，我自己编写过一本侗族大歌的教材，但整体是零散的，所以现在我要深入学习侗歌文化和乐理知识，编写系统的侗族大歌教材，以便学生在学习的过程中能够更全面地了解侗歌文化。

目前学生对学习侗歌热情高涨，但侗族的传统艺术并不仅仅只有侗族大歌，侗琵琶、芦笙舞、侗戏、侗绣等也有悠久的历史，但这些民间艺术均面临传承的困境。这些民间传统技艺需要创新，所以我想尝试把这些艺术表现形式融入我日常侗族大歌的教学和展演中去，从而推动侗族少数民族传统艺术的发展。

在教学方面，我正在进行课题研究：如何在侗族大歌的教学中培养学生的文化自信。希望能探究更多创新且有效的侗族大歌教学方式，引导学生树立正确的价值观、人生观，并应用到具体的实践中去。

问：在您的身上我深刻感受到“活到老，学到老”这句话。目前，很多少数民族文化在传承的过程中遇到了瓶颈期，您能结合您的教育经历，给他们提一些建议吗？

石彦辉：首先，文化传承的氛围很重要。比如在学校里面，除了教学，我们还注重氛围的营造，会表扬侗歌唱得特别好的学生，在走廊、过道张贴每次展演的照片，在校园的多个展板展示侗族大歌的歌词，让学生潜移默化接受侗族大歌文化的熏陶。同样我们也会“走出去”，在乡间开展侗歌课堂，去普及侗族大歌，去各个地区展演交流，获得掌声与赞美，让全中国、全世界看到侗族文化的精彩，从而激发所有侗族人源自内心的自豪感。

其次要紧跟时代，要创新。有句古话，“穷则变，变则通，通则久。”我们少数民族的优秀艺术需要在继承的同时和时代紧密联系起来才能绵延不绝。比如疫情防控期间，整个侗寨陷入一种消极的情绪之中，我根据当时的情况创作了一首侗族大歌《侗寨齐心抗病毒》，鼓励我们侗族村寨齐心协力，共同抗击疫情，取得了较好的效果。在日常的教学中，我还会请学生把当下一些流行的元素加入他们的展演中去，既激发了他们的积极性，也推动了侗族大歌的发展。

编者寄语

数十年走访动员，湘桂黔辗转寻访。以歌育人，润物无声。从课堂到展演，用舞台上的自信回应质疑，借雷鸣般的掌声塑造心灵。一万里跋涉，驰而不息，36年来，石彦辉坚定地扛起乡村教育的重担，让那流传了千百年的歌声永远萦绕在绿水青山之间，伴随着侗乡儿女走向新的未来。

人物档案

李素怀：挖掘生命的潜能与天赋

女
汉族
1979 年生
2000 年开始从事乡村教育工作

现任职学校：吉林省公主岭市秦家屯镇第二中学教师

所获荣誉：2012 年，获评《中国教师报》“最美教师”；2014 年，获评“吉林省教学新秀”、《中国教师报》“新生代班主任”；2017 年，获评“吉林省科研新秀”，入选“马云乡村教师计划”；2018 年，获评“吉林好人”。

人物小传

2017年的“马云乡村教师计划”名单揭晓，来自吉林省公主岭市秦家屯镇第二中学的数学教师李素怀成为入选教师之一。从吉林一所乡村学校走上三亚的颁奖台，这不是一张机票6个小时、飞行3700多公里的距离那么简单，它浓缩了李素怀10多年从困惑迷茫到豁然积极的整个心路历程。

李素怀出生在农村，因为家中三姐弟都要念书，为减轻家中负担，她报考了中师。2000年毕业后，她回到家乡当了一名乡村教师。刚参加工作的8年里，李素怀一直担任科任教师，工作四平八稳，没啥挑战性，也缺乏热情。

2009年，李素怀第一次当班主任，教的班是个让全校都头疼的“问题班”。李素怀遵照前辈的教导，树立严师形象，严格管理班级，严肃处理问题。可结果却适得其反，师生逐渐陷入了“互相伤害”的怪圈。那段时间李素怀感觉心慌，全身发冷，身体动弹不得，去医院一检查——轻度抑郁症。

为求得支持，从未出过远门的李素怀跨过大半个中国，向教育专家们请教，可结果依旧不理想。心病还须心药医，解铃还须系铃人。“作为乡村教师，我们当然应该把对教育的坚持当作信仰，但有时候要讲究方法。”李素怀试着站在学生的角度看自己和世界，反思自己和过去的一些做法。意识到问题所在，李素怀努力学习如何有效沟通，理性解决问题，正确表达关心和爱护。

李素怀开始了漫长的学习之路。最初阅读教育类书籍，后来她觉得需要学习更多更新的教育理念和方法，以寻求解决乡村教育资源不足等问题。于是，她省吃俭用，24年来自费8万余元，利用寒暑假走遍全国37座城市参加培训、调研、学习。

一路奔波，刻苦学习。李素怀更加深刻地体会到，“城市孩子可以自由发展个性、培养创新思维，但很多乡村孩子却连学习的机会都不易得到。

李素怀与学生在教室合影 / 受访者供图

当这种差距更直观展现在乡村孩子面前时，很可能会打击他们的自信，影响他们的成长。”于是她会坚持每次培训后都上一节分享课，让学生们看到更广阔的风景；会发起“愿望清单”活动，将学生的愿望收集起来发布在博客上，请博友自愿认领，为乡村学生了解世界提供窗口；会邀请各行各业的能人到班级举行讲座，希望学生能在讲座中“遇见未来的自己”。请人本就是难事，更何况邀请名人。自 2010 年以来，李素怀邀请省内百余名大学生进入农村校园，还邀请获“吉林好人”“道德模范”等称号的优秀人士开展讲座 21 次，开展名人班会活动 48 次，借力社会力量促进农村孩子成长。2012 年，李素怀开始召集社会好人资助贫困农村孩子上学，先后资助 10 余人。工作 24 年，李素怀共写下 2500 多篇教育随笔，约 400 万字。

人物访谈

采访人：刘志敏

问：从教24年，扎根乡村教育，您不仅经历了农村教育设施落后的阶段，也经历了现在农村教育设施的完善。您自己发生了哪些变化？

李素怀：我发生了很多改变，比如教育理念的改变，以前认为教书就是教育，但随着在教育里遇见了很多问题，让自己陷入沮丧、挫折，开始慢慢尝试改变，觉醒、学习，后来我对教育的理解变得不一样。遇见李镇西老师、朱永新老师，开始慢慢跟着他们学习做教育，也找到了教育的本质，用我的生命影响学生的生命。我开始思考我的生命状态是什么样子的，通过觉察自我，开始成长和学习。尝试各种方式，让学生体验和成长。

问：这些年您的学生也发生变化了吗？现在的学生和以前的有什么不一样？

李素怀：我觉得现在他们最大的特点就是对生命的看见和对生命的尊重，他们对待自我都有了新的理解。我刚参加工作时，学生比较简单，家长比较淳朴，用我的老师教我的方式教学，用他们教我的方法管班，都比较见效。但后来随着城镇化，很多家长外出打工，会把很多思想和理念带回来，对孩子的成长也是很大的冲击。加之长时间的留守儿童生活、教育缺失等等，他们的问题反而更多，但也是另外一种方式的进化。他们是城镇化的一种表达，也是留守儿童成长的必然，处于这种背景下，我也在想如何能够支持他们把缺失的那部分找回来，所以开始关注并开展生命教育。

问：在24年的教学生涯中，您曾迷茫过、困惑过、纠结过，甚至还抑郁过，您曾有离开农村的机会，为何选择继续留下？

李素怀：当你用心地做一件事，并投入，你会找到自我的价值，好像那个就是我的教育使命。我犹豫时，问过我的很多导师，他们都告诉我听从本心。我不知道怎么听从，他们就告诉我要自我觉察。比如当你离开时，你内心是坚定还是犹豫。如果犹豫那就是内心不愿意离开；如果不离开，就不要后悔，那是你人生的使命，可以让你施展自我的才能。所以夜深人静时我常常问自己，我想要什么？留下是因为我想做点事情，这件事是关于乡村教育。同时我也重新定义了自己，我不再是教师，而是教育者，教育者就会拓宽自己的教育格局。

问：截至目前您一共到过多少个学生家、做过多少次家访，您还数得清吗？有没有印象深刻的事？

李素怀：那有点记不清了。我们镇比较大，远的30多里，交通不方便，有时骑自行车。我记得当时去秋雨同学家，我和他妈妈聊了好多关于孩子的事情，他妈妈抹着眼泪牵着我的手说："我孩子学习不好，还调皮，没想到在老师眼中他那么好，你那么远来村里看孩子，让我好意外。我家孩子学习不好，家里条件不好，我以为谁都瞧不起他。"那一刻我看到对孩子的好，不仅仅可以支持一个生命成长，也可以帮助一个家庭。

问：是什么机缘让您开始关注乡村孩子的生命教育？

李素怀：是我的生命状态出现了问题，我接管一个成绩不佳的班级，各种评比都排到最后，挫败感让我特别沮丧，委屈和付出感常常让我内耗，把之前的工作热情和激情侵蚀殆尽，我会把这种情绪带入我的教育中。我常常做励志教育，比如努力做到更好，让别人瞧得起我们，我所任教的学生并没有按照我的要求有好的表现，他们也越来越"差"，似乎看不到希望，都觉得自己很差，甚至就用更差表现来证明自己。我也苦苦寻找原因，慢慢地，我发现我在做反人性的教育，强制他们做他们做不到的事情。我开始转变自己的生命状态，比如我允许我自己做不好，我允许孩子们做不到，我放下所有的评比，我们接受排到后面，但我们不放弃成长。我开始调整思路，先让孩子们快乐起来，然后再让孩子们成长起来，先让孩子们感觉好，再让他们成功。所以我开始创造体验活动，让孩子们感受成长过程中其实有很多有趣好玩的事情。

问：您有自己的公众号，以前还有博客，让我一度以为您是位语文老师。是什么让您在繁忙的教学之外，还能写下400多万字、2500多篇教育随笔？您想借助这些文字表达什么？

李素怀：我在博客写下了2500多篇教育文章，可惜现在博客的时代过去了，我现在主要在公众号记录些生活感受。不管写博客还是公众号，都帮助我成长起来。最开始我表达自己的心情，比如今天心情很糟糕，哪个学生表现不好，哪个家长无理取闹等，就会有一些人围观，给我发来小纸条，安慰我，并建议我换个角度看待问题。所以说文字的记录更像是我的成长，我开始转变文字的记录方式，由一开始的抱怨到后来记录问题，再后来拆解问题，最后形成教育经验。

问：和您聊天、看您的文字，感觉您是个特别健谈的人，但听说您以前患有轻度抑郁，方便和我们讲讲那段经历吗？

李素怀：初登讲台时，我满怀激情，想做点事情，但是现实总是有各种限制，让你无法施展拳脚。其实从更深层的来说，是我内在还没有成长，缺乏成长力量，所以就会向外谋取更多认可来满足自己的需求。全心全意努力，得不到评优，我就会特别的委屈；碰到更多问题学生，常常无力解决；日积月累的这些负面情绪，最后让自己崩溃。抑郁导致自己的精神状态很不好、睡眠不好、容易焦虑。有一阵子我请假在家养病，学生给我写信，希望我能够好起来，他们很惦念我，并告诉我，如果我不要他们，就没有人会要他们了。那一刻，我被他们唤醒，开始自我拯救，才通过学习来提升自我。

问：您曾自费走遍几十座城市探索乡村教育的发展之路，是什么让您有走出去学习探索的动力？

李素怀：2012 年教完那一届毕业生后，我一直在犹豫，还当不当班主任，觉得当班主任太辛苦，最关键是没有幸福感。那一年我家买了电脑，安装了网线，我在网上查中国教育名师——李镇西老师的名字出现在我的眼前，也走进了我的生命里。我阅读他的文章，最后买了他的书。2012 年 7 月，我有机会去成都武侯中学见李镇西老师，我向他讲述了我的教育困境，李老师让我研究学生，研究教育，从那以后我开始尝试跟着李老师做教育。那一次经历让我彻底发生了改变，也让我看见了外面的世界、外面的教育。从此我便有意寻找一些学习资源，教育行走带给我的不仅仅是思维的改变，更是行为的改变。

问：您的同事评价您是一个"爱折腾"的人，对教育充满激情，您与学生"折腾"出了什么样的故事？

李素怀："折腾"无非就是和常规的教育不太一样。我很注重学生对生命的体验，比如做生命教育，我带孩子开垦荒地，栽种植物，养田螺、小鱼。孩子们在与田螺、小鱼共同成长的过程中，就会出现田螺生宝宝的事情。我和孩子们一起观察，每天看着田螺宝宝成长，也就投射到自身的成长中。后来，田螺妈妈去世，孩子们感受到"亲人"的离世，我们将田螺妈妈进行了土葬。后来田螺爸爸的离开让孩子们感受到，生命终归要走向死亡，一个人要学会照顾自己。他们把这些经历投射到自己的生命成长中，写在周记里，形成了一个个成长的故事。

问：您不断学习，努力探索适合乡村孩子成长的策略，让人感佩。您不仅自己走出去，也常常把优秀的人请进校园，您邀请过哪些优秀人物走进校园？他们给孩子们带来了什么？

李素怀：歌唱家、书法家、大学生、雷锋车队、民警、农业机器所研究人员……让学生与优秀的人接触，听各行各业的故事，从而通过他人了解自己，给自己做好职业规划。2017 年 4 月 21 日我为孩子们请来了著名歌唱家、吉林好人标兵姜晓波老师和吉林好人标兵、姜晓波艺术培训学校校长国歌进行成长交流。为了那次《为梦想歌唱，为青春喝彩》活动，我和姜老师策划了一个月。姜老师给孩子们讲她的经历，她如何做好人好事，又把儿子国歌介绍给孩子们。国歌当时在东北师范大学就读博士学位，他教孩子们乐理，与孩子们一起唱歌聊天，谈论当下流行的歌曲与歌手。孩子们一下子就喜欢上了这位优秀、帅气的哥哥。

爱的关注让成长变得美丽。在爱的体验中，孩子有了梦想，也有了今后努力的动力。

问：您如何把这种学习成长转换到课堂教学中？

李素怀：我感觉我的生命状态变好了，我学会了欣赏生命。面对每一个孩子我都能看到生命原本就具有的潜能和天赋，我就会尽我所能地保护好孩子的天性，比如他的善良、他的好奇。教学上我不会像之前那么急躁，很在意一个答案，或是在意答案的对与错，现在我更在意他的想法，他想要表达什么，以及这表达背后的意义。

编者寄语

她在很多家长和同事眼中是一个爱“折腾”的人，她曾自费走遍几十座城市探索乡村教育的发展之路，她注重学生对生命的体验，积极开展生命教育，还经常请来社会各界人士走进班级跟孩子们互动交流，她就是扎根乡村教育 24 年的“最美教师”李素怀。

人物档案

程秋萍：手工扎染传承文化，劳艺结合培育桃李

女
汉族
1974 年生
1994 年开始从事乡村教育工作

现任职学校：辽宁省抚顺市望花区塔峪镇中心小学

所获荣誉：1997 年，获评“望花区优秀教师”；2003 年，获评“抚顺市优秀教师”；2020 年，获评“一师一优课、一课一名师”竞赛省级优课；2021 年，获评基础教育精品课省级优课；2023 年，获评“望花区最美教师”“辽宁省中小学美术学科骨干教师”，入选“马云乡村教师计划”。

人物小传

程秋萍是辽宁省抚顺市望花区塔峪镇中心小学的美术教师，已扎根乡村教育30年，获得区、市、省、国家级各种奖项60余次。命途多舛，程秋萍曾患脑垂体微腺瘤，病休了4年。2018年病情稳定后，她便申请回到工作岗位，全力以赴做好每项工作。

2020年，新校落成，程秋萍主动请缨以扎染为突破口，利用课后服务时间，带领美术社团的学生学习扎染，传承优秀传统文化，希望通过扎染唤醒乡村孩子的内驱力、激发创造力，帮助他们改变胆怯、懒散的状态，增强自信、完善自我。

为了让学生更好地了解扎染历史，感受扎染的艺术魅力，程秋萍查资料、看视频、大量动手实践，探寻适合学生操作的方式方法。她带领学生从扎染小方巾、大方巾到小袜子、棒球帽、雨伞、T恤衫、旗袍……原本平平无奇的物品，通过她们的双手，变成色彩绚丽、新颖别致的艺术品，学生渐渐对扎染文化产生浓厚的兴趣并积极探索，好作品如雨后春笋般被制作出来。

为了让扎染文化更大程度地散发魅力，更为了培养学生的核心素养，她引导学生用扎染设计服装、头饰、配饰等，并登台走秀。农村孩子很少有机会，也因为胆怯、腼腆不敢走上舞台，于是她逐个谈心、鼓励，帮助他们打开心扉，让学生成功登上展演的舞台，展演也受到全校领导、师生及家长的好评。

目前，扎染成为塔峪镇中心小学独特的文化特质，受到很多关注与赞赏，获得多个区、市、省级奖项。扎染项目也被评为抚顺市精品课后服务重点推广项目。2022年，全区中小学美术教师到学校参观扎染成果，程秋萍做了传承扎染的经验交流，还利用各种机会宣传、推广扎染文化，把扎染艺术传播到更多的学校。

艺术滋养心灵、美育促进成长。学习扎染后，这些乡村孩子变得爱学习、

程秋萍和扎染小组学生在校园内进行向日葵写生 / 受访者供图

肯吃苦、善沟通、懂合作、乐奉献；变得自信阳光，在各种艺术活动中都表现出独特的审美与艺术情趣。孩子们的扎染秀还成功登上了乡镇举办的“丰收节”的大舞台。

扎染活动离不开水，每到冬季，不忍心看孩子们的小手被冻得通红，程秋萍便将扎染活动改为各种绘画和手工课，如线描画训练，制作缎带花、丝网花，进行废物改造利用等，锻炼学生的动手能力。为丰富美术课程的内容，她还尝试学科融合，开设葫芦画、滴胶植物标本制作、植物敲拓染、陶艺等课程，激发学生的想象力、创造力。

程秋萍在工作岗位上竭心尽力守护、传承中华优秀传统文化，也将和学生们一起逐鹿而上、踏梦前行。

人物访谈

采访人：李志明

问：能谈谈您深耕乡村教育30年的原因吗？

程秋萍：我生于农村，长于农村，家里有四个姐妹，父母也都是农民。我年幼时家中贫困，中考前因母亲生病，我险些辍学，是母亲极力劝说甚至以死相逼，我才继续学业，后来考取师范学校。1994 年，我从师范学校毕业后，回家乡成为一名乡村教师，这一做就是 30 年。我深知农村生活的不易、农村孩子求学的艰辛，希望通过自己的努力使我的学生开阔视野、提高素养、拥有梦想、丰富生命体验。曾经，我也想过要离开，但我离不开生养自己的土地和亲人、正直的领导、朴实的同事，特别是乡村孩子纯净、渴求知识的眼神，让我义无反顾地决定扎根乡村。在乡村从教的日子，我深深体会到，我给了孩子一点点的鼓励与赞美，孩子们便回馈我无限的喜爱、尊重与信任。他们回馈给我最真挚的情感，这是任何物质条件都换不来的。

问：这份工作给您带来了什么样的乐趣？

程秋萍：我觉得一个人最大的幸福，是能够做自己想做、能做、喜欢做的事，如果这件事还能帮助到别人，那么自己会更有满足感和成就感。每一天，工作的忙碌、辛劳、成就、喜悦交织在一起，让我体会到满满的充实和幸福。我们学校的刘校长有一次在期末总结时说：“程老师每天忙碌于扎染，很忙、很累，但我相信她恰恰是最充实、最快乐的那一个，这就是情怀。”校长的话触动了我的内心，我很感动。我想说：看到乡村的孩子，就仿佛看到曾经的我，我爱他们就如同爱我自己。带着乡村孩子投身扎染，虽忙，虽辛苦，却体会到前所未有的充实、坦荡与从容。

问：您曾患脑垂体微腺瘤，现在也需要长期服药，您是如何平衡做好工作和照顾好身体这两者的？

程秋萍：我是一个闲不住的人，也有很多爱好，书法、画画、扎染、刺绣、陶艺、手工制作等。因为喜欢，这些事情做起来就不会觉得辛苦，反而感觉很解压，似乎大脑得到了放松。我也很喜欢和学生在一起，因为学生也喜欢画画、扎染、手工制作，我上课时觉得轻松自在、很有成就感。对于终身服药，我已经习惯了，吃药像吃饭一样正常，无视它，身体状况反而好起来。大道至简，我现在的养生之道就是：白天认认真真做事，夜晚踏踏实实睡觉。

问：是什么样的契机让您决定通过扎染来传承传统文化？

程秋萍：在师范学校上学的时候，我就被这种蓝白相间的美所吸引，但一直没有机会接触到。2018 年寒假，我和孩子到云南旅游，特意参观了大理的周城璞真综艺染坊，我被那一抹蓝深深地吸引住，被传统手艺人精湛的技艺所折服。回校后，我便跟校长提议开设扎染课，这一提议得到了校长的支持与认可。2020 年，我们的新学校投入使用，我也终于开始了自己扎染教学的设想和实践。

问：您在上扎染课期间遇到了什么困难？如何解决的？

程秋萍：困难太多了。我对扎染了解有限，为了教学，我需要查阅很多资料、看很多视频，但了解和实操之间还有很大的差距，真到实践时，就会出现各种问题。而且网络上的信息有限，我虽投入了大量的时间和精力，可对于扎染建缸、扎缬等核心技术始终不能完全掌握。所以最初我们做的扎染就是化学染，因为简单、便捷、易于操作，然而这不是我想要的结果。但在我和孩子们的努力下，美术社团工作小有成就，到学校参观、调研的领导和老师渐渐多了起来，交流、学习的机会也变多了。我们刘校长更是多方探寻，了解到沈阳工学院的李宁老师做蓝染多年，成果显著，便带领我们去拜访、学习。因此，我们学校的蓝染项目有了技术上的强大支持。

来自学生方面的困难也比较多。学生不了解扎染、手没劲、缠绳子不会系扣、染色不到位、色彩搭配不美观、作品没有设计感等，解决的办法就是多看、多讲、多练。我对学生逐个指导，从最简单的缠绕皮筋开始训练，到讲解色彩搭配、画面节奏、提升审美，给予他们耐心和鼓励，孩子们的扎染技能也逐渐提升。

问：上课所要用到的扎染的颜料、材料您是如何准备的？

程秋萍：我们乡村小学留守儿童和单亲家庭的孩子比较多，家庭条件都不是很好，平时美术课的用具都很难准备齐，更别说扎染材料了，不论是染料还是白棉布，都比较贵，而且这些都是易耗品。但学校领导非常重视、支持我们社团，所以经过和校长商定，社团所有材料费用都由学校承担。我们还申请了一笔乡村少年宫的资助经费。费用问题解决了，其他困难就好解决了。刚开始时我的工作量非常大：采买、裁剪、分发、调制染液等，上一节课，我至少要花两节课时间准备材料，课前我还要将课堂内容反复实践，以保证学生学习扎染的效果。随着孩子们能力一点点地提升，我还培养了几个小助手，工作轻松了许多，孩子们也得到了锻炼。

问：扎染不容易，在教授学生学习扎染的过程中，有没有哪个学生、哪件事让您印象深刻？

程秋萍：印象深刻的孩子有很多，其中涵涵同学的转变让我很有成就感，也更让我坚信艺术教育真的可以滋养心灵并改变一个人。涵涵上六年级，爱说话、嗓门大，比较早熟，动手能力一般，本不该进美术社团，但班主任想让她通过画画和扎染收敛性情。在社团课上，我为她操碎了心。起初，她坐不住，嘴从来不闲着，也做不出一件完整作品。在我的重点“关照”下，她的第一个像样点的作品成功制作并被我表扬后，她高兴得不得了。我发现从这之后她开始转变，能坐得住了，不乱说话了。更重要的是她迷上了扎染，一有时间就跑到美术室“研究”，每天午休必到，还在学校艺术节比赛中获得绘画二等奖、扎染一等奖的好成绩。在她的影响下，六年级的 5 个女生每天午休时必来美术室“打卡”，有时画画，有时做小手工，有时还和我聊天。她们把我当成了朋友，和我无话不谈，也成了我的得力助手，帮忙打扫卫生、整理物品、上课时辅助指导低年级的学生……扎染的染液其实很臭，但她们每次都强忍着和我一起调配染液。她们的成长真的令我欣慰，从一无所知到能自主创作，从懒散拖拉到积极主动，从对环境脏乱的漠视到主动打扫卫生……去年 9 月，她们毕业升入了初中，但一有时间就会来看我，和我聊初中的趣事，说小女孩的心事，谈理想。还有什么能比学生成长、对老师信任和感恩，更让一名老师感到幸福的呢？

问：您能简单介绍一下您所在学校的植物染缸体系吗？

程秋萍：我们学校目前是辽宁省劳动教育基地示范校，扎染是一种精细劳动，我的科研课题就是《劳艺结合的传统文化校本课程的开发与利用》，目前已进入结题阶段。我们学校有自己的劳动实践基地，从自己种植蓼蓝、制作蓝靛染料到建缸染色，再到成品文创的制作，形成了一整套体系。下学期我们会尝试不用任何化学助染剂，而是用纯天然米酒、石灰等营养剂和还原剂来建缸染色。

问：开展活动需要得到家长的支持，您是如何获得家长的支持配合的？

程秋萍：首先，我们的活动不收取学生任何费用，家长没有经济负担。其次，利用孩子的课余时间上课，让孩子在学校免费学了一项艺术特长，还能登上舞台展示自我，家长反对的声音比较小。最后，再加上我的一些小妙招，让孩子心生向往，家长就更会配合支持了。

首先是言传身教。我在课余时间练书法、刺绣、手工制作等，会让很多孩子产生向往。其次是教必有果。通过日常教学，孩子的绘画、动手能力都有提高，学生有成就感，家长有自豪感。再次是设定门槛。扎染社团是面向全校的特长生训练活动，为长远发展，必须涵盖各个年龄段的学生，但人数有限，在不影响学习的前提下，能够进入扎染社团的得是学习能力强、学习效率高的孩子。经常不完成作业的孩子，我会让他离开美术社团；学习好、期末考试成绩高的孩子，我还会买一些学习用品奖励他们。所以参加美术社团的孩子不仅没影响学习，反而很多孩子成绩都有了进步，家长也更愿意配合学校工作。最后是提升修养。日常活动中，我不仅教给孩子们美术、扎染方面的知识、技能，还引导孩子要养成良好的习惯和品性。好几个不同年级的孩子都曾跟我说，他们长大了也想当美术老师，我想这应该就是我对他们产生的影响。我带给孩子们积极、正面的影响，家长也能看到孩子的转变，所以我不用跟家长沟通太多，家长们就非常支持我的工作。在我们学校，能够进入扎染社团，已经成为学生和家长们都非常向往的事情。

问：您接下来的工作规划是什么？

程秋萍：现在我和我的孩子们已经开始挑战型染这项具有1300年历史的非遗文化，正在尝试镂空刻板练习。在一年的时间内，我计划让每一个孩子都攻克镂刻花板、刮浆、染色等基本技术。后续逐步让孩子们能独立设计纹样，完成简单的主题创作，能创办师生作品展。我还计划将扎染做成学校的校本课程，以美术大单元教学的形式呈现，引导学生深度学习，形成大观念、大概念，在学生心中厚植家国情怀、培养创新意识。

编者寄语

您提灯引路，无畏风雨寒霜；您拾光筑梦，潜心俯首耕耘。三十载春秋，您如同一棵坚韧的大树，深深扎根在乡村教育的沃土，用情怀传承文化，用爱心培育桃李，用实际行动诠释着“教育者”的深刻内涵。

人物档案

瓦桑吉尚：农牧村儿童的『圆梦人』

男
藏族
1986 年生
2005 年开始从事乡村教育工作

现任职学校：甘肃省武威市天祝藏族自治县民族师范学校附属小学

所获荣誉：2017 年，获评“天祝县优秀教育工作者”；2018 年，获评武威市“乡村骨干教师”，课例《吐弥桑布扎》被教育部评为 2018 年度“一师一优课、一课一名师”活动“优课”，小学藏语文《吞弥桑布扎》获评甘肃省少数民族语言“一师一课”一等奖；2019 年，获评“天祝县四有好老师”“甘肃省农村骨干教师”，获天祝县 2019 年度中小学教师教学技能大赛一等奖，小学藏语文《祖国的新面貌》获评甘肃省少数民族语言“一师一优课、一课一名师”一等奖；2020 年，入选教育部 2020 年乡村优秀青年教师培养奖励计划，入选“马云乡村教师计划”。

人物小传

“教育是个良心活，我们要对得起自己的良心。”从小在牧区长大的瓦桑吉尚深知牧区生活的艰辛，当他成为一名教师后，更是下定决心要用自己所学的知识去改变家乡孩子的命运。

19 岁那年，瓦桑吉尚中师毕业后选择回到家乡当一名牧区小学教师。每月拿着不足 300 元的工资，所在学校离家路途遥远，亲人们担心他身体吃不消，苦口婆心劝他走出牧区，去更广阔的天地闯一闯。这些困难和质疑的声音都没有打消瓦桑吉尚那颗扎根牧区教育的决心，在这一干就是 19 年。

回忆起这 19 年的牧区教育经历，瓦桑吉尚的嘴角总是上扬着一丝幸福，在他看来，和孩子们在一起的日子虽累犹乐。寄宿制学校的孩子一个学期可能只回一次家，幼小的孩子们常常因为想家而躲在被子里哭。了解到这个情况后，瓦桑吉尚每天清晨都会早早来到宿舍督促学生起床，帮他们整理床铺，带着他们一起洗漱、吃早餐；晚上孩子们怕黑不敢一个人上厕所，瓦桑吉尚会打着手电筒给他们照路。为了安慰想家而睡不着的孩子们，瓦桑吉尚还会给他们讲自己小时候的有趣经历，直到看到孩子们入睡，他才带着满身的疲惫回到自己的宿舍休息。

寄宿制学校的孩子休闲时间较少，在校生活十分单调。学校的孩子们大多是藏族牧民，能歌善舞，瓦桑吉尚结合这一特点，在学校开展“三个一”校园文化活动，即每年开展一次文艺汇演、每年更新一次校园锅庄舞、每年组织一次“红歌会”来丰富学生的校园生活，在活动中发掘学生对艺术的兴趣爱好。这样一来，孩子们对瓦桑吉尚的信任与日俱增，越来越喜欢寄宿的生活，孩子们都称瓦桑吉尚是他们的“在校父亲”“治病大夫”和“交往挚友”。

孩子们校园生活幸福感强了，学习劲也足了。为了让课堂更加高效，瓦桑吉尚有意识地提升自己的专业教学水平，珍惜一切外出培训的机会。

甚至自费购买网络课程自学信息技术，从简单的办公软件到“希沃白板”等交互式教学软件的应用，瓦桑吉尚常常一个人默默摸索到夜深人静。掌握了这些常用的信息技术后，瓦桑吉尚也逐渐形成了信息技术与学科创新融合的教学风格，先后多次在国家级、市级、区级教学竞赛中获奖。在瓦桑吉尚的带动和影响下，身边的青年教师也渐渐改变了教学观念，积极参与各项教研活动来促进个人专业发展，学校的教学质量上了很大一个台阶，一批批孩子走出高原，考上理想的大学。

19 年风雨沧桑，从放牛娃到为人师者，瓦桑吉尚凭自身努力，从初上讲台的青涩，到如今更加自信与从容。瓦桑吉尚始终牢记自己的教师身份和教育初心，默默坚守在高原，用爱去播撒教育的种子，让一批又一批放牛娃奔赴自己梦想的航道！

人物访谈

采访人：邹春宏

问：身为扎根一线的农村教师，您觉得最难克服的困难是什么？

瓦桑吉尚：19 岁的我中师毕业后怀着美好的憧憬和希望，如愿以偿地站在了毕业的母校——红圪垯小学的门口。熟悉如故的校园，一花一草、一砖一瓦都让人格外亲切，儿时在这所学校学习的点滴回忆也历历在目。然而，我也清楚地感受到此时的我身上已经有了另外一种身份与责任，那就是要用自己学到的知识去改变家乡孩子们的命运。

和千千万万扎根在农牧村一线的教师们一样，我们把自己的时间都奉献给了学校和学生，无法兼顾自己为人父母、为人子女应尽的责任和义务。有的时候，我返回宿舍，一个人躺在床上，想起家里的孩子紧紧抱着我的大腿，出门前央求着我再多陪他几分钟的情景，我的内心就十分愧疚，伤感也会涌上心头，甚至会泪湿枕巾。但是想到那些渴求知识、淳朴善良、活泼可爱的孩子们可能更需要我，我只能化思念为力量，全身心投入工作，

瓦桑吉尚带领学生到县城参赛，获奖后师生合影留念 / 受访者供图

用充实的工作来消解对家人的思念。

问：在您19年的乡村牧区教育生涯里有没有印象特别深刻的故事，可以和我们分享一下吗？

瓦桑吉尚：2019 年，新的教育扶贫政策开始实施，家长们把达到入学年龄的幼儿全送到了我们学校的幼儿班。入学第一天，有的孩子生拉硬拽不愿到学校，有的号啕大哭硬要妈妈陪着上学，有的淘气顽皮，搞得我和同事们措手不及，过了一个礼拜孩子们才渐渐适应。一天，我巡查教学楼时发现教室空了一个座位，班主任告诉我这个缺席的孩子叫拉毛才旦，家住离校 15 公里远的一个偏僻的山沟里，遇到雨雪天气沟里的路就断了，过河的桥也被大水淹了，就只能请假。听闻这些消息后，我在心底对自己说：教育路上，一个都不能少，我一定要让这个孩子也能有学可上。第二天，我和班主任几经周折找到了他家，和他的家人商量后做通了拉毛才旦的思想工作，最终决定让他白天上课，晚上就和我睡一块，这样家长也不用每天接送。我怕这位新“室友”睡在学生宿舍不习惯，每天晚上都会陪着他聊天、讲故事。

在家，我是两个孩子的阿爸，在学校又是几十名孩子的阿爸，作为一名寄宿学校的“大家长”，我希望每个我陪伴过的学生都有健全的人格、良好的品质、美好的童年。我也始终坚信我们牧区的孩子拥有像高原的天空一样明净的心灵，我愿意用一名人民教师的责任及一份父爱来照顾和关心家乡牧民的孩子。

问：19年的乡村牧区教学生涯中，给予你最大的精神动力是什么呢？

瓦桑吉尚：19 年来，尽管高原的紫外线和风雨酷寒改变了我的容貌，也将我锻造成了一名坚毅果敢、成熟练达、本领高强的教育人，使我从一个血气方刚的小伙子逐渐成长为一名学生喜爱、家长满意、社会认可的农牧村合格教师。一路走来，亲人的鼓励与支持就是我最大的精神动力。十分幸运的是，我的妻子非常宽容大度，这些年来一个人挑起照顾孩子和父母的家庭重担却从来没有埋怨过我。印象最深刻的是有一年家里两岁的孩子突然半夜发烧，而我那时正在住校，没办法赶回。妻子连夜抱着孩子去医院看病，后来医生要求住院，也是她一个人在医院忙前忙后。年迈的父母不善言辞，每次得知我要回家的时候就像迎接贵宾一样给我准备好可口的饭菜……亲人的温暖就是我的心灵驿站，总能在我最需要的时候带给我心灵上的慰藉，给予我前行的力量。

问：您所在的学校藏族孩子比较多，在藏语文教学方面有哪些特色？

瓦桑吉尚：一开始学校的藏语文教学资源极度匮乏，为了保证课堂教学的高效，我经常带领老师走进其他学校参观学习，把优秀的教学方法引入自己的课堂。一些趣味教学活动很受孩子们的欢迎，学生学习兴趣很浓。同时，我们还让学生坚持每天学一句藏语，每周学一首藏歌，有了兴趣的驱使，一些枯燥、大段的课文学生也能轻轻松松地背诵下来。后来我还带领学校老师率先启用电子备课，从打字到排版，一步一个脚印。经过几年的努力，我们在学校建立了第一个比较完整的藏语文资源库，里面有配套的教学设计、教学课件以及检测试卷，这个做法还作为教学研究亮点在全县推广。

问：听说您是一个业务型的校长，您是如何提升自己业务水平的呢？

瓦桑吉尚：在做校长之前，我就是一个非常喜欢钻研、喜欢学习的一线教师。刚工作那会，别人都怕上公开课，我却总是主动请缨，申请去参加各级教学竞赛或者公开课。我知道上公开课是最磨炼人的，也是最锻炼人的，是教师成长的催化剂。刚开始，我的课上得很不成熟，也失败了几次，但是我并不气馁，到处借阅关于教学教研方面的书刊，还订阅了《教师博览》《人民教育》等杂志。课余时间，我还会通过互联网观摩、学习名家的上课视频，将名家的教学理念运用到自己的课堂。2014 年 5 月，我执教的《藏语口语——校园用语》在“2014 年新媒体新技术教学应用研讨会暨第七届全国中小学互动课堂教学实践观摩活动”教学课评比中荣获三等奖，这是我第一次获得国家级荣誉。这次比赛获奖也给了我进步的动力，之后我总是积极争取比赛的资格，在国家级、市级、区级各项教学比赛中斩获佳绩。如今，我成了一名校长，还是没有放弃学习和成长，经常阅读教育管理类书籍，还关注了不少知名校长的公众号，从他们的经验中汲取教学管理的智慧。

问：一位好校长成就一所好学校，您能简单介绍一下学校的校园文化吗？

瓦桑吉尚：一次外出参观学习，一所示范学校的校长在典型案例介绍中提到“教育应当使每一堵墙都说话”。当我听到这句话时，醍醐灌顶，我意识到学校的文化建设是多么的重要。由于管理经验不足，我们学校的校园文化建设一直是空白的，缺乏内核，师生也缺乏精气神。于是，我多次召开行政班子工作会议，商讨校园环境建设，积极营造学生宿舍文化，并

瓦桑吉尚将信息化辅助手段运用到课堂 / 受访者供图

在学生活动区域张贴了图文并茂的藏汉英常用词汇和民族团结漫画，形成了学校独有的“走廊文化”和“寝室文化”，让学生可以在耳濡目染中学到知识，学校到处洋溢着浓郁的教育气息，让学校每一堵墙在潜移默化中发挥育人作用。此外，我还积极开展一系列民族文化进校园活动，比如因地制宜地引进了掷沙包、滚铁环、踢毽子、拔河等学生比较喜爱的传统竞技体育项目；同时将藏族的锅庄舞和学生广播体操有机结合……自学校开展这些特色活动后，校园文化氛围极具特色，课堂教学轻松愉悦，课外活动生机蓬勃，全校师生精神面貌焕然一新，活力四射。

问：您所在的学校还建立了“国家级非物质文化遗产——华锐民歌传习所”，您能和我们分享其中的故事吗？

瓦桑吉尚：我们学校是一所双语寄宿制完全小学，附近的代乾、红圪垯、南泥沟行政村都是以藏民族为主的纯牧区，当地牧民对歌舞极具天赋。学校坐落在三个村子中心地带，对传承和发扬当地民俗文化我们具有得天独厚的优势和责无旁贷的义务。为了让每位学生都有机会参加大型活动，我克服重重困难组织各种生动有趣的校园活动，争取让全校学生都有机会在舞台上展示自我。比如在庆祝六一儿童节时我们高质量地完成 20 多个文艺节目；大课间活动时我们以舞健身，每年更新一套校园锅庄舞；为传承中华优秀传统文化和庆祝改革开放 40 周年，我们举办校园藏歌会，组织师生学唱红歌和民族歌曲；借助天祝藏族自治县“岗尖梅朵”杯文艺汇演和全县双语小学藏语演讲比赛等契机，选送了多个节目参赛。与此同时，组织多位老师编写了《华锐藏歌进校园》等多本校本教材。近几年，红圪垯小学学生在县级大型竞赛活动中参赛率达 95% 以上，获奖率达 90%。2018 年，由我主持申报的省级课题《华锐藏区“非遗”文化进校园的实践与研究（藏文）》成功立项。我们还在校内开设“第二课堂”，开设华锐民间歌舞兴趣班，定期聘请民间艺人进校园，将世世代代口耳相传、通俗易懂、引人入胜的民间故事，婉转悠扬、悦耳动听、表情达意的藏族民歌，语言精练、内涵深刻、幽默诙谐的俗语谚语等用最传统、最古老的方式传授给小学生，让学生在学习之余有自己的兴趣爱好，同时也调动起了孩子们对华锐民间歌舞的兴趣，增加了艺术修养，达到了素质教育的目的。为形成非遗进校园活动长效机制，我们定期举行“校园藏歌会”“校园民歌竞赛”“藏语故事演讲比赛”“民间传统体育趣味运动会”等活动。为了让牧民的孩子有个更好的学习平台，2019 年 12 月，天祝县藏语言文字指导中心在我校建立“国家级非物质文化遗产——华锐民歌传习所”。

问：这些年您取得了不少成就，最让您骄傲的是什么？

瓦桑吉尚：到今年我已经从教 19 年了，我带过的学生不计其数，很多学生在我的鼓励下靠着自己的努力走出了高原、考上大学，毕业后在各自的岗位上持续发光发热，这是令我骄傲的。如果说教育是个良心活，我自认为我在这十多年里没有白拿国家工资，我觉得我实现了自己当初的承诺，当一名好老师，我对得起自己的良心。

问：可以说，您的教育生涯也见证了牧区的变化，在这期间您觉得牧区教育发生的最大的变化是什么？

瓦桑吉尚：近20年来我见证了家乡日新月异的变化，国家对教育的经费投入越来越大，在各级政府部门的关心下，我们的校园环境越来越好，教师待遇也得到了提升，吸引了不少的优秀教师愿意留守乡村为教育的发展贡献力量。让人欣喜的是牧民群众对教育的重视和对家乡教育的认同感增强了很多，这些都是乡村教育发展的必备保障。这样一来，教育质量一定会越来越高，乡村孩子的教育幸福指数也会越来越高。

问：未来，您对牧区教育还有哪些新的憧憬与规划？

瓦桑吉尚：从教近20年，今后我将始终坚守这一腔热诚、一腔爱，继续让牧区的孩子们在无私的爱中浸润成长。我爱这些牧区的孩子，我将无怨无悔地耕耘在这片贫瘠的土地上，让娇嫩的生命之花永远绽放在这希望的草原上。我也希望有更多优秀的教师可以加入我们乡村教师的队伍，用全部的爱在这片土地上默默耕耘，播种美、传递美、收获美。

编者寄语

十九载青春年华，只为守望高原上的一群“放牛娃”。无论是晨光微明，还是夜色阑珊，从青葱的少年到华发早生的中年，瓦桑吉尚始终如一日地耕耘着，不辞辛劳，用热血与坚持践行着儿时淳朴的承诺——做人民满意的好老师。

人物档案

杨美会：乡村教育是一场执着的坚守

女

汉族

1975 年生

1993 年开始从事乡村教育工作

现任职学校：云南省大理白族自治州弥渡县牛街彝族乡民族中学

所获荣誉：2015 年，获评“白州教学名师”；2016 年，获大理州五一劳动奖章；2018 年，获评教育部“一师一优课、一课一名师”竞赛云南“优课”名师、云南省“乡村优秀教师奖”，入选“马云乡村教师计划”；2023 年，被“一区五县”教育联盟、上海市奉贤区教育局、上海市奉贤区教育基金会授予“联盟优秀教师”的称号。

人物小传

即将步入知天命年纪的杨美会，现今仍担任学校政教主任、年级组长、班主任，并承担两个班的语文教学。当有人问她，工资都是一样的，你为啥要这样拼命时，她淡然地笑了笑：“我为啥要做拼命三郎？是我对山区教育事业情有独钟吧。”

杨美会，这位来自云南省大理白族自治州弥渡县牛街彝族乡民族中学的乡村教师，1993 年，由于中考失利，她在当地烟草站当起了临时工。因为牛街彝族乡康郎完小一名女老师请产假，急需一名代课老师，杨美会命运的齿轮开始转动。虽然每月工资只有仅能维持生计的 96 元，但心怀教育梦想的杨美会不假思索地抓住了这个机会，并在彝族乡一干就是 31 年。

刚走上讲台，杨美会深知自己只是一名初中生，工作之余，她不断提升自我，后来陆续取得了中等师范专科、汉语言文学自考专科和本科学历。

在小学代课的 7 年里，从家到学校 20 多公里的泥巴路，无论刮风下雨，杨美会都坚持背着 20 多斤的生活用品徒步往返。在读了一年制民办代课教师班后，她终于在 2001 年 8 月转正为一名光荣的人民教师，并调入牛街彝族乡民族中学任教至今。

牛街彝族乡民族中学有学生几百人，留守儿童约占 1/5，部分孩子存在心理问题。为细致、系统做好青少年心理健康工作，杨美会在大山深处创立了“心理辅导室”。这个小小的心灵驿站，不知让多少孩子卸下心理的重担，不再背负孤独和不安。

31 年来，除了结婚生子，杨美会基本没有再请过假。怀孕时她教初三毕业班，怕耽误孩子们的学业，儿子出生两个月她就回学校上课了。从小生活在农村的杨美会深知走出大山、走出贫穷的不易，她也努力地想把这种奋斗精神和坚韧意志传递给学生们。面对学校 367 名贫困学生，她坚持“扶贫先扶志”，课间与他们交谈了解情况，周末家访动员家长配合，实现建档

杨美会与牛街彝族乡民族中学177班的孩子们在校园合影 / 受访者供图

立卡贫困户学生零流失。

31 年间，为把山区学生培养成为人才，她多次放弃调到坝区乡镇、县城学校的机会。她和现任牛街彝族乡民族中学校长的丈夫罗文武相互扶持、共同进步，年复一年地在山区坚守付出，用爱心和责任心托起彝乡孩子的希望和美好未来。目前，牛街民族中学教学质量稳步提高，从一所落后的农村中学发展为全县的先进学校之一，被授予全国教育系统先进集体、全国优秀传统文化传承学校、云南省文明学校、民族文化教育示范学校、铸牢中华民族共同体意识示范学校等光荣称号。

人物访谈

采访人：刘志敏

问：杨老师，从教31年里，有没有让您印象深刻的孩子？

杨美会：当然有。让我印象最深的是一个叫小兵的学生。他是典型的留守儿童，周末回到家里，一个人吃饭、睡觉，长时间没有大人监管，学习不上进，基础较差，周末基本不写作业，而且喜欢骑着摩托车到处转悠，经常跟社会上的小混混玩在一起，养成了懒散、抽烟等不良习惯。特别是九年级上学期，他父母离了婚，他的生活跌入了低谷，对前途感到迷茫，也有辍学外出游走的念头。我只要有空，经常与他交流，像母亲一样，晓之以理，动之以情。周末我会打电话给他，关心他的生活，并让他母亲也随时打电话关心他。慢慢地，他脱离了不良的人群，改掉了抽烟的不良习惯，思想也有了转变，学习上进了。后来他还叫我“心灵导师”。

问：那是不是“会哭的孩子有奶吃”，调皮的学生总能得到您更多的关注呢？

杨美会：调皮的孩子确实需要老师更多的耐心和爱心。可在我心里所有的孩子都一样，都是我的学生。我爱每一届学生，我乐意成为学生的良师，更愿意做学生的益友。一位学生曾和我说：“老师您就像我的妈妈，您关心着我的一切。”听到这话，我心里很感动，因为我的付出得到了学生的认可。

问：您认为目前最大的成就是什么？

杨美会：教育岗位其实是平凡的，日常工作就是与学生打交道。没有那么多光鲜亮丽、精彩绝伦。但我们老师不能平庸，要在平凡的岗位上活出不平凡的自己。我认为自己目前最大的成就是：依旧拥有教育情怀，有从事乡村教育的职业认同感和幸福感。作为弥渡县牛街彝族乡的一名老师，我为自己能见证彝乡和学校教育教学的发展而感到自豪。

牛街彝族乡民族中学是由一所落后的农村中学发展成为现在，在全县乃至全州都有很高知名度的初级中学。最近 14 年，在全县综合评估中，我们都取得了第一、第二的优异成绩，学校被评名为全国教育系统先进集体、全国优秀传统文化传承学校、云南省文明学校、民族文化教育示范学校等。看到一届又一届彝乡孩子在我的课堂上学到了知识、学到了文化，知道了要做一个好人、一个对社会有用的人时，我是幸福的。

问：我看到这些年您也获得了不少荣誉，应该也有不少学校和地区向您发出邀请，您为什么依然选择了留下？

杨美会：个人的成长离不开学校的发展。作为牛街彝族乡的一名老师，是彝乡这块土地养育了我、培育了我。31 年，弹指一挥间，当时和我一起在牛街教书的那些同事们，有的调走了，有的找门路改行了。虽然我有多次调到县城的机会，可我却一直还在坚守着。细细想来，与其说是为了这份工作，不如说是为了这份情怀，我把搞好彝乡教育当作了自己的事业。山区的教育事业是艰苦的，因为热爱，我心甘情愿为彝乡教育事业的发展添砖加瓦。

问：作为乡村教师，您遇到的最大的困难是什么？

杨美会：我想，大部分乡村教师遇到的最大的困难都是留守儿童和单亲家庭孩子多。我们学校共有 654 名学生，其中留守儿童有 147 人，他们的健康向上成长，直接关系到学生是否能和谐发展。因为彝族乡土地贫瘠，又没有什么好的经济来源，为了生存，不少家庭的父母不得不背井离乡，丢下孩子到外地打工，有时连过年也不回来。父母的缺位，让他们在成长过程中缺少了陪伴和正确的引导，很多年纪尚小的孩子会选择用抽烟和酗酒来排解内心的孤独。而来自祖辈的溺爱，又让部分孩子缺乏与人沟通的能力，变得易怒、崇尚暴力。所以我们建立了心理咨询室，一个月开展一次心理健康教育活动，对心理有问题的学生，请他们到心理辅导室坐坐、谈谈，让他们写写心路历程。我希望能够成为学生心中最重要的人，他们在学习、生活中遇到困难都可以和我分享，我会尽我所能地去帮助他们。

很多女生会因为父母不在身边，比较缺爱，当有来自其他人的关心时就很容易发生早恋的行为，甚至有极少数会义无反顾地嫁人、生子。我会在课余时间留意孩子们的状态。当发现孩子出现上课不专心、容易发呆时，便会邀请学生去心理辅导室聊聊天、拉拉家常，期盼能够把不良行为在萌芽阶段就扼杀掉。

问：感觉您和同事们有时候是在为他们的父母补位，那您自己的家庭呢，如何兼顾?

杨美会：其实说对孩子没有亏欠，那是不可能的。我儿子出生两个月，我就去带初三毕业班了。孩子们的学习耽误不起，那是他们一辈子的前途。我的丈夫也很理解我。我们是双职工家庭，我们一起工作，相互成就，共同成长。我的丈夫就是我们学校的校长，原来他只是一名普通的老师，没有当过班主任。“夫妻同心，其利断金”，现在他是正高级教师，是新时代中小学名师名校长培养计划的培养对象。当然双职工教师家庭也有不好的地方，校长培训去了，学校里的一切活动我得亲力亲为，非常辛苦，非常累。全寄宿制学校就是校长负责制，校长不在我会担心学校和学生的安全，担心学生之间产生矛盾等等。我每天早上 6 点起床，晚上 12 点入睡，每天都告诉自己要多走、多说、多做。2012 年开始，我还担任学校的政教主任，抓德育、纪律、卫生、绿化，每天丝毫不敢松懈。

问：丈夫可以理解您，儿子也能理解您吗?

杨美会：嗯，其实作为妈妈，我亏欠了他挺多的。我们牛街许多老师的孩子从读书开始，通过各种渠道，基本都在城里上学。由于我们夫妻俩都在山区任教，我就对我儿子说：“爷爷奶奶、外公外婆都很老了，农村里养儿的目的就是为了防老，谁都会有老的一天，人老了都很可怜，最怕的是孤独，所以我就只能在家附近教书一直到退休了。况且你爸又担任校长，我在他身边教书，能减轻他许多的压力和负担，那么你就只能在我们旁边读小学和初中了，因为陪伴是最长情的告白。”儿子挺懂事，他爸和我教学工作都很忙，很少管他的学习，但他从来不给我惹事，自律能力很强，作业按时完成。对爷爷奶奶很孝顺，周末随时给老人洗衣服、煮饭、聊天，老人谈到我儿子时，都笑得合不拢嘴。他是我的骄傲。高考时我儿子顺利地考上了天津大学，这也许是对我坚守山区的最大回报吧。因为我们当老师的最怕的就是教好了别人的孩子，自己的孩子却成了“灯下黑”。他真的是来报恩的。

问：这样说起来，您和您先生真的是一心扑在了工作上。可现在社会舆论似乎对教师这份职业要求甚高，您是如何看待的？

杨美会：我认为教师本来就应该是优秀的。优秀的老师，将会改变孩子一生。老师的一句话、一个行动、一声表扬，点点滴滴，就可能改变一个年轻人一辈子的生活，所以老师是非常重要的，要用良好的师德师风照亮孩子前进的方向。只有老师自己是健康的、快乐的、内心光明的，才能照亮更多的人。有时候，一个优秀的老师不仅仅在于你有多少知识，而在于你有多坚强的心、多温暖的心，能够改变别人、影响别人。

但我觉得教育，不仅是教，更在于育。知识是可以传授的，但人生的智慧需要唤醒。优秀的老师固然重要，但父母的影响更不可少。社会不能把教育的责任完全推到教师身上。

问：所以对于在牛街彝族乡民族中学这样的乡村教师而言，是不是要求更高？

杨美会：是的。乡村教师的角色是多元的。对于城里的孩子来说，老师仅仅是老师，但是对于很多乡村的孩子来说，老师是父亲、是母亲、是顶梁柱。特别是寄宿制学校，要从培养学生良好的生活习惯做起，面临的不仅仅是一个教育的问题，还有生活习惯的问题。我们很多孩子没有良好的生活习惯，比如很少说“谢谢”“对不起”，不知道衣服该如何折放等，我们需要在学校里面培养孩子良好的生活习惯。所以，寄宿制学校，解决的不仅仅是“教”的问题，更是“育”的问题，包括做人做事、生活习惯。

问：但现在也有些老师越来越“佛系”，越来越不敢管学生，您如何看待这一现象？

杨美会：现在很多老师越来越“佛系”，越来越不敢管学生，一方面是因为，教师不得体罚或变相体罚学生，教育体制的变化也使得学生的权利得到了更多的保障，同时老师的权威也受到了一定的削弱。这些因素导致老师感到束手无策，不知道如何处理不守纪律的学生，使得教师在管理学生时更加小心翼翼，担心触犯法律。许多家庭把孩子视为自己的宝贝，不舍得让孩子受到任何委屈。当老师对孩子进行纠正或管教时，有些家长会认为老师的行为是对孩子的侵犯，会采取一些过激的行动，比如投诉、威胁甚至殴打老师等。

教育就像汽车一样要有油门，有油门的汽车就得有刹车，惩戒就是教育的刹车。老师没有惩戒的权力，就如同让老师去开一辆没有刹车的汽车。不是老师要惩戒学生，是规则要惩戒那些学生；学生不是向老师低头，而是要向规则低头，向真正良好的、有价值观的素质低头。另一方面是因为部分教师缺乏责任感，忘记了教师的职责是“教书育人”，只是教书，没有育人。

问：学校目前还面临哪些困难，亟须改善的有哪些方面？

杨美会：学校目前的困难很多，亟须解决的，首先是新盖的综合楼缺桌椅、音响器材、一体机、电子显示屏等教学设备；其次，原来的教学楼破旧，地面坑坑洼洼的，上下楼梯到处有缺口，既不美观也存在安全隐患。寄宿制的乡村学校学生少，办公经费紧缺，无法顾及这些；最后，留不住老师，特别是优秀的老师。外地老师一般教足 5 年，刚好具备了一定的教学经验就走了，我们学校成了青年教师成长的摇篮，缺乏有经验且愿意长期待在这里的老师。

问：您认为乡村教师必备的技能或品质有哪些？

杨美会：首先要有爱的能力，爱教育事业、爱学校、爱学生。乡村教师只要有一颗爱心，教学中大部分问题都能解决，因为山区的老师不仅仅是老师，也是学生的父亲母亲。其次是不断学习和反思的能力，“要给学生一碗水，教师必须是源源不断的自来水”。只有学习型的老师才会不断成长和进步，只有老师足够优秀，才能让所教的学生遇见更优秀的自己。

问：那您觉得乡村教师目前最需要提升的是什么？

杨美会：我认为目前，大部分教师外出学习的机会少，不善于学习，缺乏职业规划，慢慢地，成了一名教书匠。我为自己有幸入选“马云乡村教师计划”而感到幸福和激动。马老师让我感受到什么是尊师重教，让我感悟到有厚度的人都是有温度的人。他为了让我们看世界和大海，让我们到三亚领奖，到杭州师范大学学习，请全国最优秀的老师来给我们上课。他说：“只有每个老师成为更优秀的自己，才能让每个乡村孩子遇见更优秀的自己。”“老师的眼界就是学生的眼界，老师的胸怀就是学生的胸怀，老师的情绪也是孩子们的情绪。”“一个国家的教育水平不是看发达地区，而是在于底层素质教育。”

问：和您当初偶然成为教师不同，目前很多毕业生目标明确，争相报考教师编制，您能给他们一些什么建议？

杨美会：当老师首先要注重自己的专业技能培养。其次，很重要的是要看看自己是否具有教育情怀，能够严格遵守教师职业道德规范，以学生为中心，保持阳光积极的健康心态，是否拥有教育愿景、工作规划等。其实，现在当老师压力并不小，一部分来自社会对教师的压力，例如学生家长对教师寄予了过高的期待，造成了教师长期处于高压环境中；另一部分源于工作中自身的能力不足或者在教学方面遇到了困难和问题，自信心受到了打击。我认为，在报考前要树立正确的心态，评估自己各方面的能力，毕竟教师这份职业神圣而伟大，肩负着祖国的教育事业。

编者寄语

与丈夫一起“情洒彝乡育桃李，一片丹心终不悔”。怀揣深厚的教育情怀，把教育当作自己终身的事业。创建心理辅导室、留守儿童之家，关爱残疾学生，关注特困学生，传授学科知识，唤醒人生智慧，杨美会是孩子们敬爱的“杨妈妈”。

人物档案

田金辉：用爱拍摄乡村教育的『幸福』画册

男
汉族
1979 年生
2002 年开始从事乡村教育工作

现任职学校：安徽省亳州市谯城区沙土镇田沟小学

所获荣誉：2014 年，获评“亳州市教坛新星”；2018 年，获评“亳州市优秀青年”；2020 年，入选“马云乡村教师计划”；2023 年，获评第四届“中国好老师”，全国“最美新时代大先生”。

人物小传

“有一种爱，叫感动。”这是一位乡村教师多年来一直坚持的教育信条。他就是田金辉，亳州市谯城区沙土镇田沟小学的一名普通教师。就是这样一名普通的乡村教师，用4000多篇教育故事、7000多个日日夜夜、上万张学生成长的照片诠释了他对乡村教育的赤血丹心。

2002年，田金辉还只是一个20出头的小伙，一个偶然的机会让他踏上了乡村教育的三尺讲台。当他第一次走进教室，看到那一双双求知若渴的小眼睛时，田金辉就在心底对自己说：我一定要当个好老师，一定要教好他们。

然而，乡村教育环境的艰难也大大超出了田金辉的想象，学校教室简陋，别说多媒体设备，就连基本的教具都没有。为了提高课堂教学效率，田金辉就用毛笔把每课要学的生字以及课文里的关键知识点提前写好，需要时就拿出来贴在黑板上，这样节省了不少教学时间。后来，他在旧仓库里找到了一台胶片投影仪，可是找不到投影的胶片，于是就想办法把肥皂水涂到玻璃片上，等玻璃片干后就在上面写字、画简笔画自制简易的“课件”。因此，他的语文课充满了趣味，孩子们也总是学得意犹未尽。

田金辉任教的田沟小学是沙土镇的一所村小，距离县城有数十公里，班里有一大半学生是留守儿童，父母常年外出务工，没有太多精力关心孩子的教育。身为这样一群孩子的班主任，田金辉除了做好日常管理和教学工作外，还用心记录每一个孩子成长的足迹。如今，在家长群里分享他用手机拍摄下来的孩子们生活日常的照片成了他每天的“必修课”，家长们也从这些照片中感受到一位老师对教育的用心和对孩子的爱心，都称他是“爱的摄影师”。也许是受到田老师的影响，不少家长也更加关心孩子的身心健康，孩子们的幸福感提升了，学习起来也就更有劲了。

一系列富有成效的家校共育的实践，帮助了一群群乡村孩子点亮了求

田金辉和孩子们的开学第一照 / 受访者供图

知梦，改变了一个又一个乡村孩子的命运，让这所极不起眼的村小的教育更有温度。很多人说田金辉教过的学生是幸福的，是幸运的，但他却总是说：不是我给了孩子们幸福，而是孩子们让我找寻到了人生幸福的法则！

人物访谈

采访人：邹春宏

问：听说您之前并不是从事教育工作的，是什么机缘让您开始到村小任教？

田金辉：毕业后，我原本是在镇政府工作，工作 4 年后，因为机构改革，2002 年我考取了教师编制，分配到一所村小任教，正式成为一名乡村教师。正所谓“知不足，然后能自反也”，知道自己不是科班出身，生怕误人子弟，所以我不甘落后，每天都会利用课余时间努力学习专业知识，提升自己教育教学的水平。那个时候我就特别喜欢学习，十分珍惜每次外出学习培训的机会，也抓住每次展示的机会促进自己的专业成长。在我看来，“学习是最好的福利，展示是最快的成长”，因为，教师的成长就是对学生最好的负责。

问：您留守乡村从事教育工作遇到的最大的困难是什么？

田金辉：最大的困难就是如何改变农村家长对孩子教育的关注度，改变家长的教育理念。我所在的班大部分孩子都是留守儿童，父母常年在外打工，他们不像城市的家长，有科学的教育方法，甚至没有时间和精力去照顾孩子，陪伴孩子学习。考虑到这些家长的实际困难，我每天都会把孩子们在学校发生的事情用手机随时记录下来，晚上就分享给家长们。久而久之，班里的家长理解了我的用心，也学会了主动去关心孩子在校学习情况，家校配合度也更高了。

问：是什么让您一直坚守在这片土地上？

田金辉：因为乡村环境艰苦，很难留住好老师，所以，这些农村娃比城市的孩子更需要好老师。我刚到学校的时候就希望自己能当一位好老师，也许是这份初心让我每次在困难面前都能够坚持下来。另外还有一个原因是这些年来家长们对我的信任，一开始教学的时候，有我邻居的孩子、我同学的孩子，也有我老师的孙子孙女，现在还有我学生的孩子，他们都非常放心把自己的孩子放到我的班上，这份淳朴的关系也是我喜欢留在乡村的原因之一。我特别喜欢现在的状态，这是一种“甘之如饴、踏实无比、寂静欢喜”的状态。除此之外，我觉得可能是和乡村孩子打交道多了，在我眼中他们是那么可爱，每次见到我都会毕恭毕敬地说声“老师好”，那种打心底的尊敬也让我价值感与成就感满满。

问：您多次提及自己是一个幸福的老师，您能结合教学实践谈谈您对“幸福”一词的理解吗？

田金辉：幸福是一种感觉。幸福有一个算式，“幸福”等于“手里拥有的”除以“心里想要的”。我感觉我拥有的比我想要的多得多。我拥有和孩子们一起感受快乐的童心未泯，我拥有和孩子们一起学习的教学相长，我拥有家长的信任和学生的感恩，我拥有能够体现我人生价值的教师工作，当然还有日益增长的工资和教师独享的假期……我感觉教师就是我最好的选择，应该好好珍惜，用心对待学生和家长，对待这份工作。幸福是什么？善待拥有，知足常乐。

问：在这些幸福的画面中让您印象最深刻的人和事是什么呢？

田金辉：每次遇上教师节、春节或者我的生日，都会有曾经教过的学生给我发来祝福，虽然只是只言片语，却让我感受到身为人师的幸福。印象最深刻的是去年我生日的前一天，我的第一届学生小陈给我发微信，说她想从江苏赶回老家陪我过生日，我当即就拒绝了。我告诉她：老师的生日没有那么重要，在外面打工多不容易，家里还有两个孩子要抚养，来回路费都是不小的开支，把钱花在刀刃上。没想到第二天她就出现在我面前，还给我带来一份生日礼物——一个像桌面那么大的十字绣，绣的是“家和万事兴”。她说为了赶在我生日这一天，她用了一个月的时间才把它绣好。每天白天工作，晚上只能休息3个小时。我看到这幅由孩子亲手绣好的作品，内心百感交集，一个毕业快20年的学生竟然还没有忘记我这个老师。

在后来的交谈中小陈回忆起她和一碗泡面的故事。小时候，小陈的爸爸得了肾炎，家里唯一的劳动力倒下后经济十分拮据。那个时候她家离学校远，最怕的就是雨雪天气没办法回家。别的孩子不回家，家里会给零用钱买午餐，小陈就只能饿得实在受不住的时候去喝学校压水井的水。我知道这个孩子家里的处境后就时常在雨雪天气让她来我家吃饭，但是这个孩子太懂事了，怎么也不愿意打扰我。那天我就给她泡了一碗方便面，拿到班里让她吃，她还是倔强不肯吃。后来我就直接命令她吃掉，对她说：“这碗方便面有价格，你以后长大了，有本事挣钱了，再还我不就行了吗？”我这么说完，她才肯吃那碗方便面。没想到这个孩子把这件事一直记在心里，还记得我当时的无心之语，一碗泡面却让她记了这么多年。

还有小鹤姐弟俩的事也让我印象深刻。小鹤小时候家庭特别困难，父亲因患脑瘤去世，母亲远嫁他乡，他从小失去父爱母爱，无人管教，是个让老师头疼的孩子。于是我就想办法用爱感动他，12年里，我多方寻求资助，在各级部门的关怀下，小鹤如愿考上了合肥工业大学，而且成绩优秀。

小鹤家中还有一个大他几岁的姐姐，由于要照顾自己的弟弟和生病的爸爸，家里的家务、田地的农活都是她一人承担，无暇顾及学习，所以中考成绩不理想，没有考上普通高中。姐姐当时想去外地打工赚钱贴补家用，我听闻后担心她一个女孩子没有学历和一技之长，在外面也赚不了几个钱，还容易上当受骗，就做她的思想工作，建议她去报考亳州幼师，到时拿个幼师毕业证，可以到私立幼儿园当幼儿教师，虽然工资不高，但还是可以养活自己。

后来她听从我的建议没外出打工，准备报考亳州幼师，但是又担心学费的问题，我告诉她不要担心学费，所有的费用我来出。就这样她考上了亳州幼师，3年后，她从亳州幼师毕业，又考上了马鞍山师专。我便鼓励她：当你努力到一定的程度，幸运自会与你不期而遇。也许是我的话激励了小鹤姐姐，没想到她从马鞍山师专毕业后又以全国专业分第二名的成绩考进安徽大学，学习钢琴演奏专业。小鹤姐姐从安徽大学毕业后还是没有放弃人生的追求，去年她又考上了安徽师范大学钢琴演奏专业的硕士研究生。前几天，她还邀请我去听她在安徽师范大学音乐厅举行的个人钢琴独奏音乐会。谁能想到一个曾经在读完初中后就想辍学务工的孩子，经过自己不断地努力，能够有今天这样辉煌的成就。原来，我们的一句话能够给孩子们带来这么大的影响，我们乡村教师也能改变贫苦孩子的命运，这也许就是我们乡村教师最大的骄傲吧！

问：您被誉为“爱的摄影师”，拍了上万张学生成长的照片，拍摄这些照片的初衷是什么呢？

田金辉：当时拍这些照片的想法很简单，就是考虑到班级里很多家长都在外地打工，他们没有太多的时间和精力去照顾孩子，但是又不能阻止他们外出务工，因为一家人的生活就靠他们外出务工赚钱。他们是“搬起了砖头，就陪不了孩子；放下了砖头，养不起孩子”。于是我在家长群里分享他们孩子的班级生活照片，没想到这个举动竟然也引起了家长们的关注，都希望我能多拍些孩子的照片，让他们有空就来群里看一眼。家长们外出务工虽然很辛苦，但是他们每天能看到我发的照片，看到孩子在班级里一天一天的变化与进步很是欣慰，觉得自己的孩子得到了老师的关注，内心也对我充满了感激之情，对我的信任也更增加了几分。

有家长打来电话告诉我：“忙了一天，看到孩子们的笑容就感觉没那么累了。每天看家长群里孩子们的学习视频是我每天的功课。谢谢田老师！”还有的把我的工作细节发到他的朋友圈：每天白天上班时间不能玩手机，但是一到下班后不看看田老师发在群里的照片和视频就睡不着觉。就这样，家长群的关注度越来越高，家长们对教育的重视度也越来越高，孩子们听说每天在学校的表现能够得到远在外地的爸爸妈妈们的点赞，也会表现得格外好。

问：听说您和您的学生关系都非常好，您和学生保持良好关系的秘诀是什么？

田金辉：我的教学理念中有两个“好”。第一个“好”是“好关系胜过好教育”，先有好的关系，才有好的教育。“亲其师，方能信其道。”教育家陶行知也说过：“你如果变成了小孩子，便有惊人的奇迹出现：师生立刻成为朋友，学校立刻成为乐园；你立刻觉得是和小孩子一般儿大，一块儿玩，一处儿做工，谁也不觉得你是先生，你便成了真正的先生。”第二个“好”是“好孩子都是夸出来的”，我觉得如果你能够把孩子表扬得都不好意思不学习，教育就简单了。我拍了许多孩子的照片，都是为了激励他们。比如坐姿标准的时候、自信举手的时候、讲故事神采飞扬的时候、作业细致工整的时候、在班里过集体生日的时候，还有不玩手机游戏自律的时候……这些美好的瞬间都会被我及时记录下来。每当我拿起手机对准他们的时候，他们的小脸蛋就会洋溢出幸福的花朵。那一刻，他们是快乐的，我也是快乐的。

问：您在乡村教学工作中取得了这么多的成绩，一定花费了不少的精力，您是如何平衡工作与家庭之间的关系的？

田金辉：我其实是一个典型的“宅男”，没有什么不良的爱好，不吸烟、不喝酒也不打牌，平时社交圈比较简单。也许是因为没有太多外界的干扰，工作的时候，我能够非常用心地去工作。空闲时间则大部分用来看书、写文章、养花，当然有的时候我也会听听音乐，兴致好的时候还会和家人唱上几句。对于我而言，空闲的时候陪陪年迈的母亲就是最好的孝顺，陪陪一路携手的爱人就是最长情的告白，陪陪年幼的孩子就是最好的教育。

问：听说您的孩子现在是中国科学技术大学（后简称中科大）的在读博士生，在育儿方面您有哪些经验？

田金辉：其实，我儿子小学一、二年级时曾考试不及格，那时候我因为工作闲暇时间不多，也没有太多的时间陪伴他，他的成绩并不理想。直到儿子二年级暑假，我决心用陪伴来影响他。我陪着他一起写字、看书、玩耍，我在工作的时候儿子就陪着我，也在旁边看书、写字或者画画。渐渐地，孩子看到我对工作的态度和学习的态度，也受到了影响，开始严格要求自己，生活和学习也越来越自律，成绩自然就好起来了。如今儿子是中科大的在读博士，现在反倒是他在影响改变我。我觉得身为他的父亲也不能落后，如今是信息化时代，不懂信息技术的老师可是没有前途的。于是我就自己跟着网上的视频一步步学习如何用信息技术制作微课、教学课件等等，现在我竟然能够给学校的老师培训信息技术了。

我觉得教育孩子有三个关键词，那就是“榜样”“陪伴”“和谐”。第一个是榜样，家长要有积极的态度去学习、工作，给孩子做个榜样；第二个是陪伴，在一起为陪，做同样的事为伴；第三个是和谐，家和万事兴。父爱则母静，母静则子安，子安则家和，家和万事兴。如果每个父母都能做到这三点，我想教育不会有什么大的问题。

问：随着国家全面推进乡村振兴，将会有更多有志青年投入乡村教育工作中来，身为“前辈”，您对他们有什么成长建议？

田金辉：我很想对这些投身乡村教育的有志青年说：当你们怀揣着热情与理想，毅然投身于乡村教师这一神圣的职业，参与到国家大力发展的乡村振兴计划中来，我为你们的选择感到无比骄傲和钦佩。作为在乡村教育领域耕耘多年的前辈，我想与你们分享一些成长的建议，愿能助力你们在这条充满挑战与希望的道路上走得更加坚定、从容。

首先，要心怀热爱与责任。乡村教育或许没有城市教育那般优越的条件，但每一个孩子的眼神中都充满了对知识的渴望，对未来的憧憬。我们肩负着点亮他们梦想之火的重任，这份责任无比重大。用真心去关爱每一个学生，了解他们的家庭背景、性格特点和学习需求，因材施教，让他们感受到教育的温暖与力量。

其次，不断提升自身的专业素养。教育是一门艺术，也是一门科学。持续学习新的教育理念和教学方法，参加培训和研讨活动，与同行交流经验，不断反思和改进自己的教学实践。同时，结合乡村的实际情况，开发富有特色的校本课程，激发学生的学习兴趣和创造力。

你们是乡村孩子走向世界的桥梁，是乡村振兴的希望之光。乡村教育的未来在你们手中，愿你们在这片广阔的天地里绽放出最绚烂的光芒，为孩子们的梦想插上翅膀，为乡村的振兴贡献力量！

问：您是一位很有规划的老师，如今您也算是家庭事业双丰收，您对未来的人生还有哪些规划和憧憬呢？

田金辉：人到中年，虽然算不上事业有成，但是我还是很享受现在的工作与生活状态。希望未来我能够继续用自己的微薄力量给乡村的孩子们带来一些影响，让他们看到乡村孩子也可以飞出山寨；给身边的青年教师带来一些影响，让他们看到乡村教师也是祖国建设重要的一员。

编者寄语

田金辉老师20多年来在乡村教育工作中默默耕耘，用无怨无悔的坚持向党的教育事业书写了一份满意的答卷。他用影像记录乡村学子的成长点滴，用爱和关怀浇灌留守儿童的残缺童年；他以身作则，树立起崇高的榜样，影响着身边的家人、学生、家长和同事。

人物档案

张冬：用生命歌唱的乡村教育点灯人

女

汉族

1982年生

2007年开始从事乡村教育工作

现任职学校：吉林省吉林市龙潭区杨木实验学校

所获荣誉：2019年，获得吉林市首届教师声乐比赛中学组一等奖；2021年，获评龙潭区“三八红旗手”，入选“马云乡村教师计划”；2023年，获评“中国好人”“吉林好人”“江城好人”；先后获评“吉林省优秀教师”“吉林市优秀青年”。

人物小传

如果有平行世界，那么张冬可能会成为一位歌星，穿上精致的演出服，站在华丽的舞台上放声高歌，接受现场观众排山倒海般的喝彩声。但这个世界的张冬，却将自己的光芒刻意收敛，然后聚焦，将光照射在一代又一代乡村学生的成长之路上。

张冬，1982 年 12 月出生在吉林市永吉县杨木乡大屯村。2007 年，她以专业考试第一的成绩毕业于延边大学声乐表演专业。毕业后，她收到了很多歌舞团的邀请，但她放弃了去大城市工作的机会，毅然回到家乡吉林市龙潭区杨木实验学校当一名音乐教师，这一干就是 17 年。对此，很多人不理解，但张冬的愿望却十分朴素 ：“我从小在农村长大，我的爷爷和爸爸都是乡村教师。所以，我想用自己所学回馈家乡，教乡村的孩子们唱歌，为他们圆梦。”

2018 年 3 月的一天，张冬无意间听到校长念叨 3 所乡村小学的孩子们没有音乐课可上，她主动请缨，要为乡村小学的孩子们送课。于是，从 2018 年 3 月 6 日这一天开始，她有了一个新的身份——送课教师。5 年时间，寒来暑往，一周 5 个工作日，每次百里的路程，她从未喊苦喊累，始终坚定地走在这条振兴乡村教育的路上。

张冬践行“音乐与生活要融合，课程与实践也要契合”的教育理念，带着孩子们在山坡上、草垛旁、溪水边尽情歌唱，让孩子们享受音乐和大自然带来的快乐和美好。张冬还特别善于利用身边的一切资源进行教学，例如，她用粉笔在地上画出 5 条线，然后挑选出形态各异的土豆摆放在相应的位置，嘴里随即哼唱出优美的曲调。原来她竟是在画五线谱！这种生动、贴近生活的教育方式深受孩子们喜欢。

2018 年 8 月，张冬组织成立了杨树苗合唱团。当时，学校连一间专门的音乐教室都没有，更别提配套设施了。不服输的她便发动身边朋友和家

张冬带孩子们认识五线谱 / 受访者供图

人为合唱团捐款，并把自己的电子琴送到学校。经过各方努力，合唱团终于办起来了。2021 年，合唱团荣获吉林省优秀社团。杨树苗音乐视频号过百万的点击量也让更多人了解杨木实验学校，了解了这群为梦想歌唱的乡村孩子。孩子们为梦想而歌唱的样子，让人联想到电影《放牛班的春天》，令人热泪盈眶。

在合唱团办得热火朝天时，闲不下来的张冬又把目光聚焦到了乡村另一大群体——老人。她想到村里的乡亲们也有文化需求，于是，“小手拉大手，共圆音乐梦”的杨树林农民艺术团应运而生。在张冬和孩子们的感召下，农民艺术团不仅走进村屯义务演出，还热忱投身于村里的志愿服务活动：帮助孤寡老人收玉米，帮助无法劳动的老人拾柴火，帮助村民打扫卫生……杨树苗合唱团和杨树林农民艺术团让整个乡村都充满着生机、活力和正能量。

2021 年末，张冬被确诊为甲状腺恶性肿瘤 4 级，医生告诉她，手术完后她可能无法再继续歌唱，可她始终保持乐观坚强。当她鼻子里插着胃管，忍受术后的痛苦时，她的家人、校长和教育局领导出现在医院，为她颁发了入选“马云乡村教师计划”的奖杯，这时，她才终于控制不住哭了出来。对于一个用生命来歌唱的歌者来说，这实在是太残酷了！但张冬没有放弃，她暗暗下定决心，无论如何，她要继续教孩子们唱歌！

2022 年，张冬拖着病体顽强回到工作岗位，回到了孩子们中间，校园里又传出孩子们愉快的歌声。出院后的张冬又忙碌起来，她说：“我虽然不能再唱歌了，但是只要我能说话，我就能让杨木这片土地上的孩子们和父老乡亲们得到快乐。”

张冬坚信自己的音乐教育生涯还将继续下去，她要用音乐照亮乡村孩子的心灵，用教育讲述美丽乡村的故事。

人物访谈

采访人：黄蕾

问：作为一个乡村长大的孩子，您是怎么走出乡村，考上大学的？

张冬：我从小就喜欢唱歌，有时候会在学校哼着小调，放学路上、劳动间隙也会唱起歌来，这为我后来考上大学奠定了基础。中学时期我的文化科目成绩不是很好，父亲考虑到我喜欢唱歌，便让我去上职业院校。在职校时，老师鼓励我们考大学。依靠优秀的专业能力，我报考了延边大学和东北师范大学，最后很幸运地全部考上了。当时延边大学音乐系的主任找到我，他认为我是一个好苗子，就邀请我到延边大学就读。我被他的真诚打动，决定就读延边大学。

问：是什么契机让您走上音乐的道路？

张冬：小时候，我就喜欢模仿收音机里传出来的童声，最后我能唱得跟她一样好。我的爷爷和我的爸爸都是教师，从小我就耳濡目染，受到了

张冬带孩子们在大自然中上音乐课 / 受访者供图

很多的熏陶。爷爷经常对我说："张冬呀，你特别有当老师的天赋！"我们小时候没有什么玩的，就喜欢扮演老师，我最喜欢拿着粉笔在黑板上画五线谱，教我的弟弟妹妹们唱歌。后来我上的职业院校刚好也有音乐专业，我爸爸就花巨资让我去读。我记得当时一年学费是 3500 元，可我爸爸一个月工资才 600 元左右。可以说，家里对我走向音乐之路给予了巨大的支持。当时学校的音乐老师对我也特别关照，认为我有天赋，也给了我很多帮助。我一路走来都特别顺，这跟他们每个人的关爱是分不开的。

问：当时您大学毕业有机会去大城市工作，为什么却选择回到家乡？

张冬：虽然我专业很好，可以进歌舞团，但我认为那并不是我喜欢的生活。而且城市里并不缺少一个张冬，但是农村需要我。我从小在农村长大，我的爷爷和我的爸爸都在村小教书，所以，我想回家。我要教村里的孩子们唱歌，把专业知识回馈家乡才更有意义！

问：您的理想令人敬佩，但往往这样高尚的理想是不被身边人理解和认可的。您家人对您选择留守乡村是怎样的态度？

张冬：我的家人确实是希望我当老师，可他们一开始却并不希望我继续留在农村。我记得有一次我去一所学校送课，孩子们冒着大雪来迎接我，我感动坏了。而且当时那些孩子连电子琴都不认识，如果我走了，谁来给他们上音乐课？我怎么能离开呢？后来我慢慢做出点成绩后，家人也就认可了。我父亲就认为我在这片土地上找到了属于自己的快乐天地，似乎我命中注定就该留在乡村。

问：您还有一个身份——送课教师，工作之余还要往来3所乡村小学给孩子们上音乐课，为什么会有这样的想法？

张冬：我感觉就是上天的安排。我特别喜欢音乐，知道一些山区学校需要音乐教师，我就去了。我常常利用周末的时间教他们唱歌，乐此不疲，没想过要出什么名，得到什么利。

问：您成立过一个杨树苗合唱团，在筹备过程中遇到过什么困难？有没有想过放弃？

张冬：那太多了。首先，缺少相应的行政支持，学校领导认为我成立一个合唱团没有什么用，所以排练场地、钢琴、演出服装、钢琴伴奏老师等等统统没有。其次，缺少排练的时间，有位英语老师还担心我变相减少了孩子们学习英语的时间。而且，家长们也不认可，觉得我是在浪费时间。没有设备和演出服等，我就四处筹资，一开始没有人愿意资助，我就动员家人和朋友进行捐赠。我顶着压力带着孩子们排练、比赛，孩子们唱出了点成绩，不断站上更大的舞台，我们合唱团也就越来越得到认可。不管有多难，我始终想着做这件事孩子们是受益的，那就坚持做下去。

问：您还成立过杨树林农民艺术团，为什么想着要为乡亲们创建一个合唱团呢？

张冬：因为我知道音乐的受众不仅仅是孩子，村民们也有文化需求，为了满足村民们的文化需要，我组织成立了杨树林农民艺术团。但我也跟团里的老人们说，咱们的合唱团不仅仅是个合唱团，还是一支志愿服务团队。所以农民艺术团不仅走进村屯义务演出，还投身于村里的志愿服务活动。比如，帮助孤寡老人收玉米，帮助因病不能劳动的老人拾柴火……总而言之，哪里需要我们，我们就到哪里去。

问：您创办的杨树苗音乐视频号点击量已过百万，您觉得成功的秘诀是什么？有什么值得推广的经验？

张冬：其实我就是一个普普通通的老百姓，我也没有钻研过如何更好地宣传，我只是想安安静静地做一些自己喜欢做的事。当我知道杨树苗音乐视频号点击量过百万的时候，我就决定不继续上传视频了，这样做既是保护我的学生，也是希望自己能更加专注地教孩子们唱歌。这个世界已经很嘈杂了，我希望能给孩子们留下一片相对宁静的精神土地。如果非要说有什么成功的秘诀，我觉得就是热爱吧，当你很纯粹地做一件事情的时候，其实大家会看到的。

问：前几年您由于身体原因无法唱歌了，这对于一名音乐老师来说是巨大的打击，那么您是怎么走出困境的？

张冬：我记得发病的时候正好是“马云乡村教师计划”面试的时候，我突然发现我脖子里边有刺痛感。其实在那 5 年送课期间我就感受到身体的异常了，但我们东北人特别皮实，根本不在乎自己的身体，就想着把自己的教育事业干好。当时我知道没办法再拖下去了，就到医院检查，被确诊为甲状腺恶性肿瘤 4 级。医生知道我是音乐老师后，很遗憾地告诉我今后我都不能再唱歌了，这种病征会影响我的部分发声神经，让我做好心理准备。因为病情延误太久，所以情况比较危险，医生建议我马上手术，但我还是拖了 3 个月。在这 3 个月当中，为了让大家看到我阳光的那一面，我努力压制住自己悲伤的心情，日常教学、合唱团和艺术团排练我样样没有落下。后来医生告诉我，手术时间持续了整整 5 个小时。幸好老天爷眷顾我，我的身体恢复很快，让我还能够正常说话。虽然我没办法像以前那样唱歌了，但只要我还能够正常说话，我就能让杨木这片土地上的孩子们和父老乡亲们得到快乐。孩子们和父老乡亲们在我身体恢复阶段也给了我很多力量，这也是我能继续走下去的重要动力。

问：您已经无法唱歌了，那您会怎样继续您的音乐教育生涯呢?

张冬：以前我有练声的习惯，病好后也坚持练声，我希望靠我的坚持和努力声音能够恢复到正常的状态。日积月累下来，我惊讶地发现我居然能唱一小段高音了。虽然不能像从前唱得那么好，但对现在的我来说已经足够幸运。我手术后重返讲台，很多人都感到十分吃惊，但我始终很坚定，我的音乐教育生涯还要继续下去。因为我不是一名演员，我是一名教师。我可以教他们音乐知识，教他们弹琴唱歌，让他们能够在紧张的学习生活之余放松放松。更重要的是，我希望用音乐给孩子们打开一扇窗，让他们的生命中再照进一束光。我始终相信，孩子们的生命里有了音乐，就不再孤单。当然，我对音乐教育是有追求、有目标的，我希望将音乐与生活融合得更紧密。

问：能详细聊聊您的教育理念吗?

张冬：首先，我希望一切顺其自然，孩子们能够发展到什么程度就努力将他培养到什么程度，不拔苗助长。其次，我希望音乐与生活要融合，课程与实践也要契合。最后，我要给孩子们提供更多价值观上的引导，因为我们不光要教书，更要育人。

问：作为一名优秀的乡村教师，您能谈谈对乡村艺术教育的思考与建议吗？

张冬：现在的农村孩子可以通过互联网接触到很多新鲜的事物，他们的信息不再闭塞，但由此也带来一些问题，比如他们的判断能力有限，什么是好的，什么是坏的，他们分辨不出来。所以作为一名音乐教师，一名艺术课教师，首先要能够判断什么样的艺术对孩子们来说是有价值的，适不适合教给他们。其次，乡村有大量的教育教学资源，有那么多好山好水，音乐是要感受的，要让孩子们体会到他现在所处的环境和生活是多么美好，要让他们有一双发现美、欣赏美的眼睛。

问：乡村需要振兴，就需要更多的乡村教育人才。对有志于乡村教育的老师，您有什么建议吗？

张冬：想要扎根在乡村的老师一定是有情怀的好老师。对于这些老师，我想，首先要克服自己生活上的困难。农村比不上城市，肯定有诸多的困难和不便，如果他是外地的老师，肯定就常常回不了家。其次，肯定会碰到各种各样的困难，因为农民的思维方式和我们老师的思维方式是不一样的。但是遇到困难不要怕，要坚定自己的内心，要明白自己所干事业是伟大的。而且我们一路上会有其他乡村教师的陪伴，我觉得乡村教师是幸福的。乡村的孩子也更需要有先见之明、优秀的教师的引领。所以慢慢去做，不要想得失，我相信在农村这片广阔土地上一定会大有作为的。

编者寄语

歌者继其声，师者继其志。张冬就是这样一位朴实的乡村教育工作者，但她又是那么的不平凡。她用生命歌唱，奏响乡村教育最强音；她用生命引燃火把，照亮乡村孩子的成长之路。

人物档案

张正辉：以振兴乡村教育来振兴乡村

男

汉族

1969 年生

1990 年开始从事乡村教育工作

现任职学校：云南省德宏傣族景颇族自治州芒市西山乡中心校

所获荣誉：先后 40 多次荣获“优秀教师”“优秀教育工作者”“教学成绩优秀奖”；2021 年，被云南省人社厅“科技兴乡贡献通报表扬”；2022 年，获评“云南省乡村学校从教二十年以上优秀教师”；2021 年，获评德宏州“优秀校长”，入选“马云乡村校长计划”；2023 年，获评德宏州“优秀校长”。

人物小传

他曾有数次离开偏远乡村的机会，可他矢志不渝，坚定地留在了最偏远、最困难的地方。当有人问他为何不到大城市工作的时候，他只是淡淡地回答："我怎么能离开呢？"也许，艾青的一句诗可以成为他教育生涯最好的注脚："为什么我的眼里常含泪水？因为我对这土地爱得深沉……"

1990年，张正辉被分配到芒市条件最为艰苦的学校之一——东山乡翁角小学，学校让他接管了一个成绩较差的五年级班级。张正辉没有被困难吓倒，而是暗下决心，一定要把这个班的成绩教上去。他先是从上好每一节课开始，努力钻研教材教法，让学生在课堂学有所获；他经常深入学生家庭开展家访，与学生交心谈心，从心理上帮助学生解决学习障碍。通过努力，该班小学毕业时，平均分和合格率都跃居全乡第一。当时，以他的教学水平和管理能力，完全可以调到城区学校工作，然而他怀着一颗为乡村教育奉献的心和对山区孩子的爱，放弃了进城工作的机会，初心不移，坚守如初。

正因张正辉管理班级有方，教学成绩优秀。1993年起，他先后被任命为校点校长、村完小负责人。2011年被任命为云南省德宏州当时所谓规模最大、管理最乱、成绩较差的农村寄宿制小学——遮放镇户拉明德小学的校长。在担任该校校长期间，张正辉通过一系列的改革措施，使学校的精神风貌焕然一新，得到了上级教育行政部门的高度认可和社会的一致好评。户拉明德小学先后被评为省、州、市"常规管理示范学校"。

2017年9月，张正辉就任云南省德宏州芒市西山乡中心校校长。任西山乡中心校校长以来，他深入各校走访，分析全乡教育发展状况，找准制约教育发展的主要因素是文化素质低和贫穷。张正辉带领学校领导班子开始了一系列的改革。

就当芒市西山乡中心校的教育教学工作步入健康、和谐的发展轨道之

张正辉在西山乡营盘民族小学校门口 / 受访者供图

时，仅一墙之隔的西山乡中学教育教学工作面临重重危机，如病入膏肓之躯。学校教学质量低下，连续 15 年中考成绩排名全市倒数第一；控辍保学工作形势严峻，243 人的在校生中，经常未到校学生就有 60 多人，辍学学生 5 人。在西山乡中学生死存亡之际，2022 年 4 月，州市教育局决定推行西山乡中小学进行一体化管理，西山乡中心校校长张正辉兼任西山乡中学校长。到任后，张正辉开始谋篇布局，寻找西山乡中学的出路。通过一年的攻坚，从 2023 年春季学期开始，西山乡中学学生出勤率上升到 96%，率先在全州乡镇中学中实现没有辍学学生的目标。同时学校的教学成绩也稳步提升，2023 年中考实现了历史性突破。

一路走来，张正辉老师的教育历程，是忠于党和人民的教育事业的奋进历程；是扎根山区，奉献边疆的坚定历程；是乡村学校优秀教师的奋斗历程。

人物访谈

采访人：黄蕾

问：能不能谈谈是什么契机让您走上乡村教育的道路？

张正辉：其实我投身乡村教育的原因很简单。我出生在一个偏远的贫困山区，自小在乡村长大，所以当我准备参加工作的时候，就义无反顾地回到了乡村。我希望能够为家乡、为乡村出一份力，用自己的实际行动来回报家乡的养育之恩。这是我的初心，到现在都没有变。

问：刚参加工作时，您被分配到芒市条件最艰苦的学校，接管了一个成绩较差的班级，您当时有想过放弃吗？

张正辉：没有想过放弃。我自己就是在乡村长大的，我知道贫困山区的孩子只有通过读书这条路才能改变自己的命运，从而回来改变家乡的面貌。有了这个想法，我坚定了扎根乡村教育的决心。当时我工作的那个地方是一个贫困山区，那个班的孩子都是少数民族——景颇族，所以孩子们的学习基础很薄弱。除此之外，我还面临了许多困难和挑战，当时是五四学制（即小学 5 年，初中 4 年制度），我接班的时候这群孩子已经五年级了，即将面临小升初考试。当时的情况与现在不同，如果考试成绩不佳，是上不了初中的。虽然他们的学习基础并不好，但好在经过我们共同的努力，绝大部分都考取了初中，不少人还考取了大学，进入社会后也取得了不错的成就。

问：从教34年里，有没有让您印象特别深刻或感到骄傲的孩子？

张正辉：这样的孩子其实有很多，其中有一个令我特别感动。前几年我的夫人生病了，这个孩子不知道从哪里得知了消息，邀请我们到他所在的城市进行医治。整个看病治病的过程中，他忙上忙下，毫无怨言。正是因为有了他悉心的照料，我的夫人才能够恢复健康。后来那个孩子跟我说，如果没有小时候我对他的悉心教导，就没有他今天的成绩，所以他无论如何都要报答我。每每想到这件事，我都特别感慨，虽然教书育人是我的职责，是我的使命所在，但这样的孩子在我们的教育下不仅十分优秀，还懂得感恩，这不就是教育最美的样子吗？

问：您曾有过4次进城工作的机会，为什么会放弃？

张正辉：现在我工作的芒市西山乡是少数民族聚居的贫困地区，虽然经过脱贫攻坚，老百姓的生活已经得到了极大的改善，但这里还有没有困难呢？我想是有的。而且有时候想想，如果大家都走了，谁留下来改变乡村贫弱的面貌呢？我很爱乡村，所以，我身在乡村，我也想改变乡村，特别是通过教育这条路来改变乡村。

问：您曾担任过班主任、校点负责人、村完小校长、中心校校长，在这么多身份当中您最有幸福感的是哪一个？为什么？

张正辉：其实有三段经历都让我特别有幸福感。我刚工作时，被分配到德宏州芒市条件最为艰苦的东山乡翁角小学担任班主任。当时我只比那帮孩子大几岁，现在他们也接近50岁了，都很成功，生活得也很幸福。在那个年代，他们通过自己的努力和我的引导走出了乡村，改变了自己的人生，也改变了他们的家庭。这让我很有成就感。2011年，我开始担任遮放镇户拉明德小学的校长，这6年也是我最骄傲的6年。这所学校是德宏州当时规模最大、管理最乱、成绩较差的农村寄宿制小学，经过6年的管理，这所学校蜕变成了一所优质学校，得到了上级教育行政部门的高度认可和社会的一致好评。有人还做过统计，从这所学校毕业的学生有不少后来考取了“985”“211”大学。第三段就是我现在担任西山乡中心校校长期间的经历。在我来之前，西山教育校园环境“脏乱差”，教师风气“懒散慢”，学生成绩提不起，所以我通过一系列的改革，用了两年时间，使得西山乡小学教育教学质量有了显著提高。通过我和团队共同的努力，我们真正改变了这些孩子，改变了这个乡村。

问：能详细介绍一下您就任芒市西山乡中心校校长期间采取的提高学校教育教学质量的措施吗?

张正辉:一是以“内务整理6条线、日常生活4排队、仪容仪表一整洁”的“641”养成教育模式为抓手,抓实学生养成教育,规范学生行为习惯,助力学生幸福成长。养成教育开展以后，校园环境卫生、宿舍内务变得干净整洁，校内活动秩序井然，学生个人衣着穿戴整洁规范，精神面貌积极向上、健康阳光，能做到遵规守纪、自主学习，在校健康、快乐地学习生活。

二是推行“双语双文快乐121”课堂改革模式：1至3年级以景颇族的载瓦语为桥梁，采用汉语、载瓦语双语模式开展教学，帮助学生克服语言障碍，提高学生普通话听说能力和汉字识别能力；4至6年级采用传承性教学模式，将民族文化列入教学课程，每周至少上一节民文课或传习课，让景颇族的刀舞、织锦、乐器等优秀民族文化走进课堂，薪火相传。仅仅两年的时间，西山乡小学教育教学质量就有了显著提高，从2019年秋季学期开始，西山乡小学教育教学质量上升到了全市乡镇的中上水平，彻底改写了学校教学成绩连续多年“倒数第一”的历史。

三是开展“小手拉大手、共创文明乡村”活动。学校周末不再布置书面作业，取而代之的是动手实践的德育作业。让学生将在校养成的良好习惯带回家，和家长从整理家庭内务做起，改变家庭环境卫生，逐步引导家长改变不良的卫生习惯和生活习惯，最终达到“教育一个学生，影响一个家庭，带动一个村寨，文明整个西山”的目标。在2020年脱贫攻坚迎接国检时，德宏州芒市西山乡各村寨干净的环境卫生和良好的村容村貌为脱贫攻坚的验收打下了坚实的基础。

四是着力控辍保学。我亲自带领班主任、村校长多次到学生家里做家访，动员学生返校，西山乡小学自2017年到现在没有一名孩子辍学。

问：建设一所好学校，优质的教师队伍无疑是不可或缺的核心力量。那么您作为校长，在教师队伍建设方面做了哪些尝试？

张正辉：第一，身体力行。作为校长，你要改变一所学校，首先要改变老师多年来不变的教育教学习惯。我要求老师做到的，我自己一定先做到。老师改变了，学生的不良习惯也一定会改变。第二，端正思想。乡村学校的老师思维相对来说比较保守、落后，所以我反复给老师们开会，宣传我的管理理念和教育理念。统一思想后，老师们就会按照学校的规定去完成各项教育教学任务，而不会像以前一样得过且过了。第三，关心生活。虽然我很严厉，但我对老师们的生活特别关心，我希望尽我所能让他们少一些后顾之忧，将更多的精力投入教育教学之中。第四，积极培训。给老师们创造更多的培训机会，让他们接触更广阔的教育天地，调动老师们的工作积极性，提升他们的教育教学能力。

问：作为乡村校长，您遇到的最大的困难是什么？

张正辉：2022 年我兼任西山乡中学校长，来到学校后我努力推行我的管理模式，但是很多老师都保持沉默，甚至都不和我说话，为什么？因为他们觉得我的管理太严苛了。可是我并没有放弃，通过一年多的时间，这所中学的面貌大大改观了。老师们现在都很高兴，觉得教书真是一件幸福的事情。

问：您认为目前最大的成就是什么？

张正辉：我自己觉得我没有取得什么成就，我所取得的这些荣誉是党和政府以及人民对我工作的肯定,但我做得还不够,我应该继续努力。不过,有一次获奖让我特别骄傲。2019 年，在全国第 35 个教师节暨全国教育系统先进集体和先进个人表彰大会上，西山乡营盘民族小学被授予“全国教育系统先进集体”，我亲自到北京人民大会堂，从国家领导人手中接过奖牌，这真是我一辈子最大的荣誉了。

问：您的故事获得了很多关注，您也获得了很多荣誉，对于社会各界对“乡村教师”这一群体的关注和既有印象，您有什么要传达或补充的？

张正辉：乡村教育必须办好，才能把人才留住，乡村才能够真正振兴。我希望乡村的孩子成才之后能够回到乡村，为乡村贡献一份自己的力量。我也希望所有人能够真正关注乡村教育。乡村教师的待遇还有待提高，他们的社会地位也需要进一步提高。

问：乡村需要振兴，就需要更多的乡村教育人才，对有志于乡村教育的老师，您有什么建议吗？

张正辉：光靠激情是不够的，有的老师一年两年还很有热情地投入教育工作，久了就被现实的残酷打败。所以我经常鼓励老师们，你要在艰苦的环境当中努力工作，让外界看到你的能力和闪光点。

问：您工作至今已经有34年了，对于自己的教育生涯，您还有什么计划和打算？

张正辉：今年11月我就满55岁了，在最后的这几年里，如果通过自己一点微弱的力量，能让自己所在的乡村的教育现状有一点改变，就是我最大的信念了。毕竟我身在乡村，长在乡村，在乡村奋斗了一辈子，对乡村的感情特别浓厚，我就希望在退休之前再为乡村教育做一些力所能及的事。

编者寄语

张正辉校长锐意改革，创新有为，托举了无数少数民族学生的求学梦；他勇挑重担，勤勉务实，使一所又一所薄弱学校蜕变成当地名校；他扎根乡村，始终坚守，堪称边远民族地区教育改革的勇士，现代教育的楷模。

人物档案

多杰才旦：心有光芒，必有远芳

男

藏族

1984 年生

2010 年开始从事乡村教育工作

现任职学校：青海省玉树藏族自治州曲麻莱县曲麻河乡中心寄宿制学校

所获荣誉：2012 年，获评曲麻莱县“优秀教师”；2013 年，获评曲麻莱县“教学能手”；2014 年，获评曲麻莱县“先进教育工作者”；2015 年，获评曲麻莱县“优秀教务主任”；2016 年，获评玉树藏族自治州“优秀乡村教师”；2017 年，获评青海省“优秀班主任”；2019 年，获评“全国优秀教师”；2020 年，获评“青海省最美教师”；2021 年，入选“马云乡村教师计划”；2022 年，获评“2022 走遍中国·寻找最美教师”公益活动“最美教师”。

人物小传

2010年6月，毕业于青海师范大学，满怀理想和教育情怀的多杰才旦，毅然放弃了留在省城的工作机会，成为位于偏远牧区的曲麻莱县曲麻河乡寄宿制中心小学的乡村教师。学校位于海拔4500多米的黄河源头，离县城230公里，自然条件十分恶劣，夏季暴风冰雹，冬季寒风凛冽。但气候和高反没有击退他扎根乡村、奉献自我的决心。寒来暑往，多杰才旦向我们诠释了什么是玉珠峰冰川脚下最美的“坚守”。

工作伊始，多杰才旦担任班主任兼两个班的语文老师。由于牧区小学学生家长忙碌且文化程度不高，学生的家庭教育程度不够，学生卫生、纪律、习惯等方面的意识不足，他把德育和培养集体意识放在首位，尤其是在教育困难家庭学生方面。父母离异的单亲家庭学生和孤儿或多或少内向自卑、悲观孤僻，为了教育好这些孩子，多杰才旦及时掌握第一手资料，主动同他们一起吃饭、学习、玩耍、睡觉、谈心、交友，逐步打破他们对外界封闭的内心，让他们接受来自老师和同学的爱，渐渐融入班级大家庭中，真正把学校当成自己的家。

学校是牧区寄宿制小学，学生在学校既要学习又要生活。他们年龄小，远离家乡和父母，很多孩子无法适应新的环境和新的生活方式。曾有孩子因想家不想上学，私自回家，多杰才旦不顾天黑风高，冒着寒风连夜翻越三座大山，到这个孩子的家中给他的父母以及孩子耐心讲解学习文化知识的重要性，劝孩子返回学校继续学习。在班主任多杰才旦眼里，每位学生都是自己的孩子，衣服脏了给他们洗、破了给他们缝；学生生病了，他整夜不合眼地照顾。学生的衣食住行、吃喝拉撒睡，他都悉心照顾，事无巨细，点点滴滴。“不让一个孩子辍学”“一个孩子都不能少”是多杰才旦的教育理念，他将满腔的热血和父亲般的关爱献给了高原上的孩子们。

针对有很多缺点且改了又犯的学困生，多杰才旦允许他们犯错并给予

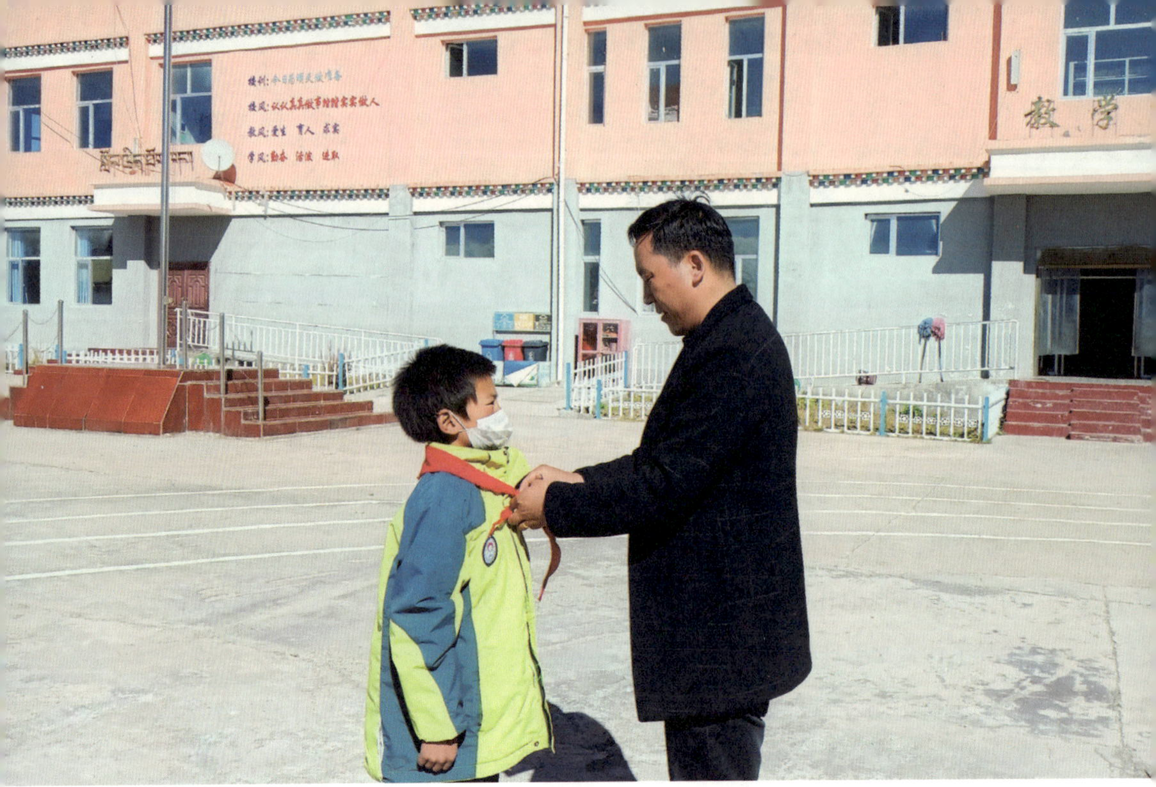

多杰才旦帮学生规范戴红领巾 / 受访者供图

纠错的机会，耐心地找到孩子犯错的根本原因，用宽容和爱引导他们自己找缺点，并逐步改正。他还采取认知性的教学，交流和探讨学困生的学困原因，因材施教，真诚耐心，进行一对一的辅导；重视他们的学习成果分析，及时鼓励，激发他们的学习积极性；及时加强心理疏导，帮他们消除或者减轻厌学畏学心理，找回成就感和信心。他还利用班会课时间讲解日常行为规范，于细微处引导学生对照、约束自己的言行举止。

美好的日子就在这分分秒秒的诲人不倦中流逝，如诗的青春就在这年年岁岁的三尺讲台上得到永葆。多杰才旦的教育历程平凡但不平淡，没有感召世人的豪情壮语，没有惊天动地的伟大事迹，有的是他曾洒下的辛勤汗水，曾流下的心痛泪水和尝到的成功喜悦。他始终不忘初心，以一颗真挚的爱心履行着教书育人这一神圣职责，无怨无悔，以最美的姿态坚守在他热爱的玉珠峰冰川脚下！

人物访谈

采访人：吴思

问：您当初为什么放弃留在省城主持播音的工作机会，选择成为一名偏远牧区的乡村教师？

多杰才旦：我来自贫困的山村，很了解山村孩子的生活状况、学习情况以及乡村教育情况，而且我从小就喜欢教师这个职业，我的老师对我的人生影响很大，所以我立志成为像他那样的人，希望通过自己影响孩子们，哪怕是指引他们一段路，成为他们人生中一道微弱的光，也是值得骄傲的。我爱孩子，更爱大山的孩子，他们纯净、热烈，也需要人关心、引领。大山的教育更需要有情怀的教师，我不敢说自己一定是最优秀的，但是我一定要让自己成为那个最爱他们的老师。所以我愿意放弃城市的舒适生活，选择到乡村扎根，用自己的知识和才华去改变孩子们的命运，让牧区的乡村孩子一个个走出大山是我最坚定的愿望。

问：您妻子的工作地在青海省东部的海南藏族自治州贵德县，您自己孩子也需要您的陪伴，您是如何平衡家庭和学校教育工作的呢？

多杰才旦：我的妻子和孩子还有父亲他们在青海省贵德县，距离我工作的学校有1000多公里，我每年回去4次，寒假、暑假、五一和国庆。我无法每天陪伴他们心中也很遗憾，我非常感谢我的妻子，她付出很多，不仅要照顾年幼的孩子，还要照顾我年迈的父亲，自己也要工作，只有父亲可以帮忙接送下孩子。但她从来不抱怨，反而是无条件地支持我，她懂我的梦想，就是让牧区的孩子一个个走出大山，是她的支持让我能全心全意投入牧区乡村教育。不管有多忙，我都会利用任何一个休息的时间给妻子发信息、打电话。我自己两个孩子，一个读小学四年级，一个读小学一年级，主要是妈妈陪伴他们生活和学习。我经常把学生当做自己的孩子来照顾，倾注我对他们的爱就如同对我自己的孩子一般，妻子会和我分享孩子成长的各种关键事件，我一有空就会和孩子视频，告诉他们爸爸很爱他们。我对他们的陪伴大多数是心理上和精神上的，而把更多的时间和精力给了我学校的孩子们。但我相信我的女儿和儿子一定能明白爸爸对他们的爱，我也希望我的身体力行能给他们树立榜样，引领他们前行。

问：您每天在学校里花费大量时间和精力照顾孩子们，那您是如何来提升自己，掌握先进的育人理念呢？

多杰才旦：首先，我觉得时间管理能力是一个老师必备的品质，这也是我对自己的一个要求。其次，我校是牧区寄宿制学校，地处偏远，交通不便，信息闭塞并高寒缺氧。在这种偏远的牧区，相比大城市，生活节奏和学习节奏比较慢，我和孩子们基本上 24 小时都在一起，就更加有时间来规划事情。但我的宗旨是学生第一，他们的身体健康、心理健康第一。这一理念主要来源于我的教学积累，我接触了这么多的牧区孩子，我的内心告诉我应该这样做，我真诚地面对我的内心。我想给他们营造“学校就是家”的感觉，即使远离父母也能感受到我给予的“父爱和母爱”。再次，我也非常关注教育专业类的培训。线下的培训毕竟机会有限，所以我会排除万难去参加，不过，我更多的是花时间做有针对性的学习。现在是一个信息共享、知识共享的时代，感谢信息时代，让我可以充分利用网络资源，获取各种我想要的信息。我大量地学习寄宿制学校的管理方法，查询资料了解寄宿制学校孩子的心理特征以及如何解决心理问题。最后，我如饥似渴地阅读大量有关寄宿制学校的书籍并从中汲取养分。由于爱好写作，我会将所思所想所感写下来，打印成文稿给孩子们当做学习资料使用，以此提升他们的汉语水平。我还积极带领学校教师团队开发校本课程，研究地方民俗文化、山水文化等。

回顾培训历程，更激发了我们西部教育人的执着与坚守。虽然蓝天白云、山清水秀也会在冰雪交加、天寒地冻中黯然失色，野花遍地的辽阔草原也会在寒冬中凋谢，尘土飞扬，还有肥壮的牛羊更会在冬季的雪灾中冻死……在这种艰苦环境下生活的牧民，更渴望美好的生活，唯有教育能斩断穷根。虽然我的学校还在建设当中，没有像城市学校那样高级的塑胶操场；虽然学校冬季没有像城市学校那样方便的自来水，还需要到很远的地方去运水；虽然山路崎岖，运水车有时会陷在泥路中好久都推出不来，但在这种艰难的环境中一直都有我们教育人的身影，坚守着自己的岗位，默默地奉献着自己的青春和汗水。不为别的，就为来时的初心和那份责任：初心就是用知识改变孩子们的命运，责任就是扛起民族的希望。

问：您从教的14年里，哪位孩子令您印象最深刻？为什么？

多杰才旦：从教 14 年，我觉得每一个孩子都很可爱，都让人印象深刻。让我印象最深的孩子是拉洛同学，他是我刚进入乡村学校当班主任那一届的学生。2010 年进入小学的拉洛同学，家住扎加村，那年 8 岁，一直以来他学习都很努力，成绩一直名列前茅。他本是一个活泼好动、学习刻苦的好孩子，和众多的孩子一样有一个快乐幸福的家庭，在父母的呵护下成长。可是天有不测风云，2012 年，他的父母在一次车祸中不幸去世，原本幸福的家庭顷刻间坍塌了，可怜的拉洛只好跟着年迈的爷爷过日子。谁知，他读四年级时，因为悲伤过度，年迈的爷爷也卧病不起继而离世，这对于拉洛这个只有 11 岁的男孩子来说更是无法承受的打击和痛苦。失去了爱他的父母和爷爷，拉洛一下子成了孤儿，他好像变了一个人，在学校无心学习，整天沉默寡言、郁郁寡欢，也不和同学一起玩，总是一个人坐在那里发呆，学习成绩直线下降。作为班主任的我看在眼里，疼在心里，这个因为家庭变故遭受的打击的孩子实在令我痛心和无法割舍。为了让拉洛振作起来，我开始每天和拉洛同睡同起，关注他的冷暖，每天帮他洗衣服、洗头发，给他父亲般的温暖。我还多次与拉洛谈心，鼓励他要坚强，忘掉痛苦，勇往直前，勇敢面对生活，并且用自己微薄的工资给他买学习用品和生活用品。2013 年冬天，拉洛穿的衣裳已经磨破了，棉衣又薄，恐怕无法抵御住寒冷的冬天，于是我又给他买了棉衣和棉鞋。为了让拉洛能得到更多的生活和学习保障，我号召同学们为他捐款，寻求学校的帮助，给予他国家贫困生的补助，还积极联系社会爱心人士进行捐助，在格桑花助学基金会为拉洛争取到了儿童慰问补助金，使他的学费和生活费都有了着落。在我如师如父般的关爱和其他老师、同学们，以及国家、社会的尽力帮助和支持下，拉洛不再郁郁寡欢，脸上露出了孩子该有的烂漫笑容，变得坚强了，学习也更加努力了。后来，拉洛考入重点高中，但即使在高中我也一直照顾着他，无论是学习还是生活。现在，他在青海民族大学读本科。我感到很欣慰，希望拉洛将来成为一个知恩感恩、报效祖国的国家栋梁之材。

问：听说您所在牧区学校还有一些残障儿童，您是如何教育他们的？

多杰才旦：是的，牧区医疗条件相对落后，对于身体残疾的学生，我秉着更有爱的心去照顾和关心他们，首先对他们的家庭情况、身体情况、性格特征等进行调查，然后根据不同孩子的喜好，我会带着自己购买的学习用品、玩具、体育用品等，在周六周日去家访，上门进行学习指导。我有一个学生叫才仁拉毛，她存在语言障碍，发音不清晰，所以对自己特别没信心。为了帮助她燃起学习的信心，我决定先教她数学，我每天一有空就带着粉笔和小黑板去她家里，先从简单的数字开始教，再慢慢地到计算题。她非常喜欢我自创的数学游戏，现在每天都特别期待我去她家。看着她对学习有了光的眼神，我无比欣慰。我认为干涸的心灵需要爱心的浇灌，残疾只是身体的缺陷，志向高远照样一飞冲天。

问：您所在学校是牧区寄宿制小学，您能谈谈寄宿制学校对孩子成长的利弊吗？

多杰才旦：有利的方面，首先是学生独立性增强，寄宿制学校要求学生独立处理日常生活，如叠被子、洗衣服等，有助于培养学生的自理能力；其次是学生性格更加开朗，寄宿学校提供了一个能和同龄人交流的环境，有助于学生形成更加开朗的性格，增强社交能力；最后是学生成长速度加快，寄宿学校通常有较为严格的管理和规定，有助于学生快速成长，形成更加成熟的行为模式。

不好的方面，第一是学生长时间离开家庭，缺乏与父母的日常互动，可能会导致亲子关系疏远；第二是生活习惯可能受到影响，寄宿学校的生活习惯可能与家庭中的不同，可能导致学生难以适应社会的生活节奏；第三，智力发展可能受影响，年龄较小的学生进入寄宿学校可能会影响智力的正常发育。

问：您对您接下来的教育生涯有什么计划和打算？

多杰才旦：我从一个牧区乡村学校班主任开始，到教务主任、副校长，再到校长，一直在乡村教育的岗位上，我想完成这一届的校长工作后，看看上级领导的安排再做打算。这所学校的发展和教育已经有了很大的起色，希望上级领导安排我去更偏远的学校，为更需要教育资源的偏远山区的孩子做点事，这样对于我来说才更有意义，更有成就感。

编者寄语

回忆过去硕果累累，展望未来任重道远。多杰才旦是“捧着一颗心来，不带半根草去”的楷模；是“学高为师，身正为范”的写照；是“一心追求一腔情，一身朝气一路行”的坚守。玉珠峰冰川脚下，那个孩子们亦父亦母的身影——心有光芒，必有远芳。

人物档案

谭美珍：乡村教育远比我们想象的更宽阔

女

汉族

1976 年生

2017 年开始从事乡村教育工作

现任职学校：湖南省邵阳市隆回县虎形山瑶族乡草原小学

所获荣誉：2021 年，获评“隆回县德育工作先进个人”；2023 年，获评“隆回县优秀校长”“隆回县小学英语骨干教师”“邵阳好人”，入选“马云乡村教师计划”。

人物小传

7年前，她毅然放弃县城最好的小学，申请回到家乡邵阳隆回县虎形山瑶族乡草原小学任教。7年来，在她的积极努力和当地政府、教育部门的大力支持下，在社会各界的关怀帮助下，校园面貌焕然一新，学校也从只有13个孩子的教学点，发展成目前有7个年级、186名学生的大学校。她就是隆回县虎形山瑶族乡草原小学校长、县政协委员谭美珍。

隆回县虎形山瑶族乡位于高山密林之中，闭塞边远，经济、文化、教育比较落后。谭美珍小时候最强烈的愿望就是走出大山。她拼命读书，如愿以偿成了县城重点小学的骨干教师。2017年，她回家乡时了解到，因生源不足、没有老师，学校已经破败，草原小学不得不面临撤并。10多个孩子因各种原因没法转到较远的学校去读书，这些孩子的爷爷奶奶除了默默垂泪，不知何去何从。

谭美珍的心一下子被揪住了：这些大山里的孩子，还不知道起跑线是什么就被抛下了。那个暑假，她做出人生中最重大的决定：她要为这些孩子留下来。为了让自己全身心投入工作，2018年，她悄悄地把编制转到草原小学，成为隆回县建县以来有记载的从县城主动调往偏远山区工作的第一人。

刚回草原小学时，困难重重：没有校舍，没有同伴，教学设备奇缺，教育经费拮据。谭美珍咬紧牙关，拿出全部的勇气和精力，一点一点地改变。从一开始租用民房当教室，到现在拥有4间教室、4间教师住房的崭新教学楼；从2017年只有一位老师，到现在拥有在编老师7位、湖南大学研究生志愿者3位、社会爱心志愿者3位、县城支教老师4位、顶岗实习老师2位；孩子们有了校服，有了人生中第一套冲锋衣，有了钢琴、图书和多媒体教学设备……

育什么样的人、如何育人，这成了谭美珍和老师们潜心思考、研究的

谭美珍和孩子们在玩老鹰抓小鸡的游戏 / 李风韵供图

课题。在这里，所有的课堂里都注重爱国爱家的教育，因为谭美珍和老师们相信，有爱才会有担当，讲家国要从小开始。大自然是最好的课堂和老师，在这里，老师们注重自然美育，带孩子们用树枝、石头、瓦片画画，用野花野草装饰自己的生活，最天然最质朴的教与学，熏染着孩子们纯洁的心灵。草原村是国家级非物质文化遗产花瑶呜哇山歌的起源地和传承地，老师们抓住这一优势，创设“呜哇山歌”非遗校本课程，传承经典。学校还特别注重劳动教育，建设养猪场、中草药种植基地等劳动实践场所，教导孩子们靠劳动生存，深刻感受“劳动改变生活”“劳动让生活更美好”，学校被授予湖南省劳动教育示范校称号。“把体育融入课间”是草原小学又一育人特色，学习组织学生每天 3 分钟压腿，3 分钟跳远，3 分钟跳绳，5 分钟跑步，5 分钟模特表演，室外、走廊、教室到处留下师生们运动的身影。

草原小学 90% 以上的孩子都是留守儿童，他们缺少父母的陪伴。这 7 年，谭美珍坚持每天陪孩子们学习、玩耍，和孩子们一起欣赏瑶乡美丽的风景是她最快乐的事。谭美珍说，“乡村教育远比我们想象的要宽广”，她要用爱，打开瑶乡孩子内心的世界。“心打开了，全世界都是你的！”谭美珍经常和孩子们这样说，也引导孩子们这样做。

孩子们的成绩也让人欣喜：2021 年，在“华韵之声”语文诵读大会获得团体组的全国总冠军；2022 年，在重庆、湖南、湖北、贵州、四川五省举办的“武陵山原生民歌大赛”中获得了线上第一名；合唱节目登上了湖南卫视跨年晚会的舞台，参与湖南卫视节目《新闻当事人》介绍隆回节目的拍摄；2023 年，在湖南省首届民族电影展上，孩子们的模特秀与朗诵节目展现了生活在瑶乡的孩子们的美好与幸福……孩子们学习、劳动、传承非遗的场景多次被《光明日报》《湖南日报》等主流媒体报道。

相信，草原小学的孩子们将和谭老师一起，遇见更广阔的未来，成就更美好的自己。

人物访谈

采访人：彭海燕

问：是什么力量，让您主动从全县最好的小学回到当时这个最差的教学点呢？

谭美珍：爱家乡是一个人的本能，我热爱自己的家乡。2017 年，我回老家草原避暑，听说草原小学因生源不足准备停办。说是草原小学，其实当时只是一个村级教学点。那是生我养我的家乡，也是承载了我童年的母校。当时我看到了家乡教育的一些情况，心里特别难过。我想到了自己，如果当时我没有接受良好的教育，我的人生又会是怎样的？相对城里孩子，农村孩子的命运受老师的影响要大很多。我觉得草原小学停办太可惜了，便申请回乡支教。我想尽自己所能，帮助草原村像我一样的孩子们。支教的过程中，我觉得仅仅作为一名支教老师，能做的太有限了，于是，2018 年，就把编制从东方红小学调回了草原小学。

问：刚刚回到草原小学的时候，这里的硬件条件怎么样？教师的情况如何？

谭美珍：2017 年刚回来的时候，原草原学校被鉴定为危房，于是我租了栋民房给孩子们上学，三年间搬了三次。第一年就我一个老师，第二年湖南大学派了 3 名研究生志愿者来帮助我。

问：后来几年，您是怎样逐渐增加教师，改善各种硬件条件呢？

谭美珍：教师方面是这样的，湖南大学后来每年都派 2—3 名研究生志愿者来校支教，延续至今，让师资有了最基本的保障。从第三年开始，陆陆续续还有来自全国各地的爱心人士来支教，其中慧子老师是从 2019 年开始来支教，一直待到现在。

2019 年，政府给学校盖了新的教学楼；澳优乳业给我们捐赠了音乐室；湖南大学为我们改善了操场。我们用各方资助的善款做校园文化建设，用各种比赛和活动得到的奖金建设劳动基地，硬件条件慢慢得到改善。我们像蚂蚁一样，获得一点帮助就做一点事情。所以我们的学校一直在变化，一直在给人带来惊喜。

问：我们了解到您和老师们关系非常融洽，您作为一名“70后”，是哪些品质或性格让这些小年轻们紧紧团结在您身边呢？

谭美珍：年龄与年代只是一个数字，我从来就没记住过自己的年龄，我们也没有代沟。我们的老师都说我有时候很孩子气，和大家玩的时候也放得开。我的包容心很强，容易看到大家的优点。我的性格也很幽默，还算大气。我会站在老师的角度思考很多事情，也会尽全力去解决问题。我和老师们的关系不仅仅是上下级关系，更是亲人、是战友。虎形山瑶族乡地处偏远山区，人烟稀少，娱乐缺乏，在这里做乡村教育，想为留守的孩子们做些什么，想改变些什么，这是一场战争，需要每个人心怀使命，竭尽全力。我们怀着改变山乡留守儿童的未来的使命来到这里，老师们都心怀热血和情怀，所以容易团结在一起。

问：从老师到校长，您认为您收获了哪些方面的能力？

谭美珍：首先我变得更坚强了，因为在兴办草原学校的过程中，面临了方方面面非常多的困难；其次我变得更能干了，作为一个刚起步的乡村学校的校长，要干的活更是想象不到的多，事无巨细都得亲力亲为。现实也逼迫我进一步思索乡村教育的问题在哪里，乡村教育的未来在哪里，我能做些什么，能改变些什么。

问：您的工作地点从县城改到乡村，对家庭的影响应该是比较大的，您是怎么处理个人、家庭与工作之间的矛盾的？

谭美珍：我和我丈夫本来就隔着隆回到西安的距离，他回到草原来不过是增加了两个小时的车程。我爱人对我的工作特别支持，他觉得这是一件有意义的事情，还打算退休以后来学校当志愿者。可以说，他是我最有力的支持者。另一方面，对于我自己小孩的养育，我一向觉得，正因为是在家乡度过了童年，我才对家乡如此热爱，我才有相对丰满的内心，有较为坚强的意志和非常健康的身心。所以他们能在乡野之中度过童年，本来就是一种幸运。亲近大自然，会让他们有更丰富的体验，更敏锐的感受，会有更多温柔的情感，更多的热爱，所以我觉得我的工作和家庭并不矛盾。

问：您觉得乡村小学的孩子们最大的特点是什么？

谭美珍：乡村的孩子们往往具备许多独特且宝贵的特点，我认为其中最显著的是纯真、朴实、对知识真诚的渴望和发自内心的本能的善良与热情。而且生长在乡村，这里的孩子们会更加亲近自然，对乡村生活有着深厚的感情和丰富的体验。总之，乡村孩子普遍具有丰富的情感、敏锐的感受力和对生活与生命出自本能的热爱。

问：如果要提升他们的综合素养，您认为要从哪些方面着手呢？

谭美珍：在提升乡村小学孩子们的综合素养方面，我认为首先是强化基础教育，确保孩子们在基础知识的学习上打下坚实的基础，如语文、数学、英语等核心科目。学好核心科目不仅是他们未来学习的基础，更是他们认识世界、理解社会的重要工具。其次是拓展课外活动。通过组织各种课外活动，学习民间艺术，传承本地非遗文化，利用兴趣课、活动课时间进行科学实验、手工制作、体育活动等，激发孩子们的兴趣爱好，培养他们的动手能力和团队协作精神，发展多元智能。

然后要加强品德教育。注重培养孩子们的道德品质，如诚实、勇敢、善良、感恩等，引导孩子们树立正确的价值观和人生观。同时要强化孩子们的生活技能和自我管理能力。

最后，应该积极引入外部资源，为孩子们提升综合素养提供更宽广的空间。例如积极争取政府、企业和社会各界的支持和帮助，为乡村小学提供更多的教育资源和发展机会。可以通过建立教育基金、开展支教活动等方式，增强孩子们对外界的认知与文化交流，为乡村小学的孩子们创造更好的学习环境和条件。

总之，乡村小学的孩子淳朴，但同时他们的眼界和认知也很有限。要提升他们的综合素养，一是要助他们克服自卑胆怯的心理，再是要给他们一个充分展示自我的平台，三是持续、长期地对他们抱以希望，不抛弃、不放弃。

问：目前草原小学孩子们各方面能力和素养都得到了极大的提升，您能不能给我们介绍一两个这样的个例，让更多的人了解他们的成长的历程，得到启悟？

谭美珍：当然。例如七年级的小刘同学，她在来草原学校前从来没有参加过任何大型比赛。因为草原学校课外活动丰富，上台展示的机会多，充分调动了孩子们的积极性，在来草原学校的不到一年的时间里，小刘同学各方面的潜能都得到充分挖掘。她既作为合唱团成员参与演唱国家级非物质文化遗产“呜哇山歌”，登上了湖南教育电视台少年春晚的舞台，又因为刻苦练功，成为草原学校六一展演舞蹈节目《瑶山乖丫丫》的主演，还代表虎形山瑶族乡中心校赴县参加“童心向党”演讲比赛，在与全县初中、高中、职高同台竞技中一举获得了隆回县中学组一等奖的好成绩。

问：2024年的六一儿童节是草原小学的盛会，直播观看量达到了23万人次！您在微信朋友圈里罗列了40多个感谢的对象。您能够跟我们讲一讲其中有趣、动人的故事吗？

谭美珍：这次盛会是值得纪念的，可以说是草原小学迄今为止做得最大的一场活动，我们没有想到有这么多的人关注！组织、举办这场活动的过程也是艰辛和快乐并存。学校 21 个人的团队硬是把自己干成了千军万马，编排节目、参演、管照班级、化妆催场、背投制作、安保保洁，等等，都是我们的老师一手操办。另外，之前在草原学校工作过的湖南大学研究生支教团也千里奔赴，他们没把自己定性为嘉宾，而是以主人翁的姿态参与到各项活动。记得支教团的翁廷坤和郭鑫老师，整场晚会都在幕后服务，一个节目都没看到，只能通过看视频来感受。他们开玩笑说，最大的奢望就是下一次活动他们能做嘉宾，能看节目。绵绵不绝的帮助与爱，一直在延续！一想起这些，我总忍不住热泪盈眶。

问：听说咱们的教师例会往往一开就是一个晚上，而且气氛特别热烈，您能介绍一下吗？

谭美珍：我们的例会本身不多，所以每次会议讨论的内容很多、很细、很具体，例如工作、生活、出游，或者探讨某个孩子的某种行为应该如何教育等等。除了我布置工作外，每位老师都会畅所欲言，没有任何顾忌，气氛非常和谐、温暖。我觉得大家都是一心为了孩子，为了工作，会议就应该是广泛地探讨和交流，以及爱的流动，不要拘泥于形式或别的什么。我们没有刻意去营造正统、刻板的会议基调，而是自然、自由地沟通、交流。

问：您常常说，乡村教育大有可为，它是美好、浪漫的，您认为怎样才能更好地发展乡村教育？

谭美珍：我们的孩子真真正正是中国最底层的孩子了。现在农村的家长，有一点条件的，都想方设法要把孩子送到镇上或是县城上学。偏远山区、民族地区、留守儿童，这些最苦情的标签都贴在我们孩子的额头上。当城里的家长在努力不让自己的孩子输在起跑线上时，我们的家长都不知道起跑线是什么，更别说起跑线在哪里。在这样的条件下，我们更要做面对现实的教育、融合日常的真实的教育。例如常态化开展爱国主义教育、融合生活的自然美育、结合地方特色的传统文化教育，以及劳动教育和体育。看到孩子们自豪地向客人介绍家乡，介绍自己的学校，紧张又兴奋地走向璀璨舞台，完成自我超越，看到孩子们越来越自律，有梦想和追求，这些都让我感受到乡村教育的无限浪漫和美好。

编者寄语

她用7年光阴，把只有13个孩子的村小教学点，发展成7个年级的大学校。谭美珍最快乐的是和草原小学的孩子们一起学习、玩耍，看瑶乡最美的风景。她用爱打开了瑶乡孩子的内心世界。

人物档案

倪金喜：代课17载，只身守护大山里的梦

女

汉族

1982年生

2007年开始从事乡村教育工作

现任职学校：宁夏回族自治区西海固地区海原县高崖乡团结小学

所获荣誉：2012年，获评“高崖乡优秀教师”；2015年，获评“高崖乡优秀教师”；2016年，入选“马云乡村教师计划”；2021年，获评海原县高崖乡“优秀辅导员”；2023年，获评海原县高崖乡“优秀辅导员”。

人物小传

在倪金喜2016年获得“马云乡村教师计划”的证书上，写着这样一段话：“耕耘在乡村教育第一线，使乡村学校更具活力，帮助乡村儿童有尊严、有个性，健康快乐成长。”回想起当年这个奖项的揭晓，当得知自己榜上有名时，倪金喜还觉得十分意外，她认为自己只是做着一个教师应该做的事，更何况，自己还只是一位代课老师。

2007年，倪金喜与丈夫张克喜的大女儿才刚一岁，作为代课老师的张克喜被调到同乡三分湾小学任教。他一走，之前任教的沙窝教学点则面临解散，因为张克喜是那所学校唯一的老师。沙窝教学点本身就是十分特殊的存在，居住在沙窝的村民多数是因为原本居住的地方自然条件恶劣搬迁而来，村里的青壮年安家后往往选择外出务工，留下年长的老人与年幼的孩子。教学点开设了学前班、一年级和二年级，极大地方便了村里的孩子上下学。为了不让教学点关闭，张克喜几乎找遍附近村子里的所有人，但是没有人愿意去。看到丈夫为孩子们焦急的样子，倪金喜思前想后，最终做出了一个决定：接过丈夫的接力棒。

艰苦的条件、微薄的收入、繁重的任务……就这样，倪金喜开启了她的乡村教师生涯，一干就是16年。

刚进沙窝教学点，整个学校只有3间房子，教室的地面是夯实的黄土，但依然挡不住尘土飞扬，窗户破败不堪，学校甚至连围墙都没有，而不远处却有一条大水渠。倪金喜屡次回忆自己与孩子们的初见，由于他们的父母不在身边照顾，孩子们头上常常会有灰灰的、黄黄的疙瘩，头发一绺一绺地板结在头上，她很想帮孩子洗干净，可是教学点缺水、断电，自己也是有心无力。

从接过丈夫的这份责任开始，倪金喜就做好了心理准备，她想，也许有一天会再来一位正式老师接替她的工作。然而几年下来，她与孩子们处

倪金喜在沙窝教学点辅导学生 / 受访者供图

成了朋友，处成了亲人，她说 ：“上课时我是他们的老师，下课后我是他们的朋友，中午我便自己带着午饭和水杯坐在教室里休息。虽然有些辛苦，但我和孩子们之间已经建立了深厚的感情，这时我才真正理解丈夫当初为什么一直不肯离开这个岗位。”

在倪金喜看来，除了条件艰苦，更大的挑战来源于她要一个人肩挑大梁，照顾所有孩子们的在校生活。每一天，她要承担起三个年级孩子的教学工作，无论是语文、数学还是体育、美术、音乐，都由她一人执教。除此之外，她还要兼职学校的保安、保洁、食堂阿姨等角色。每天，她总是第一个到达学校，用钥匙打开校门，然后将教室整理干净。国家免费午餐计划让孩子们的伙食有了极大改善，每天早上，她还要给孩子们煮上一锅“水煮蛋”，冬天则更免不了生火，不然午餐送来不加热很快就会冷。但是起初，光是架起火炉子、把炭块劈成合适的大小对她来说都很难，时常需要丈夫的帮助。2014 年，宁夏启动施行农村义务教育薄弱学校改造计划，对农村中小学供暖设施进行升级改造，沙窝教学点的校舍也因此焕然一新，还改造了操场，教室也供上了暖气。坚守在这里的倪金喜已经对学校所有大大小小的工作驾轻就熟，教学点也在她的打理下种起了花，植上了树，变得更加温馨。

2023 年 9 月，由于生源的持续减少，上级部门决定撤销沙窝教学点，倪金喜被调到一所完全小学，和丈夫在同一所小学，开启了新一轮的代课生活。如今，她身边终于多了 6 位同事，不用再身兼数职，但是十几年的代课老师经验也让她在新学校主动选择了“包班”教学，承担了一年级的全学科教学工作。虽然代课教师的收入比以往有了大幅提升，但依然不高，倪金喜说自己之所以依然坚守在这个岗位上是因为放心不下这里的孩子，想给他们一个改变命运的机会。

人物访谈

采访人：彭雪华

问：是什么契机让您成为一名教师的？

倪金喜：2004 年，我丈夫就是沙窝教学点的代课老师，他代课的工资不高只有 200 块一个月，我也没有工作，偶尔会去学校帮帮他，搭把手，所以对那里的孩子很熟悉。他们大多是留守儿童，生活条件不好，有的孩子大冬天穿着单鞋，也没有袜子穿，冬天手、脚都冻裂了。每次我去学校，那些孩子眼神里都透露着好奇、惊讶，又有些怯生生的，但是熟识之后又喜欢围着我转。其实我们自己生活也很清贫，本来想着两口子一起外出务工，大女儿出生以后，生活捉襟见肘，我们也不想带着孩子在外颠沛。2008 年，丈夫被调去了 12 里外的三分湾小学，沙窝教学点没有人接手就会被关掉，想起那些孩子的眼神，我就觉得于心不忍，所以就留下来了。

问：您从丈夫手中接过沙窝教学点的时候教学条件特别艰苦，到现在一定有了很多变化，能跟我们介绍一下吗?

倪金喜：最开始我接过教学点的时候，学校只有 3 间教室，没有围墙，也没有厕所，教室的门关不严实，窗户的玻璃也是烂的，冬天根本不挡风。有时候放暑假，教室还被村民当做羊圈，在里面养羊，开学前我还要把教室上上下下打扫好，把窗户修理好。那时候我没有机会穿干净的衣服，整天都是灰头土脸的。2012 年，在国家的大力支持下，学校才通上电，盖了新校舍后，我们的教室才像一个教室，孩子们笑称我也才有了人民教师的形象。除了这些硬件上的改善之外，我还在校园里种了些花草树木，校园环境也更加温馨了。

问：在沙窝教学点您主要承担哪些工作，有什么压力与挑战?

倪金喜：学校只有我一个老师，我什么都得干，全科教学、卫生、保洁、保安、厨师……前几年我工作的压力和挑战主要来自照顾他们的生活，每天早上都要生炉子给孩子们煮鸡蛋，午餐送到了我还要给他们分餐，冬天也得生炉子，就怕菜凉了。后来我的压力和挑战转变为教学上的各种困难，因为只有我一个老师，要负责所有科目的教学，很多学科的备课和教学我也没有时间精力做到最好，自己跟不上，也担心孩子们的个性发展受限。但是在那样的环境下、条件下，只能硬逼着自己学，我不做就没有人能做，那我就必须要做，我得把他们照顾好、教好。

问：教学方面的困难后来是怎么解决的？

倪金喜：我带的班级孩子成绩还不错，早些年还可以考试的时候，我带的孩子经常能够拿到教学质量奖，在学区都名列前茅。有一年还给我奖励了一台老式手机，我终于可以接打电话了。后来孩子们的生活环境和生活条件好了，可是除了教材没有任何课外书，我觉得很不够，就去书店给孩子们买了两本故事书回来，给孩子们讲故事，他们非常喜欢。于是我大胆地开始了阅读课，每天早上一节诵读课，每周一本故事绘本阅读，这并不影响孩子们的学习，反而提升了孩子们的学习兴趣。暑假，我就把学校的部分书搬回家里，建了一个故事小屋，这样村里的孩子在假期也有书借、有书读。

我入选“马云乡村教师计划”之后，许多社会爱心人士知道了我们的故事，爱心助学的力量汇集而来，有志愿者、专家每个月过来给我们提供艺术课程的教学，孩子们可以学到很专业的艺术知识，我们班就有孩子学会了古筝，弹得可好了。平日里我也可以用信息技术手段，带领孩子们学习网课，那些授课老师也非常专业。

问：如果说接手教学点的初心是因为对留守儿童们怜惜和不舍，那么这些年是什么力量让您一直坚守在沙窝教学点呢？

倪金喜：的确，第一个原因是心疼孩子们，看到他们没有人管很心酸，看到他们对老师的渴望也于心不忍，我觉得我能够坚持下来除了这份心酸和不忍，还有孩子们、家长们回馈给我的爱。

我经常会去孩子们家里家访，周五下了课就去了。有一家人，4个孩子全是在我手里长大的。在沙窝教学点待了那么长时间，哪个孩子家在哪里、家里几口人，我都了如指掌，离家远一点儿的我就周末去。我们这里有很多少数民族的孩子，我要提前做好准备，了解情况，尊重他们的民风民俗。每年家里的枣子下来了，我总要带上一大包去和孩子们分享。孩子们非常纯真、淳朴，他们不仅能感受到你的爱，还很懂得感恩。

有一次上课，我牙痛，一个小姑娘知道了，默默记在心里。第二天，她拿了一个小纸包悄悄给我，打开一看，她说是治牙疼的药，要我赶紧用上，吃了药就不疼了。有一次冬天生火炉，我不小心把新买的羽绒服毛领给烧着了，小芳同学发现了，马上跟我说："老师，等我长大了给你买新的羽绒服。"另一个孩子接着说："老师，我长大了给你买双靴子。"还有名学生小声说："老师，我给您买假发吧。万一您的头发白了怎么办？"这样的事情还有很多，家长们也是。我家里的农活太多要请帮工的时候，他们总是第一时间来帮我，其实农忙时节往往很难请到人，我真的很感恩家长们。有时候别人说我傻，代课太辛苦收入也不高，但是只要想到那些娃娃，我就觉得我的坚持是对的，我不去跟别人比较，我只做好我自己。

问：您日常与学生们相处有什么秘诀吗？

倪金喜：要想孩子亲近你，那就跟他做朋友，先让孩子喜欢你，你再给他讲规则，什么可以做，什么不能做，他们才会相信你、听你的话。平时上课，我的原则是体育课一定要上，我不会跳皮筋，就要他们教教我，他们不会踢毽子，我就负责教教他们。学前班的孩子太小可能还听不懂，我会跟二年级的孩子讲要好好学习，将来走出大山，为国家、为家乡做贡献。为了激励他们，我常常把自己以前去过杭州、三亚的照片翻出来给他们看。

问：您的家人对您一定有许多支持或者帮助吧？

倪金喜：对于我的丈夫，有人说，倪金喜嫁给了张克喜，是双"喜"临门；但也有人说，是一个"傻子"带上了另一个"傻子"。以前我们两个学校隔得比较远，没有自行车，因为家里经济条件不好也不能每天都回家，只有周末回一次。但因为他也是老师，所以我们都很理解对方，都惦记着这群孩子。我时常觉得对家人有亏欠，当年我中专毕业，毕业生采取"并轨"就业政策，不再像以前包分配了，我也一直没能找到稳定的工作，更没能让家人改善生活。有一次，母亲手摔断了，医院等着医药费才能做手术，最后我向亲戚借了 2000 元，才缴了医药费。现在代课老师的工资比以前高一些了，但是为了家里两个孩子上学，我和丈夫课余还种了 10 余亩地、3 亩果园，以补贴家用，我们都累并快乐着吧。

编者寄语

寒来暑往 17 载，沙窝教学点的故事落下了帷幕。仿佛无论有什么困难横亘在前面，倪金喜都只是淡淡一句：做到问心无愧就好了。周围环境在改变，但不变的是她那依然热爱教育、热爱生活、依然发光发热的如金子一般的美好心灵。

人物档案

冯海燕：点燃乡村儿童追梦之灯

女

汉族

1978 年生

1997 年开始从事乡村教育工作

现任职学校：陕西省宝鸡市高新区马营镇燃灯寺小学

所获荣誉：2012 年，获评“宝鸡市教学能手”；2013 年，获评“陕西省课改新秀”；2016 年，入选“马云乡村教师计划”；2018 年，获评“宝鸡市最美志愿者”；2019 年，获评“宝鸡市学生资助工作先进个人”；2024 年，被聘为陕西（高校）哲学社会科学重点研究基地西部农村教育发展协同创新中心兼职研究员。

人物小传

她从乡村走到了城市，又从城市回到了乡村；她从一名普通的乡村教师，成长为优秀的乡村校长。她就是坚守乡村教育事业27载，反哺母校马营镇燃灯寺小学13年，立志改变乡村教育旧貌的冯海燕老师。

童年时期，当民办教师的父亲给了她很大影响，遗憾的是由于当年政策限制，父亲没有能转为公办教师。想要为父亲和自己圆梦的她，在1997年师范毕业后走进了马营镇旭光中心小学，开启了自己的教师生涯。

2011年，冯海燕的母校燃灯寺小学由于撤点并校面临很多发展困难，她作出一个很多人难以理解的决定：主动申请回母校任教。她像一个坚守阵地的卫士，忠诚地固守着山村小学这块净土，无怨无悔，默默奉献，一干就是13年。学校师资力量不足，冯海燕就同时承担起语文、数学、英语、音乐等教学任务；课堂效果不佳，她就不断反思，寻求最灵动的教学方式，自创积分制，激发学生的学习热情，让课堂变得有趣有料；乡村学校课外活动少，她就积极创新，因地制宜，组建篮球、书法、绘画等课外兴趣小组，还组织各种校内外活动，让学生在合作、探究中获得成长……渐渐的，她的努力得到了回报，学生的各项素养得到质的提升，她自己也因勤于钻研，积累了丰富的经验和成果。

2016年，冯海燕被任命为燃灯寺小学的校长。得知自己被任命为校长时，冯海燕一阵心慌：“我从来没有当过校长，怎样才能做好这个工作？”巨大的责任感和使命感促使她沉下心来思考。她明白，唯有学习，才能弥补自己的短板，才能帮助自己振翅高飞。于是她自费报名参加多个有助于提升校长领导力的课程，寒暑假忙于参加各种培训，日子过得格外充实。功夫不负有心人，几年下来，她已经成为远近闻名的好校长。

当校长的冯海燕工作更忙了，但每次外出都会拍视频带回来，给孩子们分享所见所闻，激发孩子们探究世界、向往未来的渴望。2021年，她带

冯海燕带孩子们开展二十四节气课程活动 / 受访者供图

着十多个孩子去大城市，让这些孩子第一次坐上高铁，去大城市体验国际课程。

在冯海燕担任校长期间，燃灯寺小学发生了巨变：每间教室都有智能教学一体机并连接网络；每间教室都安装了空调；北京感恩公益基金会、马云公益基金会、火柴公益、一公斤盒子等公益组织为孩子们提供校服、外教，提供一对一的英语课，提供专业的音乐课、美术课等。此外，学校积极参与城乡学校结对帮扶，与区内其他学校建立了长期的合作关系。

2021 年，冯海燕加入公益组织“一公斤盒子”开展的“百所村小的创新课堂”项目，带领全校师生踏上探索美育的道路。在冯海燕看来，“艺术源自生活，服务生活”，美育从来不是单独存在的，要将生活中“美”的元素很好地融入课堂中。小雪节气的时候，冯海燕带领孩子们观察雪花，教他们做雪花剪纸，感受大自然的美，激发孩子们对民间艺术的热爱。

尽管学校也面临着生源逐渐减少的问题，但每一个留下来的孩子都值得自己用全部的爱去呵护。未来，冯海燕将会继续守护母校，陪伴这里的孩子成长，用自己的微光去点燃乡村儿童追梦之灯。

人物访谈

采访人：彭海燕

问：您的父亲也是一位教师，这是否对您走上教师的道路有一定影响？

冯海燕：我父亲对我的影响很大，我内心十分崇敬他。他和蔼可亲，多才多艺，爱学生，是那个年代少有的充满奇思妙想的“新潮”老师，经常带着学生开展各种探究活动，深受学生爱戴。他一辈子只是一位普普通通的民办教师，但收获了学生和群众的爱戴。即使我的父亲现在已经离开工作岗位几十年了，但村里的人只要远远见到他，老远就会喊：“冯老师，冯老师！”我从小就想成为像我父亲一样的人，受人尊敬。后来我如愿以偿，考上了师范学校，成为一名人民教师。

问：燃灯寺小学是您的母校，这是您决定回来教书的主要原因吗？

冯海燕：毕业后，我一开始是被分配到镇中心小学任教。几年以后，得知镇上开始撤点并校，山上的学校逐渐都撤掉了。我的母校燃灯寺小学由于地处偏远，交通不便，很多老师不愿意去这个学校。回娘家的时候，看到熟悉的母校和那些可爱的孩子们，我的心里总是感到一阵一阵的难过。燃灯寺是生我养我的地方，我对家乡有无法割舍的深沉的爱，我不忍心看到学校衰败，我希望家乡的孩子们同样能够受到良好的教育，所以我主动要求回母校。经过两次申请，2011 年，我终于回到母校任教。当然还有另

冯海燕和孩子们共庆党的70岁生日 / 受访者供图

外一个原因，自从当了教师后，我一直关注乡村教育，觉得乡村的儿童更需要良好的教育来改变他们的生活和家庭，甚至，改变他们的命运。所以我一直怀有去比较偏远的乡村任教的打算，想给大山深处的孩子们带去好的教育，想凭自己的力量带来哪怕一点点的改变。

问：您的家人支持您这个决定吗？您是如何平衡家庭与教学这两者的关系的？

冯海燕：我的父母一开始其实不太支持我回到农村工作。和绝大多数父母亲一样，他们觉得自己的女儿好不容易"鲤鱼跃龙门"走出了乡村，在城市安了家，应该在城市工作才体面，而我却闹着要回到农村，这多少让他们觉得不可思议，有些不能接受。而且我有一对双胞胎儿子，当时年龄还很小，需要人照顾，父母觉得我在城里可以更好地照顾孩子。但我没有想到的是，与我同为教师的爱人选择站在我身边，默默地支持我。为了平衡家庭和工作的关系，我和我的父母进行了一次交谈，我也说出了我的想法：在哪里教书都一样，都是教书育人，都能体现个人价值。但家乡需要我，孩子们需要我，我想为家乡做点实在事。我的父母非常善良，尤其是父亲，更是一辈子受人尊敬，他们很快就接受了我的决定。考虑我带孩子不方便，我的母亲主动提出来到城里帮我照顾孩子。就这样，每天早晨，我母亲从燃灯寺坐车到城里，我呢，恰好相反，从城里赶往燃灯寺；晚上下班我回家，母亲则返回村里，风雨无阻。我特别感谢我的父母，他们用这种方式默默支持我，直到孩子上了初中。家人的支持让我能安心工作，不必分心挂念家里。

问：当时的燃灯寺小学师资情况怎么样?

冯海燕：当时燃灯寺小学师资力量严重不足。没办法，凭着在师范掌握的那些技能，我咬咬牙，硬着头皮上，一个人承担了语文、数学、音乐、英语等教学任务。没想到教学效果还挺不错，孩子们非常喜欢我的课堂。

问：当时，身兼数职是不是乡村教师的普遍状态？您是如何克服这些困难的?

冯海燕：是的，小学教师，尤其是乡村教师，一人担任多门课程是普遍状态。就我个人而言，这些困难对我来说并不是问题，一是师范院校的专业学习，让我掌握了扎实的教育教学方法和基本技能，让我能够应对眼下的困境；二是我热爱这所学校，热爱乡村教育，而热爱往往能够让人战胜一切困难。乐在其中的我，从不觉得这些是困苦，反而总是积极想办法，很多事情就这样解决了。担任校长后，为了让孩子们享受到更好的教育，我采用多种方式引进资源，比如给孩子们的音乐课和美术课加入了网上课程，还通过马云公益基金会给孩子们申请了一对一在线英语课程。我们还申请了“一公斤盒子”的美术课，让学校老师们做助教，既弥补了师资的不足，也提高了学习效率，师生和家长对这些教学措施反应都很好。

问：对于校长这个全新的工作岗位，您是怎么调整心态的？

冯海燕：刚刚担任校长时，我确实有很多不适应。非常幸运的是，我当校长的那年入选了“马云乡村教师计划”。次年，我参加了马云公益基金会“乡村校长计划”的评委工作，认识了几十位非常优秀的乡村校长。这些校长们各有所长，他们都有对乡村教育的热爱与执着。我以他们为榜样，学习他们的先进事迹和管理智慧。遇到困难，我也第一时间向他们请教，他们对我的帮助和影响很大。

问：在乡村学校担任校长，当老师们的领头羊，肯定更不容易。您为此付出了哪些努力呢？

冯海燕：我觉得无论是我，还是我的老师们，最需要的还是学习。只有学习，才能打开人的思路，才能让我们看到自己的不足，才有可能激发出追求优秀的力量。利用寒暑假时间，我向外界主动寻找更多的学习机会，参与公益培训和自费学习。比如每年暑假参加马云公益基金会的培训、火柴公益乡村教师成长营、中国山区优秀校长国际领导力奖学金项目，还远赴云南、北京参加传统文化公益培训等。每个暑假，我都在全国各地跑来跑去，听课、做笔记、做分享，慢慢地，我的眼界开阔了，心里更有底气了。我学到了很多全新的理念和做法，把它们一一运用到学校的管理工作中，老师们的潜能都得到了发挥，每个人对学校有了更多的责任心，也有了职业幸福感。在这种情况之下，管理自然就变得简单了。同时，我还争取到很多公益资源，派我们的老师外出学习，让老师们得到提升和发展，逐渐增强他们的职业幸福感，也有助于学校管理工作。

问：有人说，老师的孩子相对容易管。您怎么看？

冯海燕：这个其实并不全面，一个孩子的成长和父母亲是何种职业并无很大关联。关键是父母亲要不断学习、进步，让自己成长。“父母是孩子最好的老师。”就拿我和我爱人来说，其实我们在管理孩子方面没有特别做很多，只是一直努力做更好的自己，自然就成了孩子的榜样。生活上，我从不娇惯孩子，一直注重培养他们的自理能力，从小学开始他们就自己洗衣服。所以他们从小就会管理自己，从初中开始住校，他们都是自己照顾自己，学习也非常努力。另外，我尝试着和孩子做朋友，尊重孩子。我和我两个儿子就像朋友一样，无话不谈，亲子关系非常和谐，我尊重他们的想法和意见，因此他们也非常有主见。

问：我们发现您经常给学生设计一些校本课程，例如采茶、制茶，您能谈一谈学校在这方面的做法吗？

冯海燕：从 2017 年开始，我从全国很多乡村小学的经验中学习到如何开展校本课程。通过充分的调研，我们基本确立了一个思路，就是充分发掘和利用乡村丰富的自然资源，以二十四节气为主线，结合中国传统节日，将校本课程与项目式学习相结合。我们开设了很多有趣的课程，例如“清明制茶”“我们的节日——端午”“元宵花灯”“秋冬季收集植物种子”“家乡的中草药”“校园里的动植物”等。这些课程极大地激发了孩子们的好奇心，提高了他们的探究能力和综合素养，更重要的是让我国优秀传统文化得以传承。

问：您的家乡燃灯寺村已经建立了红色教育基地，听说您常常为家乡代言，宣传推广家乡？

冯海燕：我们燃灯寺村是全国文明村，红色教育基地今年才刚刚建成，主要面向我们当地的高校、高中、初中、小学、幼儿园开放。村委会邀请我担任讲解员，给老师和同学们讲红色故事，给他们当燃灯寺乡村游的导游，宣传我们村。这些活动我都是挤时间参加，从来不收取任何报酬。村委会曾经要给我支付费用，都被我拒绝了。我的想法很简单，为自己的家乡做点事情，我求之不得，怎么还能要费用呢？另外，我也经常通过抖音宣传燃灯寺村的美景和日常农业活动，让更多的人知道燃灯寺，来这里旅游。

问：在燃灯寺村民眼里，您是稀罕的才女，大家都亲切地喊您“海燕老师”。您能和我们说说其中的故事吗？

冯海燕：燃灯寺村委会一直很重视教育，尊师重教之风也很浓厚。我回到母校之后，大家更是把我当自家人，我们彼此都非常信任。我们燃灯寺村有一个持续了20多年的传统——迎新春文艺活动，要排练一些节目。村里没有会舞蹈的人，村委会就邀请我去指导，其实我也不擅长，但他们如此信任我，我就先在网上自学，然后去帮助村民排练节目。同时，剪辑音乐、安排晚会流程、写主持词、培训主持人、购买服装道具等等，我都参与。后来，镇上每年的文艺汇演，村里也邀请我一起帮忙指导。就这样，我成为村里随喊随到的“海燕老师”。这样过了好几年，村里很多妇女都喜欢上了跳舞，现在几乎每个村民小组都有自己的舞蹈队，每次活动都能拿出自己的节目了。我想，这也是我作为教师的一个很有意义的“副业”吧。

编者寄语

立志改变乡村教育旧貌，坚守乡村教育27载，反哺母校13年。冯海燕热爱学习，勇于实践，开发多彩课程，引进多方资源，从普通的乡村教师成长为优秀校长，造福一方百姓，是乡民心中最敬佩的“海燕老师”。

人物档案

群宗：以匠心致初心，以初心育未来

女
藏族
1987 年生
2007 年开始从事乡村教育工作

现任职学校：西藏自治区林芝市巴宜区八一镇小学

所获荣誉：2016—2017 年，在“一师一优课、一课一名师”教学活动中获得部级优课；2018 年，在“一师一优课、一课一名师”教学活动中获得自治区级优课；2019 年，在“一师一优课、一课一名师”教学活动中获得市级优课；2020 年，获评“林芝市优秀教师”，入选“马云乡村教师计划”；2021 年，获评西藏自治区“自治区级教学能手”，获得西藏自治区现场课教学大赛“自治区级一等奖”；2022 年，获评林芝市巴宜区“优秀教研员”；2023 年，获评林芝市“先进个人”；2024 年，获评林芝市“学科带头人”。

人物小传

林芝市巴宜区八一镇小学位于尼洋河畔措木及日雪山脚，毗邻 318 国道。2008 年，毕业工作一年的群宗从昌都市一所教学点调入该校，抱定初心地坚守在这，一晃眼就是 16 年。

“一定要树立远大理想，不要提前焦虑，做好当下。”这是群宗经常对学生和老师说的一句话。11 岁时，只有机场栏杆高度的她拖着一个大箱子，开始了远离家乡的内地求学之路，前往广东佛山念初中。刚开始群宗不爱说话，特别内向，随着对环境慢慢熟悉，她开始变得活跃起来。群宗学习能力很强，在内地见识到了很多优秀的老师，参加了丰富多彩的活动，掌握了很多艺体技能。她将自己的所学所思都带回了西藏，影响着身边的老师。

在学校，群宗既要承担毕业班主科教学的任务，还要承担行政工作。群宗是学校的思政教研员、兼职心理教师、分管教育教学工作的副校长。今年，她又多了一重身份——学校科技辅导员。在学校教师紧缺的情况下，群宗带领老师们利用国家中小学智慧教育平台的课程资源进行学习。让网络资源成为导师，学一个、做一个，再教一个，带动老师们成长。从动手实践开始，一步步走向创造、发明，走出一条属于西藏的小学科学教育新范式。聊起这些身份，群宗觉得每增加一个头衔，自己就多学到一项本领，而这一切对教师和学生的成长都是有益的。

从小在内地求学的群宗，身上保留了一份韧劲，也让她明白了一个道理：做一个学生喜欢的教师是无比的光荣，钻研探索是教育教学不变的法则。“有一次，我在课堂上用动画的形式讲解了一个道德故事，学生们看得津津有味，讨论得也很热烈。课后，还有学生主动来找我，说很喜欢这样的上课方式，让他们更容易理解和接受。那一刻，我深深地感受到了作为老师的快乐和满足。我明白了，要做一个让学生喜欢的老师，不仅要传授知识，更要注重教学方法和形式，让课堂变得生动有趣，让学生感受到学习的乐

群宗和孩子们在学校绿茵场上拍摄宣传片 / 受访者供图

趣。”说起印象深刻的教学故事，群宗兴奋不已。这些年来，她一直遵循着这条法则，“不会的使劲学，学会的要争优。”

“爱是最好的教育”这句话不仅体现在她对学生的关爱上，还体现在她与同事、家长及社区居民上。身为政协委员的她，经常会去学生家和西藏各地走访。她利用自己藏族教师身份，带领学校中的少数民族学生参加“石榴籽一家亲”活动，走进内地参观学习，促进民族团结。走出乡村的孩子们，得以见识到更广阔的世界，从而更加努力学习，追逐梦想。

人物访谈

采访人：谭芦

问：您在内地求学读书，有没有想过留在内地教书？

群宗：我很坚定地想回西藏，一方面是落叶归根，另一方面是因为我走出去了，所以希望有更多的孩子能走出去，我想用我的经历告诉孩子们要为梦想奋斗，去努力实现自己的人生理想。

问：您是如何通过生活细节关心那些特殊家庭的学生？

群宗：其实还是更多地去家访。我们班有一个朝鲜族的孩子特别特殊，他的妈妈在附近务工，工作特别忙，对孩子的教育极少关注。甚至当着我们老师面说："我这个孩子就是有毛病，他不正常。"这个时候我就会想到，当父母对孩子说出这样的话时，孩子在心理上一定会产生不良情绪。其他班级的住校生，家里人都会来学校送换洗的衣物，而这个孩子的家长偶尔工作不忙时才送。所以，我在学校默默关注他，给他买一些衣服、鞋子，让他感受到老师的温暖。有时候我会夸夸他，说："你看，穿得干干净净多好看啊！"然后给他拍照。就这样，在我一天天的陪伴中他话多起来了，性格也好起来了。这是生活上的一个关照，让他觉得跟这个老师比较亲近。刚开始班里面的有些小朋友其实也是挺排斥他的，他上课不认真，总喜欢开小差、吃手指头。后来我就利用课后时间把他叫来我的身边，一点点给他梳理知识点，帮助他查漏补缺。因为我同时也是学校的兼职心理教师，有二级心理咨询资格证，所以我利用自己的专业知识去帮助他做情绪管理。其实我平常也非常关注班里面的一些特殊孩子，因为有些孩子的家庭，比如说离异、单亲，或者家里面生活条件困难，甚至有些是自己的家人重度残疾躺在家里面。好在我们都是藏族人，没有语言障碍，沟通起来比较方便，我也会尽自己最大的努力去关心帮助他们，让他们感受到集体的温暖。

问：您是如何在学校开展心理健康活动的？

群宗：今年我们运气特别好，学校来了一个韶关学院的支教学生，这个姑娘学的正好是心理健康专业。于是我们一起策划，在学校举行了一个情绪主题的心理游园活动。活动结束后简报发出去，公众号文章推送出去，得到了很好的反响。作为政协委员，去年我也是提了一个建议提案，为了保障师生的心理健康，应该让第三方机构进入校园，每个学期给所有师生做一次心理健康筛查，建立心理健康档案，并由专业机构来评估，他们更为专业和科学。我们作为学校兼职的心理教师，只能够在问题没发生之前进行一些预防，或者说进行一些心理上的引导，如果有进一步的问题或者不好情况，我们只能报告上级部门，问题严重的情况下只能交给医院去判断。目前西藏还没出现因学生心理问题造成严重后果的案例，但现在没有发生，并不能保证以后也一定没有。所以我觉得要防患于未然，洪水没来之前，要把堤坝修建好，我们要做的就是预防的工作。所以我去年的提案跟这个息息相关。

问：您的提案有得到相关回复吗？

群宗：我们教育局和政府都给予了回复，愿意支持这一提案，为学校尽量配备专职心理教师。开学前我也会去其他学校做专题的师德师风讲座。例如林芝市察隅县某些学校六年级的老师带完毕业班后要下到一年级进行教学，有些措手不及，无从下手。为了不让这一不良情绪影响到工作，我就要及时去做这些教师的疏导排解工作。我始终认为一个情绪不健康的教师是不可能带出一群心理健康的学生的。我常在学校和老师们强调要做一个积极的老师、向上的老师、向阳的老师，这样接触到的孩子即便成绩不优秀，不是 A 等不是 B 等，哪怕他是 C 等，如果他依然有一个阳光灿烂的心态，愿意在校园里面快乐地生活，更愿意跟你这个老师打招呼，他也会成长得很好，对吧？我很庆幸我们的老师都把我当知心姐姐一样对待，除了工作上的事情，育儿的问题，甚至一些家庭的内部矛盾，老师们都愿意跟我沟通，我也乐意与他们交流探讨，舒缓他们的压力。

问：您觉得近几年西藏教育有什么变化吗？

群宗：近几年西藏在教育投入、体系、数量、质量和数字化等方面都取得了显著的变化和发展，这些变化为西藏的教育事业注入了新的活力和动力，也为西藏的孩子们提供了更好的学习机会和条件。例如在推进教育公平方面，先后多次提高教育“三包”标准，达到年生均 4430 元。同时，还实施了义务教育阶段学生营养改善计划，学生每天的标准为 4 元。此外，还建立了覆盖全学段的学生资助体系，确保不让一个学生因家庭经济困难而失学。这些措施有效缩小了城乡、区域、校际、群体之间的差距，促进了教育公平的实现。

近年来，西藏教育数字化进程也不断加快，在今年 7 月份召开的全区教育数字化暨国家中小学智慧教育平台全域应用试点工作推进会上，西藏被确定为国家中小学智慧教育平台全域应用试点省份。自试点工作启动以来，西藏在国家平台注册用户数明显增长，页面浏览量快速增加，场景应用活跃水平加速提升。此外，西藏还加快了智慧校园建设步伐，实现了全区所有学校教育专网全覆盖。这些举措为西藏教育的数字化转型提供了有力支撑。

问：您是如何做到身兼数职还依旧元气满满的？

群宗：一件事要么做，要么不做。做，那就要真真正正地行动起来。我就是秉持这样的心态，不纠结，不预想结果会怎么样。前不久我们自治区教育厅举办了一个基础教育精品课的录制，我也是在百忙之中做好课程设计并录制完成。在做这件事情的时候我不会想："我能不能够通过？会不会得奖？"我在做的时候尽心尽力就对了。我每天的工作都安排得很满，每天都有很多具体的事情需要处理，所以我养成了一个随身携带记事本和便利贴的习惯，上面罗列着我当下需要完成的每一件事，做完一项我就会打钩。一段时间后展开来看，就会发现，哇，我居然做完了这么多事，有一种大大的满足感。既然选择了教师这个职业，肯定会遇到各种各样的事情。说实话，教师在社会中其实属于弱势群体，一旦把控不住自己的情绪就很容易会出现在舆论的风口浪尖上。我们学校有一群特别优秀的老教师在前面带着我们走，他们是我的榜样。学校也有一些优秀、上进的青年教师，他们看着这些老教师带着我们前进，也愿意奋发向上。也有一批特别年轻的新进老师，看到前面这几个排头兵的努力后，也不自觉地跟上自己的步伐。我们就是这样一个团结奋进的学校，学校的老师也应该是脚步稳定，积极向上，能量满满地开展教育教学工作。

问：接下来您有什么目标或计划吗？

群宗：接下来我还要参加一系列的课堂教学比赛，再把我的工作经历写出来，让更多的乡村老师们看到，告诉他们把现在的经历当成一个船桨，让它带着你越走越远。在乡村教育这条路上肯定会遇到很多坎坷，然后产生困惑，甚至有坚持不下去的情绪。但不管怎么样，只要你坚定自己的初心，最终一定能到达想去的地方。我想继续把这个故事写下来。我的第一篇章写完了，我想看看能不能把第二篇章写出来。

编者寄语

17年如一日，群宗把所有的爱都倾注在学校，把所有的心血都奉献给了钟爱的教育事业。在平凡的工作岗位上，她以独特的精神力量和人格魅力去影响身边每一个人，以初心、匠心、真心培育每一株幼苗。

人物档案

连丹丰：以阅读之光，照亮乡村孩子的未来

男
汉族
1991 年生
2014 年开始从事乡村教育工作

现任职学校：浙江省乐清市南岳镇小学里岙校区

所获荣誉：2018 年，获首届“骆宾王杯”全球诗歌大赛优秀指导师奖，获第 12 届浙江省少年文学之星征文比赛一等园丁奖；2022 年，获评“温州市阅读榜样人物”，温州市中小学“推动读书十大人物”；2023 年，入选“马云乡村教师计划”，入选苏州大学新教育研究院“明师班”第二期；2024 年，获评“浙江省第一批中小学阅读指导师”。

人物小传

连丹丰来自浙江乐清，是南岳镇小学里岙校区的一名语文老师。2014年9月，他走进这所只有6个班、不到百人的学校。学校很小，只有一幢教学楼，环形操场都是石子和杂草，教室里的水泥地也是坑坑洼洼，课桌椅不仅破旧，还“缺胳膊少腿”。

开学第一天，连丹丰一边忙着注册，一边到处借桌子借椅子。等桌椅摆好，他第一次以老师的身份走上三尺讲台，孩子们从始至终瞪大眼睛注视着面前的这个人，眼睛里盛满了期待与希望。当连丹丰面对17个孩子开口说“同学们好”的时候，竟激动地流出泪水。当晚，他便在日记中写下：“这六年，定会有一阵又一阵风，一场又一场雨，这些孩子必是最耀眼的星辰，他们不灭，我怎能暗淡？”这道光，一亮，便是十年。

连丹丰小时候也是留守儿童，他深知乡村的孩子需要更多关爱。大学毕业那年，他经历病痛的折磨，也意外收获文字给予的强大力量，这种力量支撑他度过那段黑暗的时光，所以当他成为一名乡村教师站在讲台上时，他想把自己对文字和书籍的爱，传递给这帮乡村孩子。可是学校地处乡村，孩子们家庭经济条件有限，阅读匮乏。入职第一年，连丹丰的工资还没有发放，银行卡上只有不到5000元的储蓄，可他还是把这笔仅存的储蓄全部拿出，给学生买了小学6年所有要看的书籍，还根据时间、按照年级整理分类，同时制定非常详细的阅读计划，并逐年完善。就这样，连丹丰带着他的孩子们一起遨游在中西方名家的优秀书籍中，在不同的年级，以不同的方式，将阅读渗透给每个孩子。

为了让孩子们一个个走出大山寻找属于自己的那片蓝天，连丹丰创建了“南风”文学社，在社团、班级同步开展诗意教学，读写结合，提高孩子的语文素养。仅三四年时间，他所带的班17个孩子就写下了近2000首诗，所见所想所思皆能成诗。

连丹丰课后和学生交流诗文创作 / 受访者供图

4 年读写，终有收获。2018 年，“南风”文学社被评为第二届温州市中小学“爱阅读”榜样社团。当年，连丹丰还在学校建立“未名湖畔”静读书吧，没有书籍，他自掏腰包买；没有场所，借用学校会议室；没有资金办校刊，就让学生、老师画封面，他来排版和设计。自此，一系列校园阅读活动如火如荼地开展。

随着文学社和班里的孩子屡次获得国家级、省级、市级诗文大奖，连丹丰开始被越来越多人所熟知。2018 年，他成为温州市首期“爱阅读 · 领读者”研修班成员，受邀到其他学校进行阅读分享，开展一系列的读书分享活动，还建立了“悦书房”线上读书组织。至此，他的阅读推广之路开始走出学校，走向全市。

从事乡村教育这 10 年来，连丹丰将阅读带到一个只有 17 个孩子的班级，再从一个班到整个学校，最后扩大到全市，不忘其所始，不求其所终，以热爱坚守这所村小。正如连丹丰所说：每一个夏末初秋，在这所山间的校园里，我喜欢看看书，看看孩子，再看看这乡间四处——万物疯长，葳蕤茂盛。

人物访谈

采访人：李维

问：当第一次迈进大学校园，走进校图书馆，您的感受是什么？

连丹丰：从小学到初中，我几乎不看书，只做题，尤其是中考前，不停“刷题”。后来中考失利，我身心都垮了，高中不仅不读书，更不学习了。后来是文字和创作帮助我走出低谷，当然，我所读所写都是关于青春年华。2009 年的夏天，我远赴湖南上了一所二本院校，直到我走进学校的图书馆，看到一排排陈列在铁架子上的书籍，我彻底傻眼了，内心有一种从来没有过的冲击。那一刻，我才知道自己是多么的无知，也可能就是那一刻，悄悄地在我心里种下了一点关于教育的真谛——虽然不知道真正的教育为何，但至少我这样“刷题”的学习方式肯定不是。

问：哪本书对您的影响最大？

连丹丰：毫无疑问，是木心的《文学回忆录》。2013 年那个夏天，我大学毕业，其他同学工作的工作，读研的读研，而我，每天面对白色巨塔，隔天一针干扰素。后来，无意中得知木心，看了他的《文学回忆录》，欲罢不能。读完后又买了他的所有书，阅读时时时落泪。因为太喜欢木心和他的文字，我一共去了三次乌镇，去他的故居。在木心故居纪念馆里，我席地而坐，看着视频里木心在纽约给陈丹青他们上的最后一课，静默无言。

那黑暗的一年里，药物的副作用几乎每天都在折磨着我，大年初一，我都得在家注射，身上早已近百个针口，头发大把大把掉，四肢无力。我记得有一天晚上，我侧躺着，奔涌的泪水湿透了枕边，忽而想起大学一位尊师的一句话："我在企盼黑暗，等来的却是黎明。"我想，木心之于我，便是黎明。

问：在村小工作的第一年，您就自掏腰包拿出所有存款给孩子们购置课外书？

连丹丰：我原本并不想当老师，而是当记者，因为受柴静的《看见》和美剧《新闻编辑室》的影响。那个时候，我年轻，内心充斥着正义，有一个想要改变世界的梦想。当了老师后，一开始我也并不想一直做下去，最开始是计划攒了 6 年工资后就辞职，然后浪迹天涯，追寻自己的美梦。但是第一天到学校，我就被破败的校区、留守孩子那一双双渴望的眼睛触动了，我想改变这里，更想改变他们，最直接的方式只有一个——阅读。可是让孩子们自己买书显然不可能，只能是我自己，这也是无奈的。我小时候没有遇到一个老师，告诉我看书是如此美好的一件事，现在长大了，我想成为那样的人。

问：您是如何激发孩子们的阅读兴趣，推动他们实现阅读自由和自主的？

连丹丰：总结起来就一句话："以身作则，自由随性，淡化成绩，成为习惯"。我知道，让孩子爱上阅读就必须和孩子一起读。一年级的时候，每天我都会拿着书在教室里到处晃，他们便因为好奇围在我身旁。有一次，一个女生凑过来问："连老师，书里有什么？"我故作神秘，慢慢地凑到她耳边："这是秘密哦，我只告诉你一个人——书里啊，有一个神奇的王国，有会飞的马，有可以吃的白云，甚至下的雨都是一颗颗糖果呢！"女生听了，喊着说我骗人。我告诉她，如果不信，去看看就知道了。后来，我果然经常看到她拿着一本故事书，看入迷的时候，值日生喊她起身都没有反应。就这样，一带二、二带三，阅读的氛围开始在班里扩散。很快，到了第一个学期的最后一堂课，我抱着两大箱书放到了讲台上，我说："同学们，新年快到了，这些都是送你们的新年礼物！"所有人都欢呼起来，争着来拆新书。

问：您自创了一种"独立思辨式"的学习方法——"摘创阅读法"，还制作了"摘创本"，学生人手一本，可以介绍一下吗？

连丹丰：我一直倡导学生自由、自主阅读，喜欢看到他们安静读书、思考的场景，那才是阅读的本真状态。我做了一个摘创本，比普通笔记本大了一倍，并设计了封面，里面单数页是"摘"，双数页是"创"。在阅读的时候，碰到好的句子和段落，学生可以按照格式摘抄下来，以后时不时读读看看；如果有自己的想法，或者平时的诗歌、文章创作，都可以写在"创"这一页。后来，我将这个方法应用在课堂教学中，鼓励学生自学课文，课堂教学更加完整了，效果也不错。

问：您带的班级从一年级一直到六年级不做多余的练习题、不刷考试卷，家长和同事对此会有异议吗？

连丹丰：会面对一些质疑，可是我不愿意孩子在这么小的年纪里，被淹没在题海中。一年级上学期我去一个学生家里家访，早上 7 点半，就看到孩子在家写试卷，仅仅因为数学考了 99.5 分，没有达到满分。到了二年级，这个孩子的家长大概是无法接受我的教学理念，向校长提出要么退学，要么把我换掉。2018 年的夏天，经过 4 年的努力，我和孩子们终于有所收获，学生接连在省级、市级诗文比赛中获得大奖，家长才慢慢相信、认可我的教学方式，同事和朋友也会一起加入我的阅读活动。但质疑是无法避免的，即便是现在。

问：这个时代诗歌可以说是一种奢侈的情感表达，对您和孩子们来说，诗是什么？

连丹丰：有一句流行的话是这样说的："诗有什么意思呢？我也不知道，说不定你不问我的时候我知道,你问我的时候我立马就不知道了。"2010年，因为大学时教我西方文学的导师，我第一次接触诗歌，从热爱到痴迷，然后开始疯狂创作，但从事教育工作后期基本上暂停创作。诗歌之于我就像精神的后花园。在文学读写中，诗对于孩子是自由飞翔的，它就和孩子的天性一样，可是说诗本身就是最接近孩童的。我曾经在讲座中说过一句话：我把写诗，称作"此刻"。

问：您班里的17名学生仅三四年时间就写下了近2000首诗，其中让您印象最深的是哪一首？背后有什么故事？

连丹丰：太多了，但我相信印象最深的会是"下一首"。有个女生，一年级第一天就因为不敢举手说上厕所尿裤子了，我慢慢了解得知，她从小跟着爷爷奶奶，和父母不亲近，也一直是爷爷陪着她入睡。她非常爱爷爷，还用文字记着："每到夏天的中午，爷爷总会骑着自行车早早来到学校，来得早了，就席地而躺，等着我放学。后来，爷爷生病，很快爷爷就去世了，我知道这个世界上再也没有人会等我了，会骑着车带我上学放学了。"有一天写诗，女孩写了一首《画》，其中有一句令我印象深刻："我想画一个永远吹不掉的快乐。"孩子把对爷爷的思念用诗的形式表达出来，对于诗而言，一个人语言的"纯净度"越高，写出来的诗篇就越接近"伟大"。

问：目前您带的乡村孩子在阅读的浸润下具有什么个性特征和精神风貌？

连丹丰：这个不好说，阅读的影响是缓慢但深远的。我不夸大文字的力量，就算是我，也是等到后来才猛然醒悟。但我相信将来会有那么一天，阅读的价值更为凸显，正如我们的班训：我们要坚强勇敢善良，自尊自爱，活成自己，并且干净。

问：您已从事乡村教育10年时间，是什么让您坚持下来？

连丹丰：说实话，我有想过放弃，也有过动摇，但所有的阴差阳错现在看来都是顺理成章。原因很简单：文字拯救过我，我在报恩；我也曾是留守儿童，我想我有能力也有义务、有责任给他们不一样的东西；阅读让我知道我一生的意义和价值在哪。

问：接下来在阅读教学方面，您的计划和打算是什么？

连丹丰：在班级里，实践朴素教学，重在阅读和诗歌创作，培养学生的读写能力；在学校里，带动其他老师、家长、学生共读共写；在全市范围内，重点做好三项工作：诗歌教学、亲子阅读、叙事写作。基于以上措施，我计划3年内让至少2/3的师生阅读100本以上书籍，引导学生成为一个“有能力”的阅读者，同时将各级、各类读书行动的优秀经验汇编成册。

编者寄语

连丹丰曾深陷病痛的黑暗，却读到了书里的光。十载春秋，牵光引路，他扎根农村，托起希望。教室的坑洼，盛满了泥水，却倒映出他纯洁的灵魂；书架的缺失，写满了无奈，却填满了他无私的礼物。他用书籍让乡村的孩子看见远方，用诗歌为这所村小点亮了万千星光。

人物档案

周春勇：春风化雨育桃李，勇毅笃行绘华章

男
汉族
1994 年生
2014 年开始从事乡村教育工作

任职学校：2014—2022 年，先后任职于湖南省永州市双牌县蔡里口小学和何家洞小学

所获荣誉：2017 年，荣获双牌县“优秀班主任”；2018 年，被双牌县委、县政府记“三等功”一次，荣获“中国新生代乡村教师奖”；2019 年，荣获双牌县“最美教师”、湖南省“汀汀教师奖”；2020 年，入选“马云乡村教师计划”；2021 年，入选教育部乡村青年教师培养奖励计划；2022 年，荣获“丘成琪优秀乡村教师奖”；2023 年，荣获“全国高校毕业生基层就业卓越奖”。

人物小传

2014年从湖南第一师范（后简称“一师”）毕业后，20岁的周春勇踏上了返乡之路，这个年轻人选择了一所离县城最偏远的小学任教。经历了当地人戏称的“三十六弯，七十二拐”的颠簸，才能到达地处偏远山区的蔡里口小学，可周春勇却并不以此为苦。他将自己在一师求学期间所学到的教育理念、教学方法带到了这所大山深处的小学。经过周春勇的努力，他所带的班级和任教的科目实现了逆风翻盘，在全县名列前茅。为了让山里的孩子享受更优质的教育资源，他和他的同事们联系各地校友，致力于书画特色学校建设，把山区的孩子带进艺术的殿堂。在他们共同的努力下，一所濒临撤并的学校荣获了“全国教育系统先进集体”“湖南省民族民间艺术普及与传承示范学校”。2020年，26岁的周春勇到另一所地处偏远山区的何家洞小学担任校长，他推行“五多课堂”“四生四化”教学改革，引进航模课程，打造科普课堂，让航空科技飞进山村，让乡村教师走向北京、上海。他指导山里娃的科技绘画书法作品在全国比赛中获得多项奖励，学校也因此荣获“湖南省学校文化促进会会员单位”。

人物访谈

采访人：朱箫箫

问：您为什么会选择从事乡村教育呢？

周春勇：我们那时候有一个师范生计划，对于我们这些乡村的学生来说，这个师范生计划可以免学杂费，考上以后，毕业回来也可以有一份相对稳定的工作，基于这几个方面的原因就报考了师范生计划。最后我入选了，因此与乡村教育结缘。

周春勇给何家洞小学的学生推荐图书《窗边的小豆豆》/ 受访者供图

问：您一开始任职的学校是蔡里口中心小学，当时是分配去的吗？

周春勇：不是，是我主动要求去的。

问：您为什么想要去蔡里口中心小学呢？

周春勇：我有一个老师之前在那边，我一开始报考师范生计划一方面是考虑家庭方面的原因，另外一方面也缘于这位老师。可以说，我遇到了一个非常好的老师。他虽然是乡镇学校的老师，但是会弹琴，会教我们唱歌，还经常给我们组织一些活动，也非常注重培养我，给我留下了比较深刻的印象。毕业以后，我从长沙回去，也有相对比较好的选择，但还是想回到自己的家乡，于是就去了蔡里口小学。蔡里口小学是我们双牌县两所最偏远的学校之一，从蔡里口到我们县城一天只有两趟班车，单程就需要一个半小时，来回交通不是特别方便。

问：那您当时在蔡里口中心小学的时候，基本上是以校为家？

周春勇：基本是住在学校。其实回想起来，那段日子是快乐的，每次放假的时候，整个学校就会呈现一种宁静的状态。我们蔡里口小学是马蹄形的，对面是一条河，中间是一个宽阔的操场，每到周末，我就会打打球，去河里玩玩水，还有时候会收拾一下家务，完成一些日常工作，休闲之余会看看电影、看看书，过着一种安静而闲适的日子。现在回想起来，还是蛮怀念的。今年正月我又再一次回到了蔡里口小学，当时校园也是一片宁静，虽然校舍发生了很大的变化，自己原来住的小房间也已改成了教室，但再次走进校园的时候，又回想起以前度过的每一个闲适的周末，浮躁的心一下子又宁静了下来。

其实无论在县城还是在乡下，我们所做的每一件事情、过的每一天，都是我们人生的一部分。我当时没有想那么多，就是觉得自己要思考的是能不能对得起自己的职业，对得起人生的这一段时光。那时候的我更多地想锻炼自己，虽然也知道这个地方会艰苦一点，但是自己本身是农村长大的，生存能力也更强一点。所以，我去的时候准备了两样东西，一个是冰箱，因为我们那里交通不方便，冰箱可以让我们一周的食材保存得更久。第二个是热水器，因为山里的水特别凉，热水器可以让我们随时用上热水。

现在回想起来，我之所以当时能有那样一种状态，离不开我在一师读书的时候受到的教育。记得当时一师有一个“双百”工程，就是要我们看一百部教育电影、一百部教育名著。我就是从这些名著和电影中，从一师的求学的氛围中，开始以人生的长度来看待当下的生活，思考当下的行为对自己人生的意义，当我们以这种角度来思考和对待人生中面临的事情时，我们往往会做出与众不同的选择，这就是一师在我心里埋下的种子。

所以，在后来的工作中，我发现我和大部分年轻老师的选择有些不同，我做不做一件事情不是看这件事情能不能给我带来什么利益和实惠，我只在乎这件事情能不能让我得到磨炼、得到成长，因此我得到了更多的锻炼机会，也迅速成长起来。虽然从一时来看，我可能损失了一部分时间和精力，但从长远来看，我得到了能力、技能上的成长，我认识了更优秀的人，给我带来了更多的机会。所以，当时的我每一天都收获满满，充满干劲。

问：那您有过职业倦怠吗？如果有的话，您是如何调整好心态的？

周春勇：当然也有。我刚当教务主任的时候，那阵子事情特别多，我既当教务主任，还当班主任，又教语文、美术、书法、体育等课程。那个时候既要负责对接工作，又要备课，还要处理学生的事情，日复一日做的时候，就会觉得很疲惫。有一阵子恰逢国庆假期，我就决定回趟老家，彻底放空自己，什么事情都不做。假期里我帮着母亲下田里拔草，拔草时泥巴会塞满指甲，又热又闷还有蚊子，从田嘴看不到田尾的时候，觉得我当前的工作好像怎么也做不完。可是我看见我的母亲，从来没有抱怨，也没有泄气，只是默默地一株草一株草地拔着。我突然悟了，原来从始至终，在母亲的眼中只有一株草。再回头，我看着一望无际、漫山遍野的杂草，学着母亲的样子，蹲下来开始一株草一株草地清理，也不知过了多久，就到了日落时分，当我再回过头时，原来在我眼中“一望无际”的野草，在不知不觉间变得干净而又整洁了。其实生活中的事情本来就是一件接着一件，没有休止的，所以我们只要专注眼前，处理好眼前的一件又一件事情。

所以，之后繁忙的工作不再让我焦虑，我会把它们像田野一样规整起来，列出工作清单，排出先后顺序，整合同类项，依次处理。也会利用环境把自己逼到某个退无可退的境地去，催我奋进。这样高压的环境让我养成了一些比较好的习惯，例如，当校长问，有个比赛你去不去？我不会考虑自己要在这上面投入多少时间和精力，便马上答应去。因为我知道，这对于我来说是一个很好的提升自己教学能力的机会，在这个过程中，吸收多少全凭自己，虽然辛苦一点、累一点，但于我没有损失，只有收获。

第二个倦怠期来自对空间和未来的想象。因为在乡村学校任教，我很怕自己一上讲台就看到几十年后的自己，所以，我会尝试在不同领域寻找突破。度过这个倦怠期，是因为我找到了两个世界。其实，每个老师都会拥有两个世界。一个是孩子的世界，走近他们的世界，让他们成为更好的自己。其实一个老师最根源的力量永远来自学生。学生在生活中遇到的困惑是无限的，你这一辈子遇到的、教过的学生也是数不胜数的，所以这个世界是生机勃勃的，是一个等待着你去无限攻克的世界。无论身处何时、何处，是在乡镇、在县城或是在省会，这个世界都属于你。还有一个世界是在教学方面不断精进的世界。在语文教学的流派中，有那么多方向与方法，因此在教学上的精进是永无止境的，是值得我们毕生追求的。是不是这堂课我用这种方式教授，孩子们更容易接受？他还想上我的课是不是因为我的教学设计比较有趣？如果我的课能够给孩子们一个惊喜，他们会不会期待我的下一节课有不一样的开始？当我找到这两个世界的时候，我身在何处又有什么区别呢？因为这两个世界是那么生机勃勃，充满乐趣，等着我去探索！

问：乡下孩子多半为留守儿童，他们的心理可能较一般孩子更为敏感、脆弱。为了这些孩子能够更好地成长，您觉得乡村教师可以从哪些方面努力呢？可以举一两个案例吗？

周春勇：首先要关注孩子们心理上的变化。对于乡村孩子来说，小班额教学是比较合适的，超过 20 个人一班，可能老师就很难照顾到，也很难处理一些矛盾。蔡里口小学学生相对较少。有一天晚上，有一个女孩子在寝室哭，她反复说不想读书了，想回家。当时我没有找到原因，又发现她的眼神“锐利”，就和她约定给她一天假，一天后她再过来读书。第二天，她的妈妈来接她，她走的时候深深望了我一眼，那一刻，我知道，我和她之间已经有了一个初步的信任感。

等她再回来，情绪基本稳定。可是当天中午发生了另外一件事情，使她情绪瞬间崩溃，因为别人把她放在寝室的零食全部拿走了。我挨个找寝室的同学聊天，很快就“破案”了：自己班和别的班的同学都拿了她的零食。我发现这些拿东西的同学，心有悔意也比较紧张，似乎很害怕来自老师、父母的责罚，承受了很大的心理压力。于是我就和那个女孩子商量道，这件事情可以这样处理，第一，你给我列一个单子，我让她们用零食或者零花钱分几周偿还给你；第二，通过跟她们沟通，我发现她们也很后悔，你能不能替她们保密。两个条件，她都同意了。随后，我告诫拿东西的同学，她们这些行为是不对的，极有可能将自己送上犯罪的道路，但是我相信她们只是嘴馋，又是第一次，我就把这件事当作我们之间的小秘密，不告诉她们的家长和其他的同学、老师，但是她们不能再犯同样的错误，否则必将严惩。我之所以如此处理，是因为她们已经心有悔意，只是没想清楚，也没有控制住自己的行为，如果我再公之于众，可能会给她们贴上“小偷”的标签，这个标签一旦贴上就很难再摘掉，等于把她们往阴暗的一面推。反之，我选择包容她们，会让她们感觉被信任，感觉到愧疚，这些都将作为下次制止她们犯错的强大内驱力。事实证明，后来，那几个孩子没有辜负我的信任，甚至让我刮目相看。有一次她们捡到了 100 多块钱，不仅没有乱花，反而交到了我这里。要知道，她们一周的零花钱可能只有 5 块钱，100 多块钱对于她们来说可是一笔巨款！

但处理这类事情还是要仔细观察孩子的心理动态，再去选择合适的处理方式。记得，我刚到何家洞小学的时候，遇到另外一个孩子，我的处理方式就完全不同，那是雷厉风行、决不姑息的。那是一个男孩子，他半夜偷偷跑到一个女老师房间去，据他交代是因为看到老师房间有零食，想进去拿零食。但是，该女老师窗边并未放置零食，后来我们调取了监控视频，发现他提前好几次去踩点，随后把窗户的防护栏拆下来，又伪装好，再挑半夜的时间潜入该女老师的房间。该学生成绩优异，思维缜密，仗着自己懂一点浅薄的法律知识，表现出无所谓的样子，我推测可能觉得自己年龄小不用负刑事责任。于是，我通过和他的家人、派出所沟通，在他班主任的陪同下，选取了一个合适的时间，悄悄地把他带到派出所，假装要把他的检讨书存在档案里，作为日后再犯罪量刑的依据时，我终于看到那个男生害怕的样子了。像这样心智较为成熟的孩子，如果不借机让他汲取教训，那么等于纵容他走向犯罪的道路。

前面提到的那个反复说不想读书的女孩子，过了一个长假后，又说想回家，不想读书。通过平时的观察和这次的事件对比，我总结出都是长假过后，她的作业都没有完成，要把作业补上。结合我的观察，这个孩子爱玩，特别敏感，母亲比较宠她。于是，我大胆推测，可能是长假时作业多，母亲对她要求不高，所以她大部分作业没做完，觉得回学校后老师可能会责备，压力就来了，产生了逃避的想法。她的问题在于没有养成好的习惯，家里又比较宠，没有给她强制性规定，受挫能力比较弱。所以我有意识培养她自我规划的能力，我会告诉她每天哪些作业要完成，同时告诉她的妈妈要认识到事情的严重性。我对她的妈妈提出两点要求：第一，严格督促孩子按照我给她制订的假期学习计划执行；第二，让孩子养成陪妈妈做一件事情的习惯。当然，看电视也在计划当中，比如本来每天可以看 2 小时电视，如果今天不看，明天就可以看 3 小时，类似这种。然后我跟孩子说，你回去也要监督你的妈妈，她是否按照老师的要求严格督促你，孩子一听要监督妈妈，执行得可好了。后来，这孩子再也没有说过要回家的话，再后来她成了女生寝室的寝室长，参加了学校鲜花队、舞蹈团，顺利地从小学升入了初中。

除了上面说到的案例，我还总结出来三个方法。

第一，教他们一项运动。因为一个经常运动的人很少出现心理问题。我自己小学时经常打乒乓球、打篮球，每天出很多汗，让身体处于疲惫的状态，就没时间想那么多，内心反而可以得到一种宁静，这是身体机能的调节，也能带来一定刺激和乐趣。第一个班我教他们打篮球，有些孩子想到可以活动，一天都保持比较乐观的状态。运动能给孩子们的学习、生活带来一些调剂，可能在走向自我围城时给他们支撑的力量，可能在即将走向阴暗时给予他们一束灿烂的阳光。

第二，每周我们会组织不一样的活动。比如一起吃火锅、秋游、看电影，举办作文比赛、演讲比赛等。所以，我的学生很多都各有特长。有因演讲出色、身体素质出色能与县城学生同台竞技的；有因品学兼优到湖南电视台录节目的、到长沙砂子塘小学交流学习的；有因美术出彩到北京领奖、游长城的；有因文采出众到北京领奖、到清华大学做实验、到自然博物馆参观的，等等。这些活动开展的意义，就在于给孩子们搭建了一个展示自己、相互交流的平台，让他们发现不同的赛道，发现自己的特长，从而找到学校生活的乐趣，对学校生活产生期待；让他们有一个可以依仗的支柱，哪怕最低落的时候，能够想起我这方面可能还行，不丧失对生活、对生命的信心，帮助他们重整旗鼓，向着阳光乐观的生活前进。

第三，教他们接纳自己。找到一种自洽状态，能够包容自己的缺点，允许自己犯错。当他们允许并接纳那个不完美的自己时，就会有改变自己的勇气和能力，而不会一错再错、将错就错。我能做的就是在他们忘乎所以的时候予以训诫，在他们退缩迷茫的时候予以鼓励，给他们一双温暖的大手，把他们往前推一推。

当你把这些理顺以后，学生的成绩自然就上来了。小学阶段，只要他们喜欢你这个老师，他们的成绩自然就会上来。我教的第一个班，毕业时他们就拿了三个单科第一，两个单科第二，一个综合第一。他们学习都很自主，我让他们出去玩一下，他们会说："我们要给周老师教一张满分答卷！"

编者寄语

20 岁那年，你背上行囊，来到大山深处：篮球、电影、秋游、火锅，演讲、作文、书画、航模，你以新理念新思想给山区孩子插上了一双冲上云霄的翅膀，让他们的眼睛铺满阳光，舞动青春，绽放芳华。孩子们不会忘记，周春勇老师，你播下的种子，终会长成参天大树！

人物档案

蒙晓梅：为山区孩子筑起希望之路

女
壮族
1973 年生
1991 年开始从事乡村教育工作

任职学校：1991—2020 年，先后任职于广西壮族自治区忻城县北更乡 6 所乡村小学

所获荣誉：2012 年，获评“八桂优秀乡村教师”；2014 年，获评“全国模范教师”；2015 年，获“中国名师联盟 · 希望工程园丁奖”；2016 年，获评“莫振高式八桂好老师”“全国最美教师志愿者”，入选“马云乡村教师计划”；2018 年，获评“全国三八红旗手”“全国岗位学雷锋标兵”；2019 年，获评“中国好人”“全国道德模范”；2020 年，荣评“全国先进工作者”；2021 年，获评“全国优秀共产党员”“全国农村留守儿童关爱保护和困境儿童保障工作先进个人”；2024 年，获评“八桂慈善奖”慈善楷模。

人物小传

“咱们既是师生，也是朋友，无论你们在学习和生活上遇到了什么困难，都可以来找我。”这是蒙晓梅老师经常对孩子们说的一句话。蒙晓梅，一位出生在乡村，扎根乡村教育30年的普通教师，用自己的努力和坚守，托举起了无数乡村孩子的希望和梦想。

蒙晓梅1973年出生于广西壮族自治区来宾市合山县，在来宾市忻城县长大。蒙晓梅年幼时因家庭贫困曾几度濒临失学，是父老乡亲们的无私帮助让她重拾学业，也在她心中种下一颗感恩的种子。蒙晓梅深知要改变家乡的面貌就要重视教育。1991年，完成初中学业后，蒙晓梅毅然回到大山，经过考试被聘用为广西壮族自治区来宾市忻城县北更乡内仁小学的代课教师，从此开始了自己长达30年的乡村教师之路。

在北更乡任教期间，蒙晓梅看到了许多和自己一样出身贫寒的孩子们，他们以留守儿童居多，贫困的家庭环境和缺失父母的陪伴横亘在孩子们求学的希望之路上，他们的遭遇也触动了蒙晓梅的心。她想为孩子们做点什么，就像当年乡亲们为她做过的一样。孩子们没有上大学的梦想，蒙晓梅就用自己的亲身经历鼓励他们坚持学习，做对家庭和家乡有用的人。孩子们多为留守儿童，缺乏陪伴，蒙晓梅就和爱心志愿者们一起，走进大山，走进孩子们的家里家访，利用周末时间辅导、陪伴孩子们。孩子们家庭贫困，无力支付学费，蒙晓梅先是用自己代课教师微薄的收入资助学生，后又将目光投向大山外的世界，创立贫困农民工子女助养站，通过创新工作室，形成一个热心公益的爱心团队，结合爱心人士、社会团体、企事业单位的力量，一起资助孩子们。自2015年以来，蒙晓梅与工作室成员走访了9个乡镇85个村民委员会650个自然屯1800个家庭2100多名困难学生。这些数据的背后是工作室成员500多个周末和节假日的辛勤付出。经过蒙晓梅和工作室成员们的共同努力，到2019年，他们为全县的贫困学生争取到爱

蒙晓梅与孩子们在学校合影 / 受访者供图

心资金和物资 300 余万元，资助贫困学生达 600 多人次，全县没有一个学生因贫困而失学。

蒙晓梅怀着对家乡朴素的情感，将自己的青春和汗水都奉献给了大山深处的贫困孩子们，为他们的成长筑起了希望之路。如今，在北更乡的大山里，一些接受过蒙晓梅帮助的学生也回到了家乡，参与到乡村振兴和公益队伍中，将这份大爱继续传递下去。

人物访谈

采访人：殷慧

问：蒙老师，您也是从乡村走出来的教师，能谈谈您幼年在乡村的经历吗？

蒙晓梅：我出生在广西合山的一个小山村，合山是广西壮族自治区下辖的县级市，合山的支柱产业是煤矿。我因为家中子女众多，家庭贫困，从小就被家人送养到别的人家。我们当地土地贫瘠，交通非常不便，这么来形容吧，当时我的养父母为了把我接到家里，花了 4 天的时间在路途上。收养我的家庭是一个很温暖的家庭，但是也很困难。我的奶奶双目失明，没有劳动能力；我的养母患过乳腺癌，患病后医治效果也不佳，所以身体虚弱，需要常年吃药；我的养父去砍柴的时候跌落山崖，落下伤病，也行动不便。我们一家可以说是残疾人之家。我们当地都是石头山，山地上只能种植玉米，一年的收入永远都不够吃，家乡的好多人家会选择出门务工来改善家庭生活。面对这样的状况，我们家只能靠着人均五六分地（1 分地约等于 66.66 平方米）勉强维持生计。我们全家住在四面透风的干栏式木屋里，这种房子是木质结构，竹篱笆做围墙，下层用来养牛、羊、猪等牲畜，中层用来居住，上层用来堆放农作物和牲畜饲料。这种木屋一到刮风下雨就四面透风漏雨，安全隐患非常大。我的家里没有自来水，靠家庭“水柜”，也就是蓄水池保障生活用水。我们村直到 1995 年才通车，之前出行都是靠走路。

问：在如此艰苦的环境下成长，您的学业如何继续？

蒙晓梅：我的家庭虽然很困难，但家人们对我都很好，我的左邻右舍也经常帮助、接济我们家。我从小到大得到了很多人的帮助，才得以顺利读完初中，我到现在都一直很感恩。

问：您在1991年初中毕业后回到大山并且通过考试成为一名代课教师，当时是怎样的情况？

蒙晓梅：当时初中毕业后我的成绩是可以上高中的，但那个时候家庭困难，无力支持我继续读高中，正好村里招聘一名代课老师，然后我就回来考试。我很幸运，我的笔试成绩在 13 个应聘的人里排第二。进入面试阶段，还剩下我和另外一名应聘的人，他当时是高中毕业，比我学历高，我和他 PK，最后我的分数比他正好多一分。我就是这样在 16 岁的年纪成了当地第一位代课女教师，从当时算起，我一共当了 19 年的代课老师。

问：当时代课老师的工资待遇如何？

蒙晓梅：工资是 40 元一个月，再加 15 斤玉米，因为当地产玉米。

问：您当代课教师时教哪个科目？

蒙晓梅：当时因为乡村师资力量不足，我们老师都是身兼数科，基本上除了英语什么科目都教。我们当时管这个叫复式教学。所谓的复式教学呢，就是在学生和师资都不够的情况下，把不同年级、不同科目的学生集中在一间教室，由同一个老师教授不同的科目。比如说坐在教室第一排的孩子上语文课，上 10 分钟后，老师布置一些练习，在第一排学生做练习的间隙，第二排不同年级的学生再上数学课。这是当时师资缺乏情况下权衡的产物，现在的师生，尤其是城市学校里的师生肯定是没见过的。

问：您一边当代课老师，一边继续学习，提高学历，最后拿到了大学本科文凭，您是如何做到的？

蒙晓梅：我一直都想提高学历，我所在的忻城县也很重视教师的学历提升。当我得知我们县里师范也有函授课程，可以边工作边学习，于是就在 1992 年一边代课，一边参加忻城县教师进修学校中师卫电班函授课程。2018 年，我又继续在广西民族大学继续教育学院函授学习，顺利大学毕业，获得文学学士学位。我觉得在学习这件事上我的目标感很强，也很有韧性。包括之前代课老师们要求考普通话证，学校安排我们出去参加为期 15 天的培训。当时我的普通话不太标准，受方言影响 ci 和 chi 有点分不清。但对一名教师来说，普通话水平是很重要的，关系到教学质量。到了培训的地方我就虚心地向老师请教，和同学结对联系，最后顺利考下普通话证。

问：您的这些继续教育的经历都发生在您当代课老师期间吗？

蒙晓梅：是的。我一共当了 16 年的代课老师，直到 2007 年才通过考核，成为正式教师。转正的这个过程也是比较曲折的。我所在的忻城县是国家级贫困县，一直没有代课教师转正的名额。出现第一次机会的时候，我的教龄少了半年，无缘参考。第二次能参加考试了，我的分数又低了 0.5 分。第三次才顺利考上，得以转正。尽管道路是曲折的，我个人一直坚信前途是光明的。而且作为一名人民教师，不管是代课老师，还是正式老师，继续教育和自我的提升都是同样重要的。我不会因为自己是代课老师就放松对自己学历和个人文化素养的追求。事实证明，持续不断地努力也帮助我在机会到来的时候果断抓住。

问：您当时师范学院毕业或者转正之后都可以去别的地方，为什么还是选择回乡村继续当老师？

蒙晓梅：我当时的想法很朴素，就是觉得那一方山水对我来说太好了，我从小的成长受到了太多父老乡亲们的帮助，我想要力所能及做一点事情，为家乡出点力。

问：您在2013年创立了贫困农民工子女助养站，通过创新工作室，形成了一个热心公益的爱心团队，当时创立助养站的初衷是什么？

蒙晓梅：其实我在当代课老师的时候就开始做公益了。我在 1995 年资助了第一个学生，因为他在家里排行第五，我们就叫他小五。当时我在乡村代课，开学一周了还不见小五，我就去他家里家访。我去到他家里才知道他家的情况很不好，家里兄弟姐妹 7 人，实在是交不起学费，只能被迫辍学。当时学费好像是 220 元，对于他们家也是一笔很大的数目。我当时一个月工资有 180 元，工资要管家里的柴米油盐，还要负责给我妈妈买药，我也没有多余的钱。但是我想着绝对不能让小五失学，我就和他家里人承诺我来想办法，还是把他领回了学校。后面是几个人凑钱，凑足了孩子上学的学费。孩子很优秀，也很争气，顺利读完书，后来找到了一份正式的工作，走出了农村。在我们当地，能走出农村，找到一份正式的工作，能每个月领工资就是一件很值得骄傲的事情。这是我第一个资助的孩子。从开始从事乡村教育起，我就发现农村留守儿童很多，我们所在的乡留守儿童占比七成以上。他们的父母大多为了改善家里生活条件外出广东打工，留下祖父母照顾孩子，一年中只在过年的时候才回家短暂停留。留守孩子们缺乏关爱和陪伴，这是我创立农民工子女助养站的初衷。因为孩子是一个家庭的希望，只有培养好了孩子，整个家庭才有希望。我们的这个项目 2005 年由县团委立项，一直在利用个人和团体的资源帮助留守儿童。

问：请问具体是怎么操作呢？如何帮助留守儿童？

蒙晓梅：我和我的团队首先是摸底当地留守儿童，确定帮扶对象后就经常对他们进行家访，周末的时候还会将住得比较近的孩子们集合起来，集中辅导学习，过年过节为他们捐献物资。我们团队的老师们周末基本上是没有休息的。

问：您和您团队里的老师们是怎么坚持下来的？

蒙晓梅：我们团队的老师能坚持下来都是想着孩子们能好好学习，走出大山。如果孩子们都能顺利走出去，他们肯定也会考虑回来建设家乡。事实上，有很多我们帮助过的学生都继续完成了学业，走了出去，他们有的当了医生，有的当了教师，有的在县里，有的回了乡。不仅孩子们自己的个人价值得到了实现，也惠及了家庭和家乡。孩子们的成长改变了贫困的家庭，也改变了家乡的面貌。这是我和我的团队坚持下来的主要原因。我经常和孩子们讲，读书是他们唯一的出路。我以我自己为例，我说蒙老师就是靠自己，靠着父老乡亲的帮助改变了命运。我基于自己的经历告诉孩子们这个道理，“唯有读书高”，靠自己，靠自己的本事，通过努力就能改变自己的命运。

问：您的工作室是如何募集物资和资金帮助贫困学生的？

蒙晓梅：我们工作室的公益项目采取多种形式来资助、帮扶留守儿童和贫困学生，主要是个人的一对一帮扶。比如说有一个学生需要帮助，每年的费用是多少，我发布这个需求，想帮助他的人就会和我们团队对接，我们再把这个费用送到孩子家里。以前这种资助需要我们走进大山，送到帮扶对象家里，现在比较方便，可以用微信联系。爱心资助送达之后，这个钱用在哪里？孩子的基本情况、学习成绩如何？我们团队都会及时反馈。除了一对一帮扶，我们也接受社会团体、企事业单位的帮扶，比如离我们学校比较近的柳钢集团就帮扶了很多孩子。

问：您觉得除了爱心帮扶、捐款捐物，山区的孩子们还需要什么帮助？

蒙晓梅：除了物质上的需求，山区的孩子们，尤其是许多留守儿童还需要陪伴。陪伴太重要了，所以现在我们又增加了一个陪伴的项目叫“童伴时光”。我们会把山区的孩子们集中起来，周末的时候老师们会给他们上课和举行趣味活动。比如会教孩子们二十四节气，带领孩子们利用废品进行艺术创作，和孩子们一起做一些有意义的手工，等等。我们“童伴时光”项目的目的是在精神上陪伴孩子们，让他们不仅不愁吃穿，还能收获精神上的财富和滋养，从而为之后的求学和生活打好基础。

问：您扎根乡村教育30年，投身慈善活动33年，您的青春都奉献给了大山，有什么经验分享给其他奋斗在乡村的教师们？

蒙晓梅：我的经验是以心换心。只要你用心对待孩子们，对待你的教师事业，孩子们都能感受到，不管多顽皮多厌学的孩子，你的真心都能感化他。在这个过程中，你也会有收获。就像我一样，一个普普通通的乡村教师，如今收获了学生的喜爱，也收获了职业的成就感。

编者寄语

扎根乡村教育30年，投身慈善活动33年，蒙晓梅一直奋斗在乡村教育第一线。她将知识和关爱带给众多农村留守儿童，创办贫困农民工子女助养站，在物质上和精神上帮扶、陪伴山区孩子们成长成才。

人物档案

黄小平：务实耕耘乡村教育的领头雁

男

汉族

1975 年生

1995 年开始从事乡村教育工作

现任职学校：江西省宜春市高安市相城镇初级中学

所获荣誉：2000 年，获评“宜春市骨干教师”；2004 年，获评“高安市模范教师”；2007 年，获评“宜春市优秀教师”；2010 年，获评“宜春市骨干教师”；2017 年，获评宜春市“关爱明天 普法先行”先进个人；2021 年，获评宜春市关心下一代先进个人；2022 年，入选“马云乡村校长计划”；2023 年，获评“宜春市骨干教师”。

人物小传

他吹拉弹唱样样行，他爱学习、爱思考，是一名嗜书如命的书虫，他教学精湛，年年教学质量霸榜，他领导力卓越，管理精细高效……他就是温文尔雅、充满书卷气的黄小平校长。

1995 年 8 月，20 岁的黄小平从江西宜春师专毕业，回到离开 6 年的初中母校田南初级中学任教。那里曾是他梦开始的地方，也将成为他梦想实现的地方。

田南初级中学位于离城区 60 公里的乡村，信息闭塞、交通不便。如何让自己有所提升，黄小平通过向老教师学习，向书本学习，在教学中施展自己能歌善舞、吹拉弹唱的文艺特长，慢慢得到学生喜爱，教学成绩、班级成绩快速提升，逐渐得到学校、社会的认可。

1996 年，为解学校缺英语教师的燃眉之急，黄小平主动请缨，担任两个班的英语教学和一个班的班主任。他凭着自己扎实的英语基础，苦心钻研，严谨施教，英语教学成绩一骑绝尘，同事、领导对他刮目相看、肃然起敬。不知不觉中，他发现自己喜欢上“教师”这一职业了。

2001 年，26 岁的黄小平欣然接受更重的工作任务，担任校办公室主任、政教处主任、年级组组长，还负责双班英语教学和管理工作。面对新的角色、新的任务、新的挑战，他夜以继日，通过学习不断提升自我；与生为友，严慈相济；与师为友，齐抓共管；与书为友，增强内力。就这样，苦心经营，三年磨一剑，2004 年，黄小平所带的初三中考成绩在高安市所有农村中学排第一，改写了田南乡村初中中考成绩的历史。

由于教育教学出色，2007 年，黄小平被提拔为副校长，并于 2018 年担任校长。为了学校的绿色高效、高质量发展，他打造出教育教学管理“六个好”：一个好人，校长是好人，老师学生大概率会成为好人；一个好制度，寻求能适应学校发展的制度，能激励师生共同成长的制度；一个好宗旨，“人

黄小平在校园文化活动中为学生弹奏吉他 / 受访者供图

之子女，己之子女”，让师生关系融洽，家校关系和谐；一个好理念，不求人人上重点，只愿人人能闪光，充分挖掘每个人的优点和长处；一个好目标，让学生学会做人、学会健体、学会求知、学会生存，让老师放下架子与学生交友，弯下腰杆倾听学生，走下讲台关注每一位学生，俯下身段钻研育人与教学。在黄小平的管理下，相城镇初级中学成为高安市特色彰显、闻名遐迩的乡村初级中学。

人物访谈

采访人：朱顺清

问：您为何会选择从事乡村教育呢？

黄小平：1995 年大学毕业后，我的大部分同学都选择到广州、厦门等地发展，当时我也有这样的机会，但最终还是选择回家乡当一名教师。之所以做出这个选择，可能最主要的原因还是我的家庭，我的父母身体不是很好，我是家中长子，“父母在，不远游”，再加上我觉得待在本地比较安逸，也有一种乡土情怀，有种试试坚持留下来的想法。

我大学是学数学的，再加上我有很多才艺，比如唱歌、弹吉他、踩脚踏风琴、跳舞等等，所以回到母校任教后学校也比较看重我，我很快就得到重用。1997 年我就成为学校的中层干部，更加坚定了留下来的决心。

问：在从事乡村教育这么多年，有没有让您印象深刻的学生？

黄小平：有两个学生让我印象深刻，这两个学生是后进生。初中三年，他们的成绩都在年级倒数十名之内，尽管他们没考上高中，但是在校三年我没少给他们鼓励，给他们信心，让他们学会做一个懂得感恩、对社会有用的人。

2020 年 10 月的一天，我突然接到他俩邀请我吃饭的电话，被我拒绝后，他们又通过我的爱人发出邀请，我的爱人也是他们的老师。他们说自己已经工作了，赚到工资了，一定要请老师吃饭。后来我才得知，他们当时一个在高安市区开挖掘机，一个在南昌做泥工，两人工资都不高。然而，他们为了请我们吃顿饭，住在酒店里面等了三天两夜。盛情难却，我还是答应了。我和爱人在去饭店的路上，他们就将菜全部点好了，满满的一桌菜，根本吃不完。当时他们说，不知道我喜欢吃什么菜，这一桌子的菜，总有一个是我喜欢吃的。听到这句话，我真的很感动。我说你们赚钱也不容易，这样多浪费，他们说能请到老师来吃饭就已经很开心了，因为初中三年得益于我的鼓励和教导，他们过得很开心，虽然没有考上高中，没有读大学，但是现在步入社会，能凭自己的双手养活自己，也算不辜负我的教诲，觉得能碰到我这样的好老师，已经很开心了。

问：您认为好的教育是什么样的？您在学校具体是如何开展工作的？

黄小平：教育是系统工程，不存在好的教育与坏的教育。校风好与不好,学风浓与不浓,并非学校与老师实施了“坏”的教育。教育是良心工程，只要校长与老师都能凭着良心办学，真正把每一项工作做到位，老师与校领导能尽到一半的责任心，就一定是所好学校；老师与校领导能尽到七八分的责任心，一定会成为一所优秀的学校。

相城镇初级中学近两年来针对乡村学生的特点，主要以开发校本课程和开展活动为载体，让乡村孩子享受到“城里”学生的待遇：不同类型的演讲比赛，每年固定不变的“一节一会两礼”，即艺术节、运动会、学期初的开学典礼。学校从不走形式，决不走过场，只要求能越办越好。课后延时服务能做到“5+2”模式，形式多种多样，有合唱、演讲与朗诵、素描与水彩、手工制作与剪纸、象棋、书法、篮球、足球，还有计算机室的“文秘班”，练习排版与文字输入。学校的宗旨是，学生在校 3 年，至少能掌握一门体育特长，至少能学到一门艺术爱好。我们也是摸着石头过河，活动的方案边做边改。我们还拓展劳动实践课程，在学校的东北角开设劳动实践基地。农村的孩子，靠田吃田是基本生存技能，我们起码要先学会生存技能。学校还把体育锻炼变成多姿多彩的课间运动，让学生在运动中享受美，在韵律中享受运动，磨炼学生的意志，强健学生的体魄。

通过多姿多彩的校园生活，学生们乐在其中的十之八九，当然，仍有提升空间，关键是如何创新。

问：在教师专业能力提升、教师激励与考评等方面，您采用了什么创新的举措？

黄小平：相城镇初级中学现在有56名教师，近几年随着城市的发展需要，大批中青年优秀教师被选拔进城，造成的岗位空缺无法及时补充，再加上农村学校学科结构的不平衡，学校只能做通部分老师的思想工作，劝其做全科老师，或聘请经验不足的代课教师。教师队伍不稳定是目前制约教育教学成绩提升的主要原因。

在教师激励方面，学校侧重于制度建设，规范职称评定工作，重点放在精神与荣誉上的激励。我们每学期会隆重表彰各类先进，开大会、披绶带、送鲜花。学校每月至少召开一次全体教师会议，除布置重要工作外，在思想引领、理念灌输上有一个系统的培训与学习；定期召开班主任工作研讨会，请学生代表参加，以“我心目中最理想的班主任”为题，现身说法；组织召开学科教育教学研讨会，用先进的榜样、先进的事例来激励老师；举行“团队建设”户外拓展活动，做游戏、谈话聊天、集体野炊，增强和培养教师的集体意识，提升团队的协作能力。每逢教师节、元旦节、艺术节、运动会，学校还会鼓励教师以团队形式参与学生活动。

当下，在教育教学教研方面，最大的困难和挑战是如何改革现有传统课堂，把课堂转变成教师学生都满意的课堂。但老师们不想变，怕累、怕烦、怕没效果；也不会变，缺乏理论支撑和专家指导，不知道如何变。关于这方面，我采用“送出去”“请进来”的人才培养方式，让老师们感受教育科研就是提高教育教学质量的保障。我每个月选6—8名不同学科的教师去优质学校跟班学习一周。完成学习的老师返校后，结合学情、班情学以致用。我每个月会定期聘请教育专家到学校讲座，全面提高全体教师的理论水平，教师们慢慢地爱上了教研，大家都争着上教学研讨课、教学展示课、教学竞赛课，做课题和写论文也劲头足了。

问：您担任校长期间，学校如何争取教育主管部门、家长、周边社区、公益机构或其他社会资源参与和支持学校与学生的发展？

黄小平：当校长不容易，既要是教育家，还要是 CEO；既要是思想家，还要是外交家。争取外界对学校的支持，最重要的是先让学生满意，学生满意，就是最大的支持。学校从关心学生的生活、身体、饮食、活动各方面下功夫。学生来自社会各个阶层，他们的口碑就是学校的口碑，他们会告诉家长，告诉亲朋好友：校园卫生比以前好多了，厕所旧貌换新颜了；教室有教学一体机了；教室的照明设备改善了，眼睛不再累了；寝室卫生整洁干净，空调也安装了；食堂饭菜好，洁净卫生，吃得比家里还舒服，没有半点乱倒乱扔了；老师们更有耐心，更关心我们了；我们每周一篇"我向老班吐心声"，可与老师心与心地沟通了；在学校除了上课，其他社团活动也很丰富，能学到很多东西……诸如此类，学生们会自发地、发自内心地去宣传。

在学校，我说得最多的一句是："老师们都是服务员，校长是最辛苦的服务员。"我也常说："学校是党和人民的，要办一流的学校，靠食堂与小卖部的盈利是建不出一所好学校的，只有不断地加大对教育的投入，切实改善办学条件，才会有美好的教育春天。"所幸，这些年我们得到了相城镇地方党委、政府，高安市教体局的支持，包括知名人士对学校的募捐，一些迫在眉睫的问题也得到改善。

问：学校曾经面临的最大困难是什么？

黄小平：笼统地讲，学校面临的最大困难就是改善办学条件。包括两个方面，一是硬实力提升：改善存在安全隐患的教学楼，改善学生公寓破旧不堪的居住环境，增加开展师生室内外活动的场馆，改善教师的居住条件。2021 年暑假，在教体局的支持下，我们拆除了校门及两侧的危房，新建了简洁大方的校门与围墙；相城镇党委、政府及教体局为学校配足配齐了所有的教学一体机，改变了传统“生漆黑板”加粉笔的教学历史。二是软实力提升，主要是提升教师的整体素质，通过组织学习、培训、研修，武装一个队伍先要武装他们的大脑。硬件正在逐步提升，软件也要继续加强。

问：未来3—5年，您对学校的发展有何规划？

黄小平：我希望为社会培养更多优秀人才，培养素质全面的、合格的国家公民，引领一个高素质、团结一心的教师队伍，向着目标奋进。未来三五年，学校将积极寻求发展空间，以“促学生生命成长，成教师职业追求，使学校可持续良性发展”为共同愿景，力争成为我市“管理领行，理念领航，质量领先”的窗口和示范学校。

问：您在推动区域教育发展、带动乡村教育创新方面，有哪些有益的实践或经验？

黄小平：我谈不上有很多有益的实践与经验，我认为不管做任何事，校长要带头。一是校长要敢作敢当，在执行国家及上级主管部门的方针政策时要毫不含糊，为了国民教育，那么多专家、学者、校长在实践探索，在领跑改革，我们有何理由有丝毫的松散懈怠，或唯分数论而忽略学生的全面发展。二是校长要敢于创新，创新是为了突破禁锢思维，用新的理念解决学校管理中存在的问题和发展的瓶颈。三是校长要加强学习，学习是为了有好的创新，一个优秀的校长与平庸的校长最大的差别在于善不善于学习。“一个人遇到好老师是人生的幸运，一个学校拥有好老师是学校的光荣，一个民族源源不断涌现一批又一批好老师则是民族的希望。”新时代号召教育工作者争做“大家”，是开启教育现代化新征程、落实立德树人根本任务的迫切之需，更是教育高质量优质均衡发展的应有之义。落实强国战略的前置，教育是基础；实现教育强国战略的先决，首当属教师。

作为一线教育工作者，要践行教育家精神，争当教育家型教师，该如何去做？我认为，至少要做到“三具三者”：具底气，接地气，做教书育人的共行者；具火力，富活力，做课程建设的开发者；具理论，能立论，做创新改革的引领者。

编者寄语

黄小平用爱心、耐心、责任心托起乡村少年腾飞的梦想，为他们描绘奋斗的底色，带领着自己的团队真抓实干、锐意创新，谱写了高安教育的新篇章！

人物档案

乐卫：让『有温度的家庭育养模式』为乡村儿童兜底

男

汉族

1988 年生

2015 年开始从事乡村教育工作

现任职学校：湖南省永州市新田县苦志育才学校

所获荣誉：2021 年，获评“新田县优秀教育工作者”；2022 年，入选“马云乡村校长计划”。

人物小传

2015年，在素有“富硒之乡”美称的家乡永州市新田县做着生意的乐卫，在一次与寺庙住持聊天中得知，有一位爱心人士想要回报社会捐资助学，询问他是否愿意帮忙。抱着重在参与的心态，乐卫加入其中，帮忙联络。那一年，恰逢湖南电视台一档公益类新闻节目在家乡录制，乐卫便和节目组一起进行深入的入户调查。也就是在调查中，乐卫才发现原来身边有那么多需要帮助的家庭和孩子。

从参与走访到筹备开学，只有不到1个月的时间。这1个月，乐卫走访了申请入校名单中的所有贫困家庭，苦志育才学校也迎来了自己的第一批学生。这些学生都来自全县困境家庭，包括孤儿、事实无人抚养儿童以及困境家庭中的适龄儿童，苦志育才学校对他们实行免费教育。这些学生因来自不同的地方，均在校寄宿，只有节假日才回家，周末都是在学校度过。学校的生活老师就是他们的家长，承担起照顾他们生活起居的重任。这样的模式，乐卫称之为“有温度的家庭育养模式”。

2018年，苦志育才学校迎来了第一届小学毕业生。一年后，学校对毕业的42名学生进行了一次追踪回访，发现这些学生回到户籍所在地就读后，有的是学籍在学校人不在学校，办理了休学手续；有的因为家里无人照看，有一个女孩子遭受了性侵犯；还有一个学生入读初中后，第一个学期在全年级考试中排名靠前，但是不到两三个月的时间就出现了严重的心理问题，喜欢拿女孩子的内衣裤，最后诊断出来是心理疾病。看到这些回访结果，乐卫心痛不已。那些曾经在学校被宽容以待的孩子，在离开苦志育才学校后竟丧失了避风港，有的甚至走上人生歧途。这也加剧了苦志育才学校一定要办初中部的决心。

2019年，在乐卫的积极努力之下，苦志育才学校拥有了自己的初中部，这也意味着进入苦志育才学校就读的学生，能在这所充满爱的大家庭中连

乐卫与苦志育才学校的孩子合影 / 受访者供图

续学习和生活 9 年，让已经遭受冲击的幼小心灵在学校的庇护之下得以修复，并焕发生机。

9 年，是一个懵懂儿童变成懂事青年的时间；9 年，是乐卫从参与帮助到躬身入局的坚守；9 年，是用心耕耘到迎来丰收的时间。今年，苦志育才学校的初中部已迎来了第三届毕业生，他们有的进入免费师范生的行列，有的考入省、市级示范性高中，有的进入职业学校继续学习。

从 2015 年全国第一所苦志育才学校的创办到现在，全国已有 8 所苦志育才学校，累计救助了 1600 名困境儿童及其家庭。苦志育才学校通过提供“有温度的家庭育养模式”，已经取得了显著的社会效益和广泛认可。而乐卫，仍然在为苦志育才学校的发展而努力奔走。

人物访谈

采访人：谭芦

问：您认为苦志育才学校的核心使命是什么？

乐卫：我们的办学初衷是让孩子们在吃好穿暖的前提下，学会做人，学会独立，更重要的是希望他们通过努力能够改变自己的命运。我经常跟学校的老师们讲，教育好一个孩子，会直接影响他们三代人，会改变他们三代人的命运。如果我们教育好一个女生，那就相当于教育好了一位母亲、一位妻子，更会影响一个，甚至几个家庭。我们的教育秉持“以人为本”的理念，希望能够把这群苦孩子培养成人，培养成才，给他们做托底的教育。

问：您在家访的过程当中，有印象特别深刻的学生吗？

乐卫：有一个家庭，我记忆特别深刻。我们最开始办学的地方，是在冷水井一个半山腰上。我们走访的这个孩子，他父亲当时已经有50多岁将近60岁了，孩子要入读小学一年级。当我们进到他家的时候，其实就是一个用红砖和土砖混砌起来的通间，发现家里就一间屋子，他的母亲就躺在由两把椅子加一块木板拼凑起来的“床”上，狗就在床下朝我们吼叫，她身上就盖了一点点被褥，已经瘫痪在床不能动弹，还患有精神障碍。屋子里还有随处走动的鸡鸭，卫生环境非常恶劣。墙壁上还粘着粘蚊贴，因为蚊子实在太多了。我们进去后，连坐的地方都没有，也不知道该站在哪里，地上到处都是鸡鸭的粪便。孩子进入苦志育才学校后一直听话、勤奋、爱劳动，秉性很好，学习成绩也还可以。他的母亲如今去世已经5年，政府给他们一家安排了廉租房。

每一年的8月，学校的教职员工都要进行家访，基本上要走访40多户，最多的时候要走访50多户，于是我们就分组进行走访。在走访结束的小组讨论中，老师会介绍孩子的家庭情况，碰到环境恶劣的家庭常常讲着讲着便忍不住落泪。随着国家脱贫攻坚战的胜利，还有乡村振兴建设，近两年走访过程中发现情况会好一些，但是也会有让人心疼的家庭。有一个家庭，母亲是残疾人，精神不太正常，父亲外出务工两年后也出现精神状况，经医生诊断也是精神分裂，家里有一个男孩和一个女孩。这个男孩子在一次洗澡时被母亲不小心用开水烫伤，腰部以下受伤严重，好在孩子被抢救了下来，但现在仍是严重残疾。女孩子现在在我们学校就读。我在去她家家访的时候，上到2楼发现，屋子里面被她父亲母亲的大小便和各类杂物搞得一团糟，根本没办法进去。奶奶身体也不好，既要照看身患残疾的男孩，还要操持一家人的生活。家里唯一的收入就是爷爷想方设法去帮人做点杂工来贴补家用。

问：在办校过程中，您遇到的最大困难是什么？

乐卫：一个就是资金。说实话办学的资金最开始是由一个发起人来承担，想着要回馈社会。后来随着学校开办，我们招收了越来越多的困难学生，便希望能够把这个模式进行复制和输出。办学费用这一块，主要由我们几个发起人共同托底，但还需要向社会募捐，导致有时候资金并不是很稳定。我们有很多想要做的事，也想要留住一些关键岗位的人，但很多时候在资金上出现困难。好在通过努力，目前学校基本上稳定了，也有相应的行政岗位，各部门人员也比较稳定，希望能保持一个固定的结构吧。

但是在教师薪酬待遇这一块，没办法给予足够的保障。因为很多爱心人士或者爱心企业更侧重于资助孩子，乐意为孩子们提供吃穿用度和学习用品，但如果说要把资金用于发教师的工资，或者做一些学校基础配套设施的建设，其实很多人是不愿意的，这也导致我们的老师薪酬待遇比较低。在这样的情况下，有些老师会凭着自己的爱心，凭着自己的一腔热情，或者说教育情怀在这坚持，但是随着教师年龄的增长，组建家庭再到家庭成员的变化，可能很难坚持得更长久。对学校来说，这种长期坚持的老师一旦离开，便是一个很大的损失。他们对学校理念的理解，包括对孩子们的情感，他们见证过学校从无到有的那种感同身受的感情，都是新进教师无法共鸣的。所以我们现在最大的问题就是资金。

另一个就是师资，以及家庭共育这一块，也是我们比较头疼的事情。我们想要跟家长或者监护人进行多方面沟通，一起来为孩子共绘成长蓝图，可是家长很难配合。目前学校共有295个孩子，没有一个孩子的家庭是完整的。他们的家人为了生存要外出谋生，所以家庭教育几乎全部由学校代为进行，但是有些事情是老师替代不了的，就会出现很多不可控的问题。例如一些学生进入初中以后，或者进入小学高年段以后，因为家庭成员监管不到位，或者让孩子无节制地接触手机，让孩子遭遇其他的事情，导致孩子变得非常厌学。届时，你再去跟家长沟通，他们会找很多理由来为自己的不负责任开脱。因此我告诉老师尽可能地把自己该做的做好，或者再多做一点点。如果老师都没办法教育了，那他们的家长就更加没有办法。所以我也经常要给我们的老师做思想建设。

问：在工作任务重、工作时间长、工资待遇低的情况之下，您是如何应对教师队伍的不稳定性的？

乐卫：老师在学校真是挺不容易的。我们是全寄宿制的学校，从小学1年级到初中9年级，学生全部是寄宿，而且周六周日孩子们也不离开学校，因为他们来自全县13个乡镇，还有周边县区桂阳、宁远等地过来的孩子。他们从家里来学校交通不方便，同时也为了减轻家庭经济压力，释放更多家庭的劳动力，我们主张孩子尽可能在学校度过周末。这样一来，我们的老师从早到晚都得守在学校，而且周六周日得轮流值班。

学校每一批新进来的老师，都要求参加每一学年暑期的新生家庭走访。我们会组织社会爱心人士，包括一些义工，还有我们的老师组成一个团队进行入户的信息核查，以便新进教师全方位地了解这个学生，了解他的原生家庭、生活环境、学习基础，以及对他之前是否受到不公平对待等心里都有一个底，让新进的老师有一个心理预期，知道接下来要面临的是怎样的工作。通过深入的家访，教师会非常清楚自己要做出哪些教学改变，是更侧重于情感上的陪伴，还是学业上的提升。一般情况下我们会主张先让孩子把心静下来，先爱上老师和学校，然后再根据老师的人格魅力和教学能力，让学生对学习产生兴趣。在校生活中，我们更侧重的是家庭式的相互陪伴，我们需要先修复再唤醒。这样的教育模式也让我们惊喜地发现，近几年孩子们的整体学习成绩都在不断地提高，这让我和老师们也感到非常自豪。

问：您如何评价现在社会各界对农村义务教育慈善学校的关注和支持？

乐卫：其实对于农村义务教育慈善学校，全社会还是比较关注的，也愿意为这群孩子做一些力所能及的事情。之前我们希望苦志育才学校是一块教育的净土，是一个能让孩子们安心休养的家园，也是能够让教师做更纯粹的教育的学校，所以在宣传这一块做得很少。现在，在经济增速放缓的形势下，募集资金的难度越来越大，主要的托底企业自身运营都非常困难，让我们不得已要四处奔走为学校做宣传，让更多的人参与进来。希望有更多的爱心人士来帮助这群孩子，撑起这个温暖的家。因此我们希望能够让更多的人知道有苦志育才这么一所学校。

问：针对目前学校的运营状况，您有什么长期规划吗？

乐卫：希望通过这群长期关注苦志育才学校的爱心人士，包括我们当地，还有北京、上海、深圳的长期捐赠方，组建学校的理事会，成立募资部和行政部门，做好学校的行政管理工作、宣传工作和教育教学工作，让募集资金形成良性循环，提升学校管理能力，让学校越来越规范；让“有温度的家庭育养模式”真正做到既能够养育好这群孩子，又能够留住这群热爱奉献的老师，同时做到可以在全国范围内复制、推广；引进更多更成熟的课程资源，让孩子们接触更多更优质的教育资源。

编者寄语

从生意人到“校长爸爸”，苦志育才学校是乐卫为困境儿童健康、从容、有尊严地长大而营造的“家”；躬身入局，是他对家人最好的守护。

后 记

乡村教师是乡村振兴和人才培养的重要力量支撑，亦是乡村教育发展的基石。在广袤的乡村，数百万名乡村教师坚守在岗位上默默奉献，用爱心和知识的灯塔，照亮更多乡村孩子的美好未来，很多乡村教师一守就是一辈子。

《新师说——最美乡村教师访谈录》借唐宋八大家之首韩愈阐说从师求学之道的文章为主书名，关注乡村教师这个群体，赋予“师说”新的含义——让教师讲述自己的故事，听教师叙说自己的教育理念，致敬一代代心怀崇高信念、无私奉献的广大乡村教师群体。

本书寻访了全国各地扎根于乡村教育的40位优秀教育工作者，聆听他们致力于乡村教育的励志故事，挖掘、记录他们乐教爱生、甘于奉献的感人事迹，追问他们扎根乡村，从事教育工作的动因，进一步探讨如何提升乡村教师职业幸福感，探究对乡村教育的合理化建议。

在全国范围内遴选、联络、采访具有典型性和个人突出贡献的乡村教师实属不易，很难做到面面俱到，本书在遴选这些乡村教师时，尽量从地域、年龄、民族、学科、性别分布上做到均衡。采访成稿的这40位乡村教师来自全国23个省级行政区，其中少数民族地区教师9位，男女比例为1∶1，既有60后、70后这些兢兢业业扎根乡村教育的老教师，也有一批80后乡村教育的中坚力量，更有90后的新生力量。他们中从事乡村教育时间最长的，是来自广西壮族自治区柳州市三江县梅林乡中学的侗族教师石彦辉，已经有36年教龄。这40位教师，有的声名远扬，已被多家主流媒体争相报道；有的尚在默默奉献，少有发声的机会。

采访这40位优秀的乡村教师的“记者”，是20位在一线从事教学工作的教师，教育工作者之间的惺惺相惜，让沟通和对话更真诚、更纯粹。

出版本书的初衷，是希望进一步传承与实践尊师重道这一中华传统美德，引发更多对乡村教育事业、乡村教师和乡村孩子的关怀，让读者从不同层面看到乡村教师这一群体的社会责任感和社会担当，看到他们的坚守和奉献，也看到他们面临的困难和压力。希望本书能为研究中国乡村教育和乡村振兴提供真实、鲜活的基层案例。在中国第40个教师节这一重要且具有纪念意义的节日来临之际，本书得以付梓出版，谨以此书向第40个教师节献礼，向全国乡村教师献礼！

在联络各位乡村教师的过程中，得到了湖南省第一师范学院和马云公益基金会的大力支持。马云公益基金会自2015年开始启动“乡村教师计划”，每年选出100位具有教育情怀、教育智慧的乡村教师，给予资金支持。今年也是该公益项目启动的第十年。潇湘晨报时政中心副总监徐海瑞、湖南师范大学蔺海沣教授亦对本书的编写提出建设性意见，在此一并表示诚挚的感谢。

本书编写过程中，由于时间紧迫，编写者文字功底、阅历和经验之不足，难免有疏漏、错误之处，敬请专家、学者和广大读者批评指正。

编者

2024年8月

图书在版编目（CIP）数据

新师说：最美乡村教师访谈录 / 李兴洲主编. 长沙：湖南电子音像出版社，2024. 9. -- ISBN 978-7-83004-552-4

Ⅰ. K825.46

中国国家版本馆CIP数据核字第2024BV1020号

新师说——最美乡村教师访谈录

XIN SHI SHUO　ZUI MEI XIANGCUN JIAOSHI FANGTANLU

出 版 人：黄永华
主　　编：李兴洲
责任编辑：尹梦娜
责任校对：刘德华
装帧设计：杨发凯　张　剑　彭尔博

出　　版：湖南电子音像出版社
地　　址：湖南省长沙市开福区营盘东路3号
邮　　编：410005
印　　刷：湖南印美彩印有限公司
开　　本：710mm × 1000mm　1/16
印　　张：23.5
字　　数：340千字
版　　次：2024年9月 第1版
印　　次：2024年9月 第1次印刷
书　　号：ISBN 978-7-83004-552-4
定　　价：68.00元

如有印装质量问题，请与本社生产服务中心联系。
电话：0731-82228602